高等院校经管类应用型特色规划教材

财务管理

Financial Management

祝建军 王章渊 主　编

刘玉凤 严也舟 副主编

东北财经大学出版社
Dongbei University of Finance & Economics Press
大连

图书在版编目（CIP）数据

财务管理／祝建军，王章渊主编．—大连：东北财经大学出版社，2015.3（2017.1 重印）

（高等院校经管类应用型特色规划教材）

ISBN 978-7-5654-1869-3

Ⅰ．财… Ⅱ．①祝… ②王… Ⅲ．财务管理-高等学校-教材 Ⅳ．F275

中国版本图书馆 CIP 数据核字（2015）第 029429 号

东北财经大学出版社出版

（大连市黑石礁尖山街 217 号　邮政编码　116025）

教学支持：（0411）84710309

营 销 部：（0411）84710711

总 编 室：（0411）84710523

网　　址：http：//www.dufep.cn

读者信箱：dufep@dufe.edu.cn

大连美跃彩色印刷有限公司印刷　东北财经大学出版社发行

幅面尺寸：170mm×240mm　字数：370 千字　印张：17.5

2015 年 3 月第 1 版　2017 年 1 月第 2 次印刷

责任编辑：王　莹　刘晓彤　责任校对：王　娟

封面设计：冀贵收　版式设计：钟福建

定价：35.00 元

前言

随着我国市场经济的迅速发展、世界经济一体化的进程逐步加快，越来越多的企业走向以财务控制为核心的企业管理。在现代企业管理当中，财务管理是一项涉及面广、综合性和制约性都很强的系统工程，是通过价值形态对资金运动进行决策、计划和控制的综合性管理。

财务管理作为高等院校财会专业非常重要的主干课程之一，重点研究关于投资、融资、营运资金、利润分配的管理，包括企业如何筹集资金、如何使用资金，以及资金使用后的效果评估等。

本教材根据财经法规制度，结合财务管理实践和理论研究的最新研究成果，在全面介绍财务理论的基础上注重解决具体的现实问题，力求达到理论与实务的结合，使学生全面掌握财务管理的基本理论、基本方法、基本内容和主要应用领域，了解财务管理发展的最新动态和前沿问题，具有较强的综合分析能力和解决问题能力。在本教材的编写过程中，我们努力做到以下几点：

（1）根据当前高等教育的发展趋势，强调教材的应用性和通俗性。

（2）紧扣我国最新颁布的相关法规、制度，特别是财务与会计方面的法规、制度的精神，密切关注我国经济体制改革和财务管理改革的新动向，尽量吸收国内外财务管理理论与实践的最新研究成果，努力反映现代企业制度对财务管理的要求，体现教材的先进性和科学性。

（3）充分考虑财会专业学生的生源状况、培养规格和教学特点，努力在知识结构、难易程度、语言表达等方面做出特别的安排和设计，以增强教材的针对性和可接受性。

（4）既注意全面阐述本学科的基本理论、基本方法和基本技能，又努力与会计专业技术资格全国统一考试的内容相衔接，体现教材的完整性和广泛适用性。

本教材由祝建军教授和王章渊副教授担任主编，负责教材整体框架和编写大纲的制定，并负责对全书的总纂。本教材各章的具体编写分工如下：第 1 章、第 6 章和第 7 章由武汉纺织大学祝建军教授编写；第 2 章、第 4 章和第 8 章由湖北工业大学王章渊副教授编写；第 3 章由武汉工程大学严也舟副教授编写；第 5 章、第 9 章和第 10 章由湖北工业大学刘玉凤讲师编写。

由于编写时间十分仓促，加上编者能力有限，书中难免会存在一些不妥、疏漏甚至错误之处，敬请广大读者批评指正。

编　者
2015 年 1 月

目录

第1章

总　论

学习目标

理论目标：(1) 了解财务管理的概念、财务管理目标和财务管理环境；(2) 掌握财务管理的基本内容与环节；(3) 了解财务管理的基本理论。

实践目标：(1) 学会企业财务管理目标的选择方法；(2) 学会企业财务管理体制的选择思路；(3) 掌握学习财务管理的基本方法。

1.1 财务管理概述

1.1.1 财务管理的概念

从广义上看，财务管理是指一个单位（或组织）对其全部资金的保管、筹划、配置和处置的一系列活动，其目的是实现资金的保值增值和高效运用。从狭义上看，财务管理主要是指企业在生产经营活动过程中对资金的管理活动，其目的也是资金的保值增值和高效运用。本书主要探讨狭义的财务管理。

在企业生产经营活动过程中，商品生产的循环过程，一方面表现为商品实物形态的变化，另一方面也是企业资金的运动过程。资金运动实际上是企业商品生产的价值表现，这种伴随着商品生产周而复始的资金运动，即是企业的财务活动。企业的财务活动和生产活动是一个事物的两个方面，它们相互联系、相互依存且密不可分。在企业财务活动中，要发生各种经济利益关系，这种基于财务活动而形成的各种性质和特征的关系即是企业的财务关系。

财务管理是指企业对其全部资金的具体管理，包括对其财务活动进行的预测、决策、计划、控制、协调和分析，也包括对其财务关系的协调与处理，是企业组织财务活动、处理各方面财务关系的总称。它基于人们对生产经营管理的需要而产生，随着社会生产力的发展而发展。由于我国市场经济不断发展与完善，企业生产经营规模不断扩大，经济关系日趋复杂，市场变幻莫测，竞争越来越激烈，财务管理的地位和作用越来越重要，已成为企业生存和发展的重要环节。

财务管理有别于企业的其他管理活动，它是一种价值管理。它主要利用资金、收入、成本、利润等价值指标，运用财务预测、财务决策、财务预算、财务控制、财务分析等手段对企业的财务活动实施综合性管理，其最终目的是实现企业价值最大化。

1.1.2 财务活动与财务关系

1）财务活动

企业的财务活动是指企业以现金收支为主的一系列资金收支活动，具体包括资金的筹集、投放、使用和分配等一系列行为。从企业生产经营过程中的资金运动规律来看，企业的财务活动包括以下四个方面：

（1）筹资活动

资金是企业进行生产经营活动的前提条件之一，企业为了满足投资或用资的需要，必须采取一定的方式筹措所需资金。企业的筹资方式可以分为两大类：一是筹集权益资金，即企业通过吸收投资者投资、发行股票、利用留存收益等方式筹集资金；二是筹集债务资金，即企业通过银行借款、发行债券、融资租赁及商业信用等方式筹集资金。不同的筹资方式，其筹资数量、筹资成本与筹资风险各不相同，企业在筹资过程中既要根据需要确定筹资总规模，又要通过筹资渠道和筹资方式的组合确定合理的筹资结构，以降低筹资成本和风险。

（2）投资活动

企业投资可以分为广义投资和狭义投资两种。广义投资是指企业将筹集的资金投入使用的过程，包括企业内部生产经营活动使用资金的过程，还包括企业对外投资使用资金的过程。狭义投资仅指企业对外投资使用资金的过程。企业在投资过程中，一方面必须考虑投资总规模，降低风险；二是要通过投资方式和投资品种的选择，提高投资效益。对外投资使用资金的数量和投资品种密切相关，如果是购买其他公司的股票，其对资金的需求可能很大，也可能很小；如果是购并企业，其对资金的需求往往较多。当然，这些投资活动，最终也会产生相应的资金流入，一般情况下，投资活动的资金流入将超过相应的资金流出。

（3）营运资金管理

企业在日常生产经营活动过程中，会发生一系列的现金流出，如购买材料、发放工资、支付办公费和水电费等；同时，随着产品的销售也会发生现金的流入，如销售产品获取销售收入等。对这些营运资金的管理是日常性工作，其重点是如何提高资金的周转效率，减少资金的占用。

（4）分配活动

企业通过前面的投资活动，必定会取得一定的收入和形成资金的增值，这些收入在补偿成本和缴纳税收后应按照现行法律和法规的要求进行分配。广义的分配是指对企业收入的分割过程，狭义的分配是指对企业净利润的分配。如何在遵守法律的前提下，合理确定分配规模和分配方式，兼顾企业短期利益和长远发展需要，确保企业长期可持续发展，是分配活动管理的主要内容。

上述四个方面的活动，是和企业生产经营活动紧密相连的，它们之间相互联系、相互依存，一起完整地构成了企业理财活动的全部内容，也是企业财务管理的基本内容。

2）财务关系

企业的资金运动与资金的筹集、投放、营运和分配活动紧密联系，在这个过程中必然会与企业内外各部门发生经济利益关系，这种由财务活动而产生的利益关系被称为财务关系。主要体现在以下几个方面：

（1）企业与国家之间的财务关系

国家为企业提供公共经营环境条件和行政服务，并监督约束企业的商业行为，企业守法经营并照章纳税。因此，企业与国家的财务关系主要表现为企业按照法律规定向国家缴纳各种税费，体现了一种强制的分配关系。

（2）企业与投资者之间的财务关系

投资者为企业提供资金并通过一定的方式监督企业的经营，企业利用这些资金开展经营活动获取利润，然后企业向投资者分配利润。企业与投资者之间的财务关系，主要是由企业与投资者之间形成的，投资者按照其出资份额参与企业的重大经营管理决策，分享企业的利润和承担企业经营风险，体现了一种所有权性质的投资与受资关系。

（3）企业与债权人之间的财务关系

企业除了利用投资者的资金外，还需要向债权人借入一部分资金，企业的债权人主要有金融机构、商业信用的提供者和企业债券的持有者。企业与债权人之间的财务关系，主要是由企业向债权人筹集资金而形成的权利义务关系。企业使用债权人的资金，要按照借款合同的要求，及时向债权人支付利息，到期按时还本，体现了一种债权债务性质的关系。

（4）企业与受资者之间的财务关系

随着企业经营规模的扩大和经营战略的需要，企业收购、兼并、参股其他企业越来越普遍，企业应按照投资合同履行出资义务，根据出资大小参与其他企业的经营管理决策和利润分配。企业与受资者之间的财务关系，主要是由企业购买其他企业的股票或向其他企业投资而形成的权利义务关系，体现了一种所有权性质的投资与受资关系。

（5）企业与债务人之间的财务关系

企业在有闲置资金的情况下，有可能将部分资金放贷给其他企业。此时，企业有权要求债务人按时还本付息，但无权参与被投资企业的经营管理活动。企业与债务人之间的财务关系，主要是由企业购买其他企业债券或向其他企业提供贷款或商业信用而形成的权利义务关系，体现了一种企业与债务人之间债权债务性质的关系。

（6）企业内部各单位之间的财务关系

在企业实行内部经济独立核算的条件下，企业各单位在相互提供产品和劳务的过程中需要通过一定的方式独立核算其经营业绩。企业内部各单位之间的财务关系，主要是由各单位的分工与协作所形成的权利义务关系，体现了一种企业内部各单位之间的资金结算关系。

（7）企业与员工之间的财务关系

员工为企业提供工作服务，企业按照员工工作的数量和质量，同时考虑企业的经济效益，向其支付工资、津贴、奖金等经济对价。企业与员工之间的财务关系，主要是企业与员工之间因为工作服务交易而形成的权利义务关系，体现了一种企业与员工在劳动成果上的分配关系。

（8）企业与顾客之间的财务关系

企业为顾客提供产品或服务，顾客提供相应的经济对价给企业，各取所需。因此，企业与顾客之间的财务关系是通过产品或服务的交易而形成的权利义务关系，体现了一种平等互利的资金结算关系。

1.2 财务管理目标

1.2.1 财务管理总目标

1）利润最大化

利润是企业经济效益的一种考量尺度，是企业在一定期间内取得的收入超过其付出的成本之间的差额。企业获取利润的多少表明企业竞争能力的大小，决定着企业的生存和发展。追求利润是企业生产经营活动的基本出发点和最终落脚点，因此，以利润最大化作为财务管理目标，既容易理解，又容易计量。

企业追求利润最大化，就必须讲求经济核算，加强管理，改进技术，提高劳动生产率，降低产品成本。这些措施都有利于企业资源的合理配置，有利于企业整体经济效益的提高。但是，以利润最大化作为财务管理目标存在以下缺陷：

（1）利润是会计核算的结果，并不一定有真正相应的现金净流入，同时没有考虑到资金的时间价值。比如，企业今年的会计利润是500万元，但是，与这个利润匹配的真正现金净流入可能只有100万元，其他的400万元需要一年甚至几年才能真正实现，那么今年的500万元利润的真正价值就需要大打折扣。

（2）没有考虑风险问题。不同行业具有不同的风险，不同的经营策略也会导致不同的经营风险，如果只关注利润，不考虑风险，可能会给企业带来真正的风险。

（3）利润是个绝对指标，没有反映创造的利润与投入资本之间的关系。

（4）片面追求利润最大化，可能导致企业短期行为，甚至直接人为操纵利润。

2）股东财富最大化

股东财富最大化是指企业财务管理以实现股东财富最大化为目标，这是一种股东至上的观点。对于上市公司来说，股东财富是由全体股东所拥有的股票数量和股票市场价格决定的，由于全体股东持有的股票数量一定不会发生变化，因此股价是影响股东财富的最重要因素。与利润最大化相比，股东财富最大化具有以下优点：

（1）考虑了风险因素，因为通常股价会对风险作出较敏感的反应。

（2）在一定程度上能避免企业短期行为，因为未来的利润对股价的影响更大。

（3）相对客观，难以人为操纵。

以股东财富最大化作为财务管理目标也存在以下缺点：

（1）通常只适用于上市公司。由于非上市公司无法像上市公司一样随时准确获得公司股价，因此不易计量。

（2）影响股价的因素很多，有些甚至与企业经营毫无关系，如资本市场的投机和操纵行为等。

（3）它强调的是股东利益，而对其他相关者的利益重视不够。

3）企业价值最大化

企业价值可以理解为企业所有者权益的市场价值，或者是企业所能创造的预计未来现金流量的现值。企业价值最大化要求企业通过采用最优的财务政策，充分考虑资金的时间价值，以及风险与报酬的关系，在保证企业长期稳定发展的基础上使企业总价值达到最大。以企业价值最大化作为财务管理目标，具有以下优点：

（1）以企业创造的现金流量为考察点，便于考虑资金时间价值。

（2）在评估企业价值时，考虑了风险与报酬的关系。

（3）将企业长期、稳定的发展和持续的获利能力放在首位，能克服企业在追求利润上的短期行为。

（4）用价值代替价格，克服了许多不相关的外在因素的影响。

但是，以企业价值最大化作为财务管理目标也存在以下问题：

（1）企业价值这一概念过于理论化，不易操作。尽管对于上市公司，股票价格的变动在一定程度上揭示了企业价值的变化，但是，股价是多种因素共同作用的结果，特别是在资本市场效率低下的情况下，股票市场价值难以反映企业价值。

（2）对于非上市公司，只有对企业进行专门的评估才能确定其价值，而在评估企业的资产时，由于受评估标准和评估方式的影响，很难做到客观准确。

4）相关者利益最大化

现代企业是多边契约关系的总和，企业的理财主体更加细化和多元化。股东至上的理财观点越来越受到人们的批评，一个企业的长远健康发展必须考虑股东、债权人、员工、企业经营者、客户、供应商和政府等相关者的利益，因为：

（1）债权人承担了企业一定的经营风险，因此，债权人是企业比较密切的利益相关者。

（2）在社会分工细化的今天，简单劳动越来越少，复杂劳动越来越多，职工的再就业风险不断增加。

（3）在现代企业制度下，企业经理人受所有者委托，作为代理人管理和经营企业，在激烈的市场竞争和复杂多变的形势下，代理人所承担的责任越来越大，风险也随之加大。

（4）随着市场竞争和经济全球化的影响，企业与客户以及企业与供应商之间不再是简单的买卖关系，而是长期的伙伴关系，处于一条供应链上，因而也与企业共同承担一部分风险。

（5）政府不管是作为出资人，还是作为监管机构，都与企业的利益密切相关。

因此，相关者利益最大化越来越受到人们的推崇。所谓相关者效益最大化是指企业在承担环境保护、吸纳就业等社会责任的前提下，通过合理经营，采用最优的财务战略和政策，正确处理各方面的财务关系，最大限度地兼顾各相关利益主体，实现企业经济效益和社会效益的最大化。

在现代社会，企业的任何行为都不是个体行为，任何经济活动都会对社会和环境产生影响，同时，环境因素也制约着企业的发展。企业的存在是以社会的需要为前提的，企业在创造经济财富的同时，承担一定的社会责任，是现代企业发展的最终目标和必由之路。

相关者利益最大化目标的具体内容包括如下几个方面：

（1）强调风险与报酬的均衡，将风险限制在企业可以承受的范围内。

（2）强调股东的首要地位，并强调企业与股东之间的协调关系。

（3）强调对代理人即企业经营者的监督和控制，建立有效的激励机制以便企业战略目标的顺利实施。

（4）关心本企业普通职工的利益，创造优美和谐的工作环境和提供合理恰当的福利待遇，培养职工长期努力为企业工作。

（5）不断加强与债权人的关系，培养可靠的资金供应者。

（6）关心客户的长期利益，以便保持销售收入的长期稳定增长。

（7）加强与供应商的协作，共同面对市场竞争，并注重企业形象的宣传，遵守承诺，讲究信誉。

（8）保持与政府部门的良好关系。

以相关者利益最大化作为财务管理目标，具有以下优点：

（1）只站在股东的角度进行投资可能导致一系列问题，因此相关者利益最大化有利于企业长期稳定发展。

（2）体现了合作共赢的价值理念，有利于实现企业经济效益和社会效益的统一。

（3）这一目标是一个多元化、多层次的目标体系，可使企业各利益主体相互作用、相互协调，并在使企业利益、股东利益达到最大化的同时，也使其他利益相关者利益达到最大化。

但是，相关者利益最大化过于理想化，在目前的社会环境条件下难以操作，因此，本书仍采用企业价值最大化作为财务管理的总目标。

1.2.2 财务管理的具体目标

财务管理的具体目标是为实现财务管理总体目标而确定的企业各项具体财务活动所要达到的目的。

1）筹资活动的具体目标

要在筹资活动中贯彻财务管理总目标的要求，首先，必须以较小的筹资成本获取同样多或较多的资金。企业的筹资成本包括利息、股利等向出资人支付的报酬，也包括筹资中的各种筹资费用，企业降低筹资过程的各种成本费用，就会增加企业的总价值。其次，企业必须以较小的筹资风险获取同样多或较多的资金。筹资风险主要是到期不能偿债的风险，企业降低这种风险，就会使内含于企业价值中的风险价值相对增加。归结以上两点，企业筹资管理的具体目标是：以较低的筹资成本和较小的筹资风险，获取同样多或较多的资金。

2）投资活动的具体目标

要在投资活动中贯彻财务管理总目标的要求，首先，必须使投资收益最大化。投资收益总是与一定的投资额和资金占用额相联系，企业投资报酬越多，意味着企业的整体获利能力越强，因而可以提高企业价值。其次，企业在争取获得较高投资收益时，还必须降低投资风险。归结以上两点，企业投资管理的具体目标是：以较小的投资额与较低的投资风险，获取较多的投资收益。

3）营运资金管理的具体目标

营运活动是企业获取利润的主要方式，同时营运活动的资金管理也是企业财务管理的主要工作内容。如何保障企业营运活动的顺利开展，同时尽量减少营运活动中各环节的资金占用，提高企业资金的营运效率是一个非常重要的问题。因此，企业在营运资金管理中的具体目标是：满足企业生产经营活动的需要，加快企业资金的周转，尽量减少各环节资金的闲置和浪费。

4）分配活动的具体目标

企业分配管理的具体目标就是合理确定利润的分留比例及分配形式，满足出资方的利益诉求，同时尽可能提高企业潜在的收益能力，从而提高企业总价值。分配是将企业取得的利润在企业与相关利益主体之间进行分割，这种分割不仅涉及到各利益主体的经济利益，而且涉及企业现金流出量，从而影响企业财务的稳定和安全性。企业必须选择适当的分配标准和分配方式，既提高企业的即期市场价值和财务的稳定性与安全性，又能使企业的未来收入或利润不断增加，从而使企业市场价值不断上升。总之，企业在分配活动中的具体目标是：处理好积累与分配的关系，不断提高企业的发展后劲。

1.2.3 财务管理目标的协调

企业的利益相关者较多，存在利益冲突是正常的形象。在这些利益冲突中，最重要的是所有者与经营者的利益冲突，以及企业与债权人的利益冲突，正确协调好这些利益冲突非常重要。

1）企业与经营者利益冲突的协调

企业价值最大化直接反映了企业所有者的利益，与企业经营者没有直接的利益关系。对于所有者来讲，他所放弃的利益也就是经营者所得的利益，这种被放弃的利益称为所有者支付给经营者的代理成本。经营者和所有者的主要矛盾就是经营者希望能更多地增加报酬和带薪假期；而所有者则希望以较小的代理成本带来较高的企业价值。为了解决这一矛盾，所有者可能采用下列措施：

(1) 解聘。这是一种所有者直接约束经营者的办法。所有者对经营者予以监督，如果经营者未能使企业价值增值，就解聘经营者。

（2）接收。这是通过市场约束经营者的办法。如果经营者没有尽心管理企业，导致经营决策出现失误，企业经营出现困难，该公司就有可能被其他公司兼并或接收，企业经营者将面临解聘。

（3）激励。激励的目的是使经营者的报酬与其绩效挂钩，以便使经营者更加主动地采取措施实现企业价值最大化。激励通常有两种方式：

①股票期权。它是允许经营者以约定的价格购买一定数量的本企业股票，股票的市场价格高于约定价格的部分就是经营者所得的报酬。经营者为了获得更大的股票涨价利益，就必然主动采取能够提高股价的行动，从而增加所有者财富。

②绩效股。它是企业运用每股收益、资产收益率等指标来评价经营者绩效，并视其绩效大小给予经营者数量不等的股票作为报酬。如果经营者绩效未能达到规定目标，经营者将丧失原先持有的部分绩效股。这种方式使经营者不仅为了多得绩效股而不断采取措施提高经营绩效，而且为了使每股市价最大化，也会采取各种措施提高股价，从而增加所有者财富。

2）企业与债权人的利益冲突协调

一般来说，所有者追求企业价值最大化，债权人要求保障资金的安全。二者目标冲突通常表现为：

（1）企业未经债权人同意，将借入资金投入风险较高的项目，增大了债权人的资金风险；

（2）企业根据经营需要发行新债，致使企业资产负债率提高，加大了企业的偿债风险。

为协调所有者与债权人的上述矛盾，通常采用的方法是：

（1）在借款合同中加入限制性条款。如规定借款的用途、借款的担保条款和借款的信用条件，规定不得举借新债或限制举借新债的数额等；

（2）当债权人发现企业有侵蚀其债权价值的意图时，拒绝进一步合作，不再提供新的借款或提前收回借款。

【实践应用 1-1】

股票期权激励的应用

现代股票期权制度最初产生于20世纪50年代的美国，当时主要是为规避管理人员高额的个人所得税，70年代后，股票期权开始在美国硅谷的高技术知识型创业公司大范围应用。据有关资料统计，1996年《财富》杂志评选出的全球500家大工业企业，有89%的公司在高级管理人员中采取了经理股票期权制度。到1999年，美国几乎100%的高科技公司、大约90%的上市公司实施了股票期权计划。我国1997年开始有企业率先尝试这一制度，随着国家相关制度的出台，2006年被认为是我国股权激励元年，截至2009年10月，A股上市企业中已有150多家公布了股票激励计划，约占上市企业总数的10%，截至2013年底，公布了股票激励计划的上市公司超过250家。可以预见，股票期权激励制度将在我国上市公司中不断推行，并有逐步快速发展的趋势。

1.3 财务管理的环节和方法

1.3.1 财务管理环节

财务管理环节是指财务管理的工作步骤和一般程序，包括财务预测、财务决策、财务预算、财务控制、财务分析五个基本环节。这些环节相互配合、紧密联系，形成周而复始的财务管理循环过程，构成完整的财务管理工作体系。

1）财务预测

财务预测是根据企业财务活动的历史资料，考虑现实的要求和条件，对企业未来的财务活动和财务成果作出科学的预计和测算。其作用是通过测算各项生产经营方案的效益，为决策提供可靠的依据；通过预计财务收支的发展变化情况，以确定经营目标；通过测定各项定额和标准，为编制预算提供服务。财务预测是两个管理循环的联结点，其工作内容包括：（1）明确预测对象和目的；（2）收集和整理资料；（3）确定预测方法，利用预测模型进行预测。

2）财务决策

财务决策是指财务人员在财务目标的总体要求下，运用专门的方法从各种备选方案中选出最佳方案。在市场经济条件下，财务管理的核心是财务决策，因为财务决策关系到企业财务活动的成败。财务决策的工作步骤包括：（1）确定决策目标；（2）提出备选方案；（3）选择最优方案。

3）财务预算

财务预算是运用科学的技术手段和方法，对目标进行综合平衡，制定主要的计划指标，拟定增产节约措施，协调各项计划指标。财务预算是以财务决策确立的方案和财务预测提供的信息为基础编制的，是财务预测和财务决策所确定的经营目标的系统化、具体化，是控制财务收支活动、分析生产经营成果的依据。财务预算主要包括以下工作：（1）分析财务环境，确定预算指标；（2）协调财务能力，组织综合平衡；（3）选择预算方法，编制财务预算。

4）财务控制

财务控制是在生产经营活动过程中，以预算任务和各项定额为依据，对各项财务收支进行日常的计算、审核和调节，将其控制在制度和预算规定的范围之内，发现偏差，及时进行纠正，以保证实现或超过预定的财务目标。实行财务控制是贯彻财务制度，实现财务预算的关键环节。其主要工作内容包括：（1）制定控制标准，分解落实责任；（2）实施追踪控制，及时调整误差；（3）分析执行差异，搞好考核奖惩。

5）财务分析

财务分析是以核算资料为依据，对企业财务活动的过程和结果进行调查研究，评价预算完成情况，分析影响预算执行的因素，挖掘企业潜力，提出改进措施。通过财务分析，可以掌握各项财务预算和财务指标的完成情况，不断改善财务预测和财务预算工作，提高财务管理水平。财务分析的一般程序是：（1）收集资料，掌握信息；（2）进行对比，作出评价；（3）分析原因，明确责任；（4）提出措施，改进工作。

1.3.2　财务管理方法

财务管理方法是为了实现财务管理目标，完成财务管理工作，在理财活动过程中所采用的各种技术和手段。按照财务管理的环节，现将各环节可能采用的具体方法归纳如下（如图 1-1 所示）。

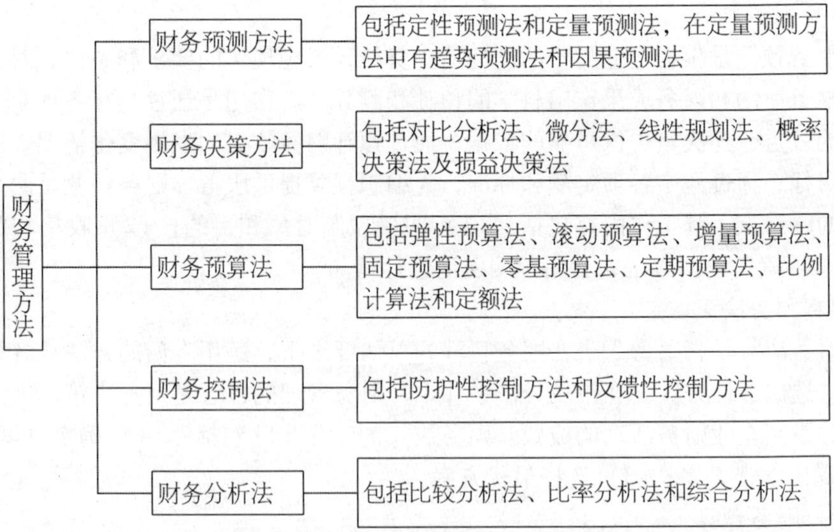

图 1-1　财务管理方法

1.4　财务管理体制与组织

1.4.1　财务管理体制

企业财务管理体制概括地说，可分为三种类型：

1）集权型财务管理体制

集权型财务管理体制是指企业对各所属单位的所有财务决策都进行集中统一管理，企业总部不但参与财务决策，在特定情况下还直接参与各所属单位的执行过程。

集权型财务管理体制下企业内部的主要管理权限集中于企业总部，各所属单位执行企业总部的各项指令。它的优点在于：企业内部的各项决策均由企业总部制定和部署，企业内部可充分展现其一体化管理的优势，统一利用企业的人才、智力、信息资源，努力降低资金成本和风险损失，提高了决策的统一化。采用集权型财务管理体制，有利于在整个企业内部整合优化配置资源，有利于内部采取避税措施等。它的缺点是：集权过度会使各所属单位缺乏主动性、积极性，也可能因为决策程序相对复杂而延误时间，丧失市场机会。

2）分权型财务管理体制

分权型财务管理体制是指企业将财务决策权与管理权完全下放到各所属单位，

各所属单位只需对一些决策结果报请企业总部备案即可。

分权型财务管理体制下企业内部的管理权限分散于各所属单位，各所属单位在人、财、物、供、产、销等方面有决定权。它的优点是：由于各所属单位负责人有权对影响经营成果的因素进行控制，有利于针对本单位存在的问题及时作出有效决策，因地制宜地搞好各项工作，有利于分散经营风险，也有利于所属单位管理人员和财务人员能力的提高。它的缺点是：各所属单位可能会从本部门利益出发进行财务活动，缺乏全局观念和整体意识，从而可能导致资金管理分散、费用失控和决策错误，甚至导致内部的过度竞争。

3）集权与分权相结合型财务管理体制

集权与分权相结合型财务管理体制，其实质就是集权下的分权，企业对各所属单位在所有重大问题的决策与处理上实行高度集权，但各所属单位则对日常经营活动中非重大事项具有较大的自主权。

集权与分权相结合型财务管理体制意在以企业发展战略和经营目标为核心，将企业内重大决策权集中于企业总部，同时赋予各所属单位一定的经营自主权，吸收了集权型和分权型财务管理体制各自的优点，避免了二者各自的缺点，从而具有较大的优越性。

1.4.2 集权与分权的选择

企业的财务特征和市场变化的加快决定了分权的必然性，而企业的规模效益、风险防范又要求集权。集权和分权各有利弊，对集权与分权的选择及分权程度的确定需要考虑企业的特点和规模、管理模式、组织架构、业务范围分布、员工素质与企业文化等因素。

从聚合资源优势，贯彻实施企业发展战略和经营目标的角度，集权型财务管理体制显然是最具保障力的。但是，企业意欲采用集权型财务管理体制，除了企业管理高层必须具备较高的能力外，在企业内部还必须有一个能及时、准确传递信息的网络系统，并通过对信息传递过程的严格控制保障信息的质量，然而信息传递及过程控制将会产生一定的成本。此外，随着集权程度的提高，集权型财务管理体制的复合优势可能会不断强化，但各所属单位或组织机构的积极性、创造性与应变能力可能会不断削弱。

分权型财务管理体制实质上是把决策管理权在不同程度上下放到比较接近信息源的各所属单位，这样可以在相当程度上缩短信息传递的时间，减少信息传递过程中的控制问题，从而降低信息传递与过程控制的相关成本，并能大大提高信息的决策价值与利用效率。但随着权力的分散，将会产生企业管理目标的移位问题，这是采用分权型财务管理体制通常无法完全避免的一种成本或代价。

财务决策权的集中与分散没有固定的模式，同时，选择模式也不是一成不变的。财务管理体制的集权与分权，需要考虑企业与各所属单位之间的资本关系和业务关系的具体特征，以及集权与分权的“成本”和“效益”。集中的“成本”主要是各所属单位积极性的损失和财务决策效率的下降，分散的“成本”主要是可能发生的各所属单位财务决策目标及财务行为与企业整体财务目标的背离以及财务资源利用效率的下降。集中的“效益”主要是易于企业财务目标协调和提高财务资源的利用效率，分散的“效益”主要是提高财务决策效率和调动各所属单位的积极性。

此外，集权和分权应该考虑的因素还包括环境、规模和管理者的管理水平。由管理者的素质、管理方法和管理手段等因素所决定的企业及各所属单位的管理水平，对财权的集中和分散也具有重要影响。较高的管理水平，有助于企业更多地集中财权，否则，财权过于集中只会导致决策效率的低下。

1.4.3 财务管理组织

企业要顺利实现财务管理目标，必须合理有效地组织好财务管理工作，包括确定财务管理主体，设立财务管理机构，制定财务管理制度等。

1）企业组织形式与财务管理主体

企业组织形式主要有独资、合伙和公司三种形式。企业组织形式不同，其财务管理主体也不相同。当企业采取独资形式时，其所有权主体和经营权主体是合二为一的；当企业采取合伙的组织形式时，其所有者不再是单一的个人，而是合伙人群体，其经营则主要由身为合伙人之一的个人组织，其重要经营决策则由合伙人共同进行。因此，合伙企业的所有权主体和经营权主体基本上也是合二为一的，内含于经营权中的财务管理主体也是不可分的，即独资和合伙企业的财务管理主体既是所有权主体，又是经营权主体。

在以公司为组织形式的现代企业里，所有权与经营权是分离的，因而公司的财务管理权也相应分离，企业的财务管理主体被分属于所有者和经营者两个方面，由此形成了企业财务管理主体的双重化。企业所有者基于保护其权益不受损失和追求资本增值的需要，一般要参与和所有者权益或资本权益变动有关的财务决策，但不参与企业日常的生产经营活动和财务管理活动。企业经营者基于履行管理职责和追求企业价值最大化或股东财富最大化的需要，应当对企业日常的财务活动进行组织、指挥、监督和协调，正确处理企业同各方面的财务关系。

2）财务管理机构

财务管理机构是企业组织财务活动的重要条件。设置财务管理机构，既要考虑国家的经济发展水平和经济管理体制，又要与企业经营规模大小相适应。

（1）以会计为轴心的财务管理机构。这种机构的特点是同时将会计与财务合二为一，具备会计核算和财务管理两种职能，而且在该机构内部以会计核算职能为轴心来划分内部职责，如在内部设立存货、长期资产、结算、出纳、成本、报表等分部门，有的在内部也单设财务部门。这种财务管理机构一般适合中小型企业。

（2）与会计机构并行的财务管理机构。这种机构的特点是会计核算职能与财务管理职能相分离。财务管理职能由独立于会计核算职能之外的财务管理机构进行，它专司筹资、投资和分配或者组织资金运动之职。而且，在该机构内部以财务管理职能或财务活动为轴心来划分内部职责。典型形式是设立规划部、经营部和信贷部，分别负责预测、计划、筹措和运用资金，进行信用调查等。这种财务管理机构主要适应于大型企业。

（3）公司型财务管理机构。这种机构的特点是，它本身是一个独立的公司法人，独立对外从事各种财务活动，而且在公司内部除了设立从事财务活动的业务部门外，还设立作为一般公司所需的行政部门。这种财务管理机构通常称为财务公司，一般设立于集团公司或跨国公司内部，其主要职责是负责集团公司或跨国公司的整体财务管理和各成员企业之间的财务协调，各成员企业各自进行日常的财务管理工作。

3）财务管理制度

企业除应严格遵守国家统一的财务制度、法规外，也可结合自身的实际需要，制定内部的财务管理办法。我国企业财务管理法规制度，主要有三个层次：

（1）企业财务通则。企业财务通则是整个财务制度体系的最高层次，是企业从事财务活动必须遵循的基本原则和规范，也是国家进行财务管理、制定具体财务制度的法规依据。

（2）分行业财务制度。在企业财务通则的统帅下，根据各行业经营业务特点和特定的管理要求制定的适用于不同行业的财务制度。具体包括工业、运输、商品流通、邮电、金融、旅游和饮食服务、农业、对外经济合作、施工和房地产开发、电影、新闻出版等十多个行业。

（3）企业内部财务管理办法。企业除应遵守国家统一财务制度外，为加强企业财务管理，还应结合企业实际，制定企业内部财务管理办法，如内部控制、存货管理、费用管理、利润管理、对外投资管理、内部结算等方面的管理制度。

【实践应用 1-2】

美的集团的分权体系

美的集团是中国最大的白色家电企业，截至2010年，美的集团总体销售收入已经超过1 000亿元人民币，旗下有三家上市公司，在空调、电风扇、电饭煲、饮水机、微波炉以及家电上游产品例如空调压缩机、电机等各类相关多元化产品领域均占有行业前三名的位置。美的集团快速发展的原动力之一在于其科学合理的分权机制。

1997年12月，美的集团制定了第一版的《美的集团主要业务分权规范手册》(以下简称《分权规范手册》)，经过半年多的运行，在收集各方面意见与建议的基础上，1998年对《分权规范手册》进行详细的修订。

美的集团《分权规范手册》分为集团战略与目标管理，规章制度、公文、会议及新闻宣传，人力资源管理，工资、奖金、员工福利，财务管理，资金管理，资本管理，投资管理，生产制造与技术，市场营销，总务，研究开发及科技与知识产权管理，审计监察，其他等十四大类共217次分类，对涉及经营、管理的各项工作决策权限分提议、提案、审核、裁决、备案等进行了详细的规定。

随着美的集团事业的迅猛发展，美的集团又派生出了二级集团，包括制冷集团、日电集团、机电集团及房产集团等，美的集团的分权规范随着集团组织的发展而不断修订、扩展、细化，从而形成了极为完善、丰富的分权体系。

无论美的集团的规模如何扩大，其分权体系总的指导思想可以归纳为1998年所提出的“16字方针”，即：“集权有道，分权有序，授权有章，用权有度”；对《分权规范手册》的内容又可归纳为“一个结合，十个放开，四个强化，七个管住”，即：

一个结合：与责权利相统一的集权与分权相结合。

十个放开：将机构设置权、基层干部的考核任免权、劳动用工权、专业技术人员聘用权、员工分配权、预算内和标准内费用开支权、计划内生产性投资项目实施权、生产组织权、采购供应权、销售权10项基础权力下放。

四个强化：强化预算管理、强化考核、强化审计监督、强化服务。

七个管住：管住目标、管住资金、管住资产、管住投资、管住发展战略、管住政策、管住事业部正副总经理和财务负责人。

在这样的分权体系下，美的集团的职业经理人拥有高度的经营管理权。例如，一个事业部的总经理可以拥有几千万元乃至上亿元资金的审批权，而美的集团董事局主席何享健先生让出了美的电器股份有限公司董事局主席的位置，以方洪波为首的职业经理人团队拥有了更大、更广泛的决策权力，这在中国民营企业的发展史上可谓是绝无仅有的。

1.5 财务管理环境

财务管理环境是指影响企业财务管理职能作用发挥的各种企业内、外部条件及因素的统称，也称理财环境。企业的财务活动是在一定的财务管理环境下进行的，财务管理环境的变化必然会导致企业筹资成本、风险、生产经营成本、资产总量、投资报酬、利润及现金净流量等发生变化，从而影响企业财务管理目标的实现。在财务管理中，必须认真分析研究各种财务管理环境及其变动趋势，判明其对企业财务活动可能造成的影响，并据此采取相应的财务对策。

1.5.1 财务管理的经济环境

经济环境是指企业进行财务活动时宏观经济所处的状态，通常由经济体制、经济政策、经济周期和竞争程度等几个方面构成。

1）经济体制

经济体制是一个国家的基本经济制度。世界各国的经济体制主要分为两种，即计划经济体制和市场经济体制。在这两种不同的经济体制下，财务管理存在着根本的区别：

（1）立足点不同。计划经济体制要求企业的一切财务活动要服务、服从于国家计划；市场经济体制要求企业的一切财务活动要面向市场，从市场上要效益，从市场上获取财富。

（2）目标不同。计划经济体制要求企业以实现或完成国家计划为目标，与之相适应，产值、成本和资金占用等计划指标成为了财务管理的基本目标；市场经济体制要求企业独立经营、自负盈亏，与之相适应，企业价值或股东财富最大化成为了财务管理的终极目标。

（3）主体不同。计划经济体制下，财务管理的主体是国家或政府，企业的资金由国家提供，投资由国家决策，分配政策由国家制定，企业只不过是国家财务管理政策的执行者；市场经济体制下，企业是财务管理的主体，企业从市场上自主筹资，自行决定资金的投向，企业的利润除按国家法律规定分配外，剩余部分自主分配。国家不直接管理企业的财务活动，一般只是从宏观管理的角度，通过经济杠杆和市场间接调节企业的财务行为。

（4）手段不同。计划经济体制下，财务管理的手段非常单一，企业主要以国家下达的计划为基础，编制自身计划，组织计划的实施，并以计划为依据考核企业完成计划的情况；市场经济体制下，财务管理的基本手段是预测、决策、计划、控制和分析等，企业以市场信息为基础，预测市场变化，根据企业自身情况作出财务决策，制订计划并组织实施。

（5）地位不同。在计划经济体制下，企业资金运动从属于商品实物运动，所以财务管理从属于生产经营管理，处于服务的地位，财务管理的根本任务是为完成生产经营目标提供资金、分配资金；在市场经济体制下，财务活动是企业的重要业务活动之一，资金运动具有相对独立性，企业财务管理部门可以独立完成筹资、投资和分配等财务活动，特别是独立进行金融商品的经营活动。

2）经济政策

在市场经济条件下，国家要制定与市场经济协调发展相适应的宏观经济政策，包括相应的产业发展政策、财政税收政策、金融体制等，所有这些都会对企业的财务活动有重大的影响。譬如，财税政策对于企业资金供应、税收负担乃至企业收入都有着重要的影响。当国家采取紧缩的财税政策时，一方面国家会增加税目、提高税率，以增加财政收入；另一方面国家会减少公共支出和国家投资。当国家采取扩张的财税政策时，一方面国家会减少税目、降低税率，从而使更多的纯收入留归企业用于扩大再生产；另一方面国家会增加公共财政支出和国家投资。因此，无论收缩还是扩张的财税政策都会直接影响企业的财务活动，这就需要企业财务管理适应这种政策变化，合理组织财务活动，适时调整股利分配政策、投资方向和筹资结构等。再譬如，金融政策中的货币发行量、信贷规模都能影响企业投资的资金来源和投资收益。财务管理人员必须及时掌握政策的走向，分析研判经济政策对企业的影响程度，更好地利用政策为企业的经营活动服务。

3）经济周期

市场经济条件下，经济发展与运行大体上按照复苏、繁荣、衰退和萧条四个阶段进行交替循环。这种循环在经济学中称之为经济周期。当经济运行于经济周期的不同阶段时，企业所应采取的经营理财策略是不同的，如当经济处于复苏阶段，企业应该采取的经营策略是增加厂房设备、实行长期租赁、建立存货、引入新产品、增加劳动力等；当经济处于繁荣阶段时，企业应该采取的经营策略是扩充厂房设备、继续建立存货、提高价格、开展营销规划、增加劳动力等；当经济处于衰退阶段时，企业应该采取的经营策略则常常是停止扩张、出售多余设备、停产不利产品、停止长期采购、削减存货、停止扩招雇员等；当经济处于萧条阶段时，企业则应该采取的是保持市场份额、缩减管理费用、放弃次要利益、削减存货、裁减雇员等经营策略。

4）竞争程度

竞争广泛存在于市场经济之中，任何企业都不能回避。不同行业、行业的不同发展阶段，甚至同一时期的不同区域市场，其竞争程度都是不相同的，企业应该审时度势，针对不同的竞争程度作出不同的财务战略。如竞争比较缓和的情况下，企业应该抓住机遇，尽快扩张产能，并采取积极的销售策略，抢占市场；如果竞争比较激烈，企业应该适当收缩战线，甚至考虑进入新的市场。

1.5.2 财务管理的法律环境

在市场经济条件下，企业总是在一定的法律前提下从事其各项业务活动。一方面，法律提出了企业从事各项业务活动所必须遵守的规范，对企业行为进行约束；另一方面，法律也为企业依法从事各项业务活动提供了保护。在市场经济中，通常要建立一个完整的法律体系来维护市场秩序，从企业的角度看，这个法律体系涉及企业设立、企业运转、企业合并和分立以及企业的破产清算等。其中，企业运转又分为企业从事生产经营活动的法律规定以及企业从事财务活动的法律规定。一般来说，企业设立、合并和分立主要是通过《中华人民共和国公司法》进行约束的；企业破产清算主要是通过《中华人民共和国企业破产法》进行约束的；企业生产经营活动主要是通过《中华人民共和国合同法》、《中华人民共和国消费者权益保护法》、《中华人民共和国环境保护法》、《中华人民共和国反垄断法》以及产品质量监督条例、技术监督条例等进行约束的；企业财务活动主要是通过《中华人民共和国企业所得税法》、《中华人民共和国证券法》、《中华人民共和国票据法》、《中华人民共和国商业银行法》、《中华人民共和国会计法》及《企业财务通则》等进行约束的。此外，在企业设立、合并和分立以及破产的有关法律规定中，其主要的内容都直接与财务活动相联系。将这些内容与对财务活动运行过程进行规范的法律联结起来，就形成了一个完整的有关财务活动的法律体系，它对财务管理会产生直接的影响和制约作用，而且有关企业生产经营活动的法律规定也会对财务管理产生间接的影响和制约作用。从整体上说，法律环境对财务管理的影响和制约有以下几个方面：（1）在筹资活动中，国家通过法律规定了筹资的最低规模和结构，规定了筹资的前提条件和基本程序；（2）在投资活动中，国家通过法律规定了投资的基本前提、投资的基本程序和应履行的手续；（3）在分配活动中，国家通过法律规定了企业分配的类型或结构、分配的方式和顺序、分配过程中应履行的手续及分配的数量；（4）在生产经营活动中，国家规定的各项法律会引起财务安排的变动，在财务活动中必须予以考虑。

1.5.3 财务管理的金融环境

金融环境，亦称金融市场环境，是资金供应者和资金需求者双方通过某种形式融通资金的场所和条件。企业从事投资和经营活动离不开资金，而资金的取得，除了自有资金外，还要从金融机构和金融市场取得。金融市场环境的变化必然影响企业的筹资、投资和资金运营活动。所以，金融环境是企业最为重要的环境因素之一。影响企业财务管理目标实现的金融环境因素主要包括金融机构、金融市场和利息率等。

1）金融机构

金融机构是指专门从事货币信用活动的中介组织。我国的金融机构，按地位和功能可分为四大类：第一类，中央银行，即中国人民银行；第二类，银行，包括政策性银行、商业银行、村镇银行；第三类，非银行金融机构，主要包括国有及股份制的保险公司、城市信用合作社、证券公司、财务公司等；第四类，外资金融机构。以上各种金融机构相互补充，构成了一个完整的金融机构体系。

（1）中央银行。中央银行的职能是由中国人民银行履行的。它代表政府管理全国的金融机构和金融活动，经理国库。其主要职责是制定和实施货币政策，保持货币币值稳定；依法对金融机构进行监督管理，维持金融业的合法、稳健运行；维护支付和清算系统的正常运行；持有、管理、经营国家外汇储备和黄金储备；代理国库和其他与政府有关的金融业务；代表政府从事有关的国际金融活动。

（2）银行。我国的政策性银行是指由政府设立，以贯彻国家产业政策、区域发展政策为目的的非营利性金融机构。它不面向公众吸收存款，而以财政拨款和发行政策性金融债券为主要资金来源。其服务领域主要是对国民经济发展和社会稳定有重要意义，而商业银行出于营利目的又不愿涉足的领域。政策性银行的资金投向也要进行严格审查，实行有偿使用，到期要求还本付息。我国目前有三家政策性银行，它们是：国家开发银行、中国进出口银行和中国农业发展银行。

我国的商业银行是以经营存款、放款，办理转账结算为主要业务，以营利为主要经营目标的金融企业。商业银行的运作受《中华人民共和国商业银行法》制约。我国的商业银行按其组织形式可以分成两类：第一类，国有独资商业银行，它是由国家专业银行演变而来的，包括中国工商银行、中国农业银行、中国银行、中国建设银行；第二类，股份制商业银行，它是 1987 年以后发展起来的，包括交通银行、平安银行、中信银行、中国光大银行、华夏银行、招商银行、兴业银行、上海浦东发展银行、中国民生银行等。这些银行的股权结构各异，以企业法人股和财政入股为主，个别银行有个人股权。股份制商业银行完全按商业银行的模式运作，服务比较灵活，业务发展快，涉足领域广。

村镇银行是指经中国银行业监督管理委员会依据有关法律、法规批准，由境内外金融机构、境内非金融机构企业法人、境内自然人出资，在农村地区设立的主要为当地农民、农业和农村经济发展提供金融服务的银行业金融机构。村镇银行不同于银行的分支机构，属一级法人机构。2006 年 12 月 20 日提出试点，2007 年新设立村镇银行19家，以后逐年增加。

(3) 非银行金融机构。目前，我国主要的非银行金融机构有：①保险公司，主要经营保险业务，包括财产保险、责任保险、保证保险和人身保险。我国保险公司的资金可以买卖债券、股票、证券投资基金等有价证券。②信托投资公司，主要是以受托人的身份代人理财。其主要业务有经营资金和财产委托、代理资产保管、金融租赁、经济咨询以及投资等。③证券机构，是指从事证券业务的机构，包括证券公司、证券交易所和登记结算公司等。④财务公司，它类似于投资银行。我国的财务公司是由企业集团内部各成员单位入股，向社会募集中、长期资金，为企业技术进步服务的金融股份有限公司。它的业务被限定在本集团内，不得从企业集团之外吸收存款，也不得对非集团单位和个人贷款。⑤金融租赁公司，它是指办理融资租赁业务的公司组织。其主要业务有动产和不动产的租赁、转租赁、回租租赁等。

(4) 外资金融机构。外资金融机构是指外国金融机构在中国境内投资设立的从事金融业务的分支机构和具有中国法人地位的外商独资金融机构、中外合资金融机构。

2) 金融市场

金融市场有广义与狭义之分。广义的金融市场，是指一切资本流动的场所，包括实物资本和货币资本的流动，具体交易对象包括货币借贷、票据承兑和贴现、有价证券的买卖、黄金和外汇买卖、办理国内外保险、生产资料的产权交换等。狭义的金融市场一般是指有价证券市场，即股票和债券的发行买卖市场。

金融市场按交易的期限，可划分为短期资金市场和长期资金市场；按交割的时间，可划分为现货市场和期货市场；按交易的性质，可划分为发行市场和流通市场。

金融市场由主体、客体和参加者组成。主体是指银行和非银行金融机构，它们是金融市场的中介机构，是连接筹资人和投资人的桥梁；客体是指金融市场上的买卖对象，如商业票据、政府债券、公司股票等各种信用工具；金融市场的参加者是指客体的供给者和需求者，如企业、事业单位、政府部门、个人等。

金融市场对企业财务管理有着重要的影响。首先，金融市场是企业投资和筹资的场所。当企业需要资金时，可以到金融市场上选择适合自己的方式进行筹资。当企业有了剩余资金，可以以灵活的投资方式，在金融市场上为其资金寻找出路。其次，企业通过金融市场可自由地实现长、短期资金的互相转化。如企业可将持有的长期股票和债券投资在金融市场上随时变现，成为短期资金；也可将远期票据通过贴现，变为现金。与此相反，企业的短期资金也可以在必要时在金融市场上转变为股票、债券等长期资产。最后，金融市场可为企业理财提供有意义的信息。如通过观察金融市场的利率变动，可了解资金的供求状况；通过了解有价证券市场的行情，可反映投资人对企业的经营状况和盈利水平的评价等。

3) 利息率

利息率，简称利率，是利息占本金的比率，是一定时期运用资金资源的交易价格，主要决定于同一时期的社会平均利润率和资金的供求关系。在社会平均利润率一定的情况下，资金供给大于需求，其价格会下降；相反，则会上升。除此之外，利率还在不同程度上受到经济周期、通货膨胀、国家货币政策、财政政策以及国际政治经济状况等的影响。资金的利率通常由五个部分构成：

利率=纯利率+通胀附加率+变现力附加率+违约风险附加率+期限风险附加率

利率在社会资金的分配及企业财务决策中起着重要作用，是企业开展财务活动、实现财务管理目标过程中不可轻视的重要金融环境因素。

本章小结

本章是第1章，主要介绍了财务管理的概念、财务管理目标、环节与方法、财务管理的组织、财务管理环境等问题，为学习后面的内容作了铺垫。

财务管理是指企业对其全部资金的具体管理，包括对其财务活动进行预测、决策、计划、控制、协调和分析，也包括对其财务关系的协调与处理，是企业组织财务活动、处理各方面财务关系的总称。其中，财务活动包括：筹资活动、投资活动、营运资金管理和分配活动等四个方面；财务关系则是企业在处理财务活动过程中与其他利益体形成的利益关系，包括：企业与国家之间的财务关系、企业与投资者之间的财务关系、企业与债权人之间的财务关系、企业与受资者之间的财务关系、企业与债务人之间的财务关系、企业内部各单位之间的财务关系、企业与员工之间的财务关系、企业与顾客之间的财务关系等。

财务管理目标是企业财务管理活动的基本出发点，财务管理的总目标有：利润最大化、股东财富最大化、企业价值最大化、相关者利益最大化。财务管理的具体目标分别是：(1) 企业筹资管理的具体目标是：以较低的筹资成本和较小的筹资风险，获取同样多或较多的资金；(2) 企业投资管理的具体目标是：以较小的投资额与较低的投资风险，获取较多的投资收益；(3) 企业在营运资金管理中的具体目标是：满足企业生产经营活动的需要，加快企业资金的周转，尽量减少各环节资金的闲置和浪费；(4) 企业在分配活动中的具体目标是：处理好积累与分配的关系，不断提高企业的发展后劲。

企业所有者与经营者利益冲突的协调方法主要有：解聘、接收和激励。

财务管理环节是指财务管理的工作步骤和一般程序，包括财务预测、财务决策、财务预算、财务控制和财务分析五个基本环节。这些环节相互配合，紧密联系，形成周而复始的财务管理循环过程，构成完整的财务管理工作体系。

企业财务管理体制可分为三种类型：集权型财务管理体制、分权型财务管理体制、集权与分权相结合型财务管理体制。集权和分权各有利弊，对集权与分权的选择及分权程度的确定需要考虑企业的特点、规模、管理模式、组织架构、业务范围分布、员工素质与企业文化等因素。

财务管理环境是指影响企业财务管理职能作用发挥的各种企业内、外部条件及因素的统称，也称理财环境。财务管理环境包括：财务管理的经济环境、财务管理的法律环境和财务管理的金融环境。其中，经济环境是指企业进行财务活动时宏观经济所处的状态，通常由经济体制、经济政策、经济周期和竞争程度等几个方面构成；法律环境是国家颁布的一系列有关企业经营的法律法规；企业财务管理的金融环境主要包括金融机构、金融市场和利息率等因素。

思考题

1. 什么是财务管理？其与企业管理是什么关系？
2. 如何选择财务管理目标？
3. 财务管理有哪些环节？各环节工作的内容是什么？有哪些常用方法？
4. 集权与分权型财务管理体制各有何利弊？如何选择企业的财务管理体制？
5. 财务管理环境对企业财务管理有何影响？
6. 企业财务管理者应该具备哪些素质与能力？

练习题

一、单项选择题

1. 反映企业价值最大化目标实现程度的指标是(　　)。

A. 利润　B. 总资产报酬率　C. 每股市价　D. 市场占有率

2. 企业价值最大化目标强调的是企业的(　　)。

A. 预期获利能力　B. 实际利润率　C. 实际利润额　D. 生产能力

3. 企业筹措和集中资金的财务活动是指(　　)。

A. 分配活动　B. 投资活动　C. 决策活动　D. 筹资活动

4. 作为企业财务管理目标，每股利润最大化目标较之利润最大化目标的优点在于(　　)。

A. 考虑了资金时间价值因素　B. 考虑了风险价值因素

C. 反映了创造利润与投入资本之间的关系　D. 能够避免企业的短期行为

5. 资金时间价值相当于没有风险和没有通货膨胀条件下的(　　)。

A. 利息率　B. 额外收益

C. 社会平均资金利润率　D. 利润率

二、多项选择题

1. 下列各项中，属于企业财务活动的有(　　)。

A. 筹资活动　B. 投资活动　C. 资金营运活动　D. 分配活动

2. 下列各项中，属于投资收益率的组成因素的有(　　)。

A. 通货膨胀率　B. 风险报酬率　C. 无风险报酬率　D. 社会积累率

3. 下列活动中，属于企业资金营运活动的有(　　)。

A. 采购原材料　B. 销售商品　C. 购买国库券　D. 支付利息

4. 财务管理目标应包括(　　)。

A. 股东财富最大化　B. 企业利润最大化

C. 企业价值最大化　　　　　　　　D. 每股价格最大化

5. 利润最大化不是企业最优的财务管理目标，其原因包括(　　)。

A. 不直接反映企业创造剩余产品的多少

B. 没有考虑利润和投入资本额的关系

C. 没有考虑利润取得的时间和承受风险的大小

D. 没有考虑企业成本的高低

6. 相对于其他企业而言，公司制企业的优点有(　　)。

A. 股东人数不受限制　　　　　　　B. 筹资便利

C. 承担有限责任　　　　　　　　　D. 利润分配不受任何限制

7. 下列各项中，属于相对稳定的理财环境有(　　)。

A. 产品销路　　B. 企业地理环境　C. 税收政策　　D. 生产方向

8. 金融市场按照交割时间分为(　　)。

A. 短期资金市场　B. 长期资金市场　C. 现货市场　　D. 期货市场

三、判断题

1. 企业价值最大化目标全面反映了企业所有者的利益，是评价代理人行为较为理想的指标。　(　　)

2. 从财务管理的角度来看，企业价值所体现的资产价值既不是其成本价值，也不是其现时的会计收益。　(　　)

3. 金融市场利率波动与通货膨胀有关，后者起伏不定，利率也随之而起落。　(　　)

4. 当经济处于衰退阶段时，企业应该采取的经营策略是扩充厂房设备、继续建立存货、开展营销规划等。　(　　)

5. 随着分权程度的提高，分权型财务管理体制的复合优势可能会不断强化。　(　　)

四、简答题

1. 企业如何协调所有者与经营者的利益冲突?

2. 企业应该如何选择集权或分权的财务管理模式?

第2章

财务管理基础

学习目标

理论目标：(1) 掌握资金时间价值的计算原理和含义；(2) 各类时间价值的计算方法；(3) 准确理解风险和风险报酬的含义；(4) 利用数学方法和理论模型进行风险衡量。

实践目标：(1) 通过本书后附的各类系数表，计算并理解实际经济生活中常见的一些问题，如复利的计算、各类年金价值的计算、房贷车贷等偿债基金和系数的原理、投资项目回收基金和系数的原理；(2) 计算风险报酬、单项资产和证券组合风险报酬；(3) 名义利率和实际利率的确定，并通过各类系数计算实际利率；(4) 理解并学会使用现金流量图说明资金的时间价值原理。

2.1 资金的时间价值

2.1.1 资金时间价值的概念

资金的时间价值观念，是财务管理的核心基础问题之一。资金的时间价值，是指资金经历一定时间的投资和再投资后所增加的价值。

现实经济生活中有这样一种现象，现在的1元钱和将来的1元钱其购买价值不同，这就是资金的时间价值原理。最典型的例子是：10年前1元钱可以买一碗武汉的热干面，现在要花3元钱买一碗，现在的1元钱只能买半碗还不到。究其原因，除了考虑通货膨胀和物价上涨因素外，还有利息（或报酬率）因素。例如，假定银行的1年期存款利率为2.24%，把100元钱存入银行，1年后，你可以获取“连本带利”的102.24元，比本金多出来的2.24元就是资金时间价值的一部分。实践中，人们习惯于使用相对数字表示货币的时间价值，即用增加的价值占投入货币的百分数来表示。如果不考虑其他因素，上述货币的时间价值为2.24%。

正是由于资金在不同时间的价值不相等，所以有必要选用一定的时间基点，把不同时点的资金价值统一折算，这样才可以进行比较评价。在进行经济决策时，由于通货膨胀导致物价上涨的情况比较复杂，因此在计算资金时间价值时，一般只考虑利息（或报酬率）因素，并以此作为时间价值分析的工具。

在计算利息时，有单利和复利两种方式。假定使用F表示将来的价值（本利和），P表示现在的价值（本金、初始值），i表示利息率（报酬率），n表示计息的次数（期次），t表示时间的未来方向。计算公式如下：

单利：$F=P\times(1+n\times i)$

复利：$F=P\times(1+i)^n$

复利的计算过程与资金时间价值增长的现实过程在数学上的模型非常相似，财务管理上广泛使用复利公式计算时间价值，并作为投资决策的依据。

2.1.2　终值与现值

1）复利终值

复利终值是指现在的资金按照复利计算的将来一定时间的价值，也就是将来到期时候的本利和。通俗的说，就是现在的钱在将来值多少钱。

【实践应用 2-1】某人将 100 000 元钱存入银行，假定年报酬率为 6%，经过 1 年后的本利和为：

$F=P+P\times i=P\times(1+i)=100\,000\times(1+6\%)=106\,000$（元）

假定他连续存 2 年，第 2 年的本金就是 106 000 元，2 年后的本利和为：

$F=[P\times(1+i)]\times(1+i)=P\times(1+i)^2=100\,000\times(1+6\%)^2=100\,000\times1.1236$

$=112\,360$（元）

以此类推，第 n 年的期末金额（即本利和）为：

$F=P\times(1+i)^n$

上述公式是计算复利终值的一般公式，$(1+i)^n$ 称为复利终值系数或者 1 元的复利终值，用符号（F/P，i，n）表示。为了计算方便，预先可以计算出来，并编制列表备用，称之为“复利终值系数表”（详见本书附表 1）。

上述复利终值系数的计算过程，如图 2-1 所示。

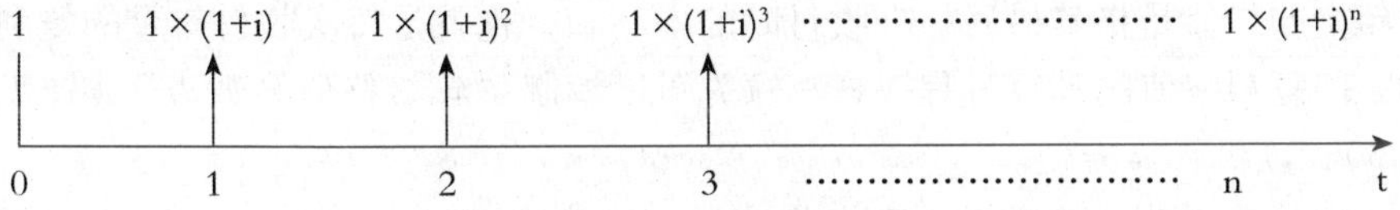

图 2-1　复利终值计算示意图

【实践应用 2-2】（F/P，10%，3）表示利率为 10%，3 期次的复利终值系数。如果现在存入银行 100 000 元钱，利率为 10%，3 年后终值为：

通过查阅复利终值系数表，（F/P，10%，3）= 1.331

$F=100\,000\times1.331=133\,100$（元）

2）复利现值

复利现值是复利终值的对称概念，即未来一定时期的特定资金按复利计算的现在的价值，或者说是为了取得将来一定本利和现在所需要支付的本金。

复利现值恰好和复利终值相反，通过复利终值计算公式和系数倒数计算，可以求得复利现值计算的公式和系数：

$$P=\frac{F}{(1+i)^n}=F\times(1+i)^{-n}$$

上述公式中的 $(1+i)^{-n}$ 就是把终值折算为现值的系数，也就是复利终值的倒数，或者称之为 1 元钱的复利现值，用符号（P/F，i，n）表示。为了计算方便，可以预先编制“复利现值系数表”（详见本书附表 2）备用。

【实践应用 2-3】某人准备在 3 年后购买价值为 100 000 元的汽车一部，如果年利率为 5%，他现在应该存入多少钱？

查阅复利现值系数表得知，(P/F，5%，3) = 0.8638

P = 100 000×0.8638 = 86 380（元）

即现在存入 86 380 元，在 5% 的年利率下，连续存 3 年后可以得到 100 000 元。

上述复利现值系数的计算过程，如图 2-2 所示。

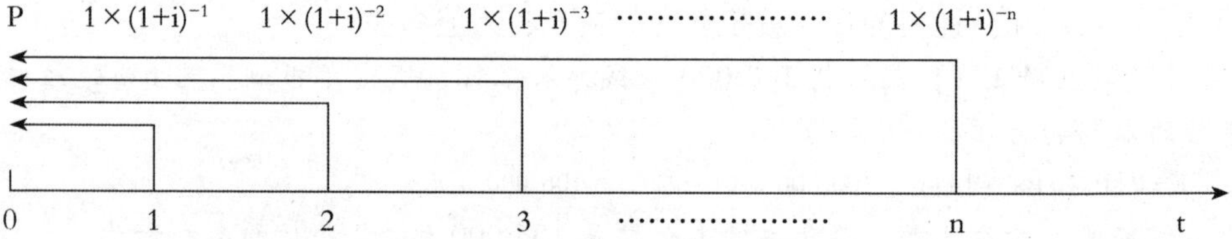

图 2-2 复利现值计算示意图

2.1.3 年金终值与现值

在实际经济生活中，经常会发生在一定时期内连续支付等额资金的情况，比如房租房贷每月支付一次，折旧每月计提一次，财务管理上称之为年金，即一段时期内的等额资金系列收付。年金按照收付款的方式分为普通年金（后付年金）、即付年金（先付年金）、延期年金和永续年金等几种基本形式。

1）普通年金终值

普通年金也称之为后付年金，是指在一定时期内每期期末系列等额收付款项。普通年金的终值是指其最后一期收付时的本利和，也就是每次收付年金的复利终值之和。同复利终值的计算过程一样，预先可以编制“年金终值系数表”（详见本书附表 3），以供计算方便。

一般用 A 代表年金数额，F/A 代表年金终值，(F/A，i，n) 代表 1 元年金的终值，即年金终值系数。

【实践应用 2-4】某人准备在未来 10 年内每年末存入 10 000 元，假定年利率为 5%，请问 10 年后可以获取多少本利和？

查阅年金的终值系数表得知，(F/A，5%，10) = 12.5779

F = 10 000×12.5779 = 125 779（元）

即在 5% 的年利率下，他在 10 年后可以得到本利和 125 779 元。

上述年金终值系数计算过程，如图 2-3 所示。

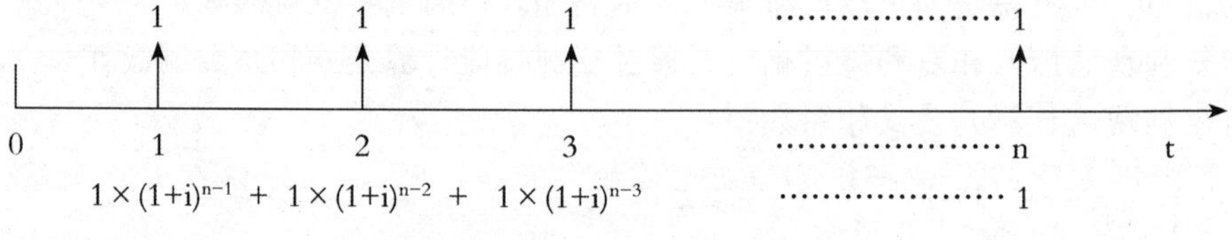

图 2-3 普通年金终值计算示意图

上述计算式 $1\times(1+i)^{n-1}+1\times(1+i)^{n-2}+1\times(1+i)^{n-3}+\cdots+1=\sum_{i=1}^{n}(1+i)^{n-1}$ 就是

普通年金的终值系数。

在实际生活中，有时候为了偿还将来固定金额的一笔钱，需要每年偿还一定金额，即等额偿还的年金，此时实际上是已知未来的终值，求年金的支付金额，也就是年金终值系数的倒数，称之为“偿债系数”。

【实践应用 2-5】某人准备在 5 年后还清 10 000 元债务，从现在起每年末等额存入银行一笔钱，假定银行的利率为 10%，问每年存入多少钱？

查阅年金的终值系数表得知，（F/A，10%，5）= 6.1051

F = A×（F/A，10%，5）= 10 000（元）

A = 10 000÷6.1051 = 1 637.97（元）

即在银行利率为 10% 时，只需要在每年末存入 1 637.97 元，5 年后可以得到 10 000元，用来还清所欠的债务。

2）普通年金现值

普通年金现值是指为了在每期期末收付相等金额的款项，现在需要投入的金额，用（P/A，i，n）表示。同复利现值系数的计算过程一样，可以预先计算并编制“年金现值系数表”（详见本书附表 4），以供计算方便。

【实践应用 2-6】某人在 3 年内要支付一笔房租，约定在每年末支付 10 000 元，假定市场要求的投资报酬率是 10%，他现在要存入多少钱才可以保证支付？

查阅年金现值系数表得知，（P/A，10%，3）= 2.4869

P = 10 000×2.4869 = 24 869（元）

即他现在要存入 24 869 元钱，才可以保证在 3 年内每年末支付 10 000 元。

上述年金现值系数的计算过程，如图 2-4 所示。

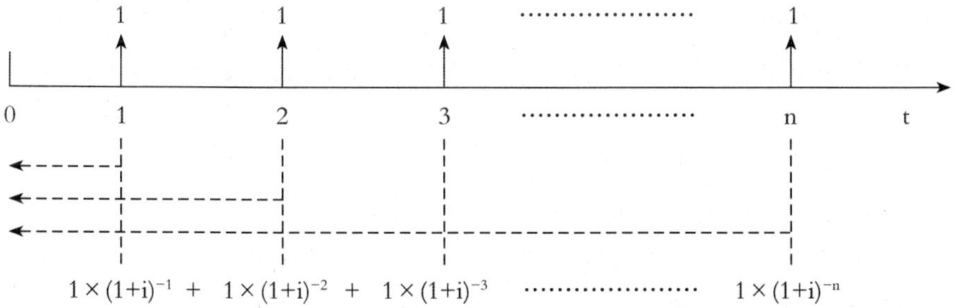

图 2-4　普通年金现值计算示意图

上述计算式中，

$$1\times(1+i)^{-1}+1\times(1+i)^{-2}+1\times(1+i)^{-3}+\cdots+1\times(1+i)^{-n}=\sum_{i=1}^{n}\frac{1}{(1+i)^{n}}$$

就是普通年金的现值系数。

在实际生活中，我们经常会遇见现在投资一个项目花费的金额，想在每年年末固定收回一笔金额的问题。此时实际上是已知现值，求年金的收付金额问题，也就是年金现值系数的倒数，称之为“投资回收系数”。

【实践应用 2-7】假定某人现在以 10% 的利率借款 200 000 元，投资于某个寿命为 10 年的项目，请问每年至少要收回多少钱才是有利的？

查阅年金现值系数表得知，(P/A，10%，10) = 6.1446

P = A×（P/A，10%，10）= 200 000（元）

A = 200 000÷6.1446 = 32 548.90（元）

即每年至少要收回现金 32 548.90 元，才可以还清贷款本利和。

3）预付年金终值

预付年金也称之为先付年金，是指在每期期初支付的年金，又称为即付年金或期初年金。预付年金的终值与普通后付年金相比，区别在于多了第 1 期的利息，即先付的第 1 期利息；也可以通过查找普通年金 n+1 期的终值系数，然后减去第 1 期多出的本金 1，也就是预付年金的终值。

【实践应用 2-8】已知每年初存入银行 100 000 元，约定的利率为 8%，6 年后的本利和是多少？

可以通过两种方式计算：

第一种方式是先查找 6 年的普通年金终值系数表，(F/A，8%，6) = 7.3359

F = 100 000×7.3359×（1+8%）= 792 277.20（元）

第二种方式是先查找 7 年的普通年金终值系数表，再减 1，(F/A,8%,7)−1 = 8.9228−1 = 7.9228

F = 100 000×7.9228 = 792 280（元）

必须说明的是，理论上，上述两种方式计算出来的结果应该是一样的，之所以计算出来的结果有一定的误差项，是因为在编制系数表的时候，不同时期的系数计算有小数点四舍五入的原因，对实际决策影响不大。

4）预付年金现值

预付年金现值的计算与普通后付年金计算比较，区别在于多计算了最后一期的现值，所以在计算的时候，可以直接乘以（1+i），也可以先通过查找 n−1 期普通后付年金现值系数，然后再加上第 1 期的年金 1。

【实践应用 2-9】某人准备 6 年期购买一辆小汽车，每年初支付 100 000 元，假设银行的利率为 10%，该年金款项相当于现在一次性支付多少金额的买价？

可以通过两种方式计算：

第一种方式是先查找 6 年的普通年金现值系数表，(P/A，10%，6) = 4.3553

P = 100 000×4.3553×（1+10%）= 479 083（元）

第二种方式是先查找 5 年的普通年金现值系数表，再加 1，(P/A，10%，5) +1 = 3.7908+1 = 4.7908

P = 100 000×4.7908 = 479 080（元）

同理，上述计算误差不影响实际决策效果。

5）递延年金

递延年金是指第一次系列收付发生在第 2 期或以后的年金。递延年金的支付形式，如图 2-5 所示。

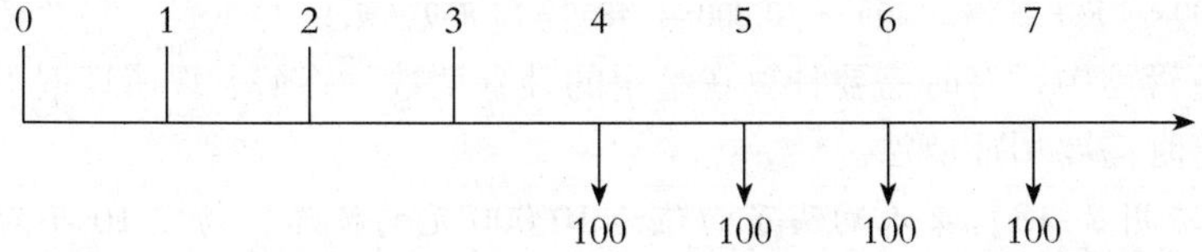

图 2-5　递延年金的支付形式

从图 2-5 中可以看出，年金的前面 3 期没有收付，第 4～7 期有等额支付，即 7 年的年金里面，前面 3 年没有支付，只有后面 4 年进行支付。

【实践应用 2-10】假定某人准备在 7 年中，从第 4 年开始每期期末支付 100 元的金额，要求的报酬率是 10%，请计算该项年金的终值和现值。

实际上，该项年金的终值就是一个普通年金的 4 年期，利率为 10% 的终值。

$F = A\times(F/A, 10\%, 4) = 100\times4.641 = 464.1$（元）

现值计算方法有两种：

第一种方法就是把递延年金视为 4 期的普通年金，求出第 3 期期末的现值，然后再调整换算为第 1 期期初的现值，即先通过求出 4 期的普通年金现值，再调整计算为 3 期的普通复利现值。

$P_3 = A\times(P/A, 10\%, 4) = 100\times3.1699 = 316.99$（元）

$P_0 = 316.99\times(P/F, 10\%, 3) = 316.99\times0.7513 = 238.15$（元）

第二种方法是假设递延中也进行支付，先求出 7 期的年金现值，扣除减去实际并未支付的递延 3 期的年金现值。

$P_0 = A\times(P/A, 10\%, 7) - A\times(P/A, 10\%, 3) = 100\times(4.8684-2.4869) = 238.15$（元）

6）永续年金

无限期等额系列收付的年金，称之为永续年金。现实经济生活中，存本取息可视为永续年金的一个例子，如诺贝尔奖金。由于永续年金没有终止的时间，也就是说其没有终值，只有现值。

永续年金的现值 $P = A\times\frac{1}{i}$

【实践应用 2-11】某人准备在某大学建立一项永久性的奖学金，约定每年按照 10% 的利息支付奖金 10 万元，请问现在要存入多少钱？

$P = 10\times\frac{1}{10\%} = 100$（万元）

2.1.4　名义利率和折现率的推算

现实经济生活中，经常会遇到计息期短于 1 年的情况。当计息期是 1 年时，此时的利率称为名义利率；计息期小于 1 年或者 1 年内分次计息时，就需要把名义利率按照计息期数相除，计算的利率就是实际利率。

【实践应用 2-12】本金 10 000 元，投资 5 年，年利率为 8%，每季度复利计算利息一次，求 5 年后的本利和。

名义利率为 8%，实际利率 $= 8\%\div4 = 2\%$

复利计息次数 $= 5\times4 = 20$（次）

$F=10\ 000\times(F/P,\ 2\%,\ 20)=10\ 000\times 1.4859=14\ 859$（元）

在财务管理中，有时需要计算在给定的计息期数、终值、现值情况下，求贴现率问题，这时需要用插值法。

【实践应用 2-13】某人购买了面值为 10 000 元的债券，约定 10 年后的本利和是 25 940 元，请问这张债券的利率为多少？

根据题意可知：$10\ 000=25\ 940\times(P/F,\ i,\ 10)$

$(P/F,\ i,\ 10)=0.3855$

查阅复利现值系数表可知，10 年对应的贴现率，10% 的系数为 0.3855，即债券利率为 10%。

【实践应用 2-14】某人现在准备向银行存入 50 000 元钱备用养老，在利率为多少时候，可以保证在今后的 10 年中每年得到 7 500 元？

根据题意可知：$50\ 000=7\ 500\times(P/A,\ i,\ 10)$

$(P/A,\ i,\ 10)=6.6667$

查阅年金现值系数表得知，当利率为 8% 时，系数为 6.7101；当利率为 9% 时，系数为 6.4177。即利率应该在 8% ~9% 之间，用“插值法”可以求得实际利率 x 如下：

$$\frac{8\%-x}{9\%-8\%}=\frac{6.7101-6.6667}{6.4177-6.7101}$$

$x=8.1484\%$

2.2 资金的风险价值

2.2.1 风险的概念

风险是财务管理中一个非常重要的概念，通俗易懂的解释是指“发生财务损失的可能性”，发生损失的可能性越大，风险越大。事实上，一个财务事项发生，可能出现好的结果（如收益），也可能出现坏的结果（如损失）。在日常生活和理解中，一般人都认为坏结果出现的概率越大，风险越大，其实有失偏颇。

风险正式的定义是：预期结果的不确定性。也就是说，风险既包括出现正面效果的可能性，也包括出现负面效果的可能性。另外，风险还要和危险区分。所谓“危险”，是指负面效果，是损失发生及其程度的不确定性。人们普遍厌恶并逃避危险，需要识别、衡量、防范和控制，即进行危机管理，而应对危险的一个好的方式是保险。风险包含了危险，危险只是风险的一部分。风险的另一方面是正面效果，可以称为“机会”，机会也需要识别、衡量，更重要的是选择和获取。借用一句通俗的话说就是“机会与危险共存”。

2.2.2 风险的分类

一般而言，企业面临的风险主要有两种：系统风险和非系统风险。

1）系统风险

系统风险也叫“市场风险”，是指影响所有公司的因素引起的风险，是由企业外部因素引起的，企业无法控制、无法分散。比如战争、自然灾害、市场利率的变化、经济衰退、经济周期的非预期变化等，对所有公司都会产生影响。例如，在经济环境不景气情况下，多数股票的投资报酬率和价格会下跌，而经济好转时会上涨。各类股票的涨跌幅度不同，但多数股票的变动是一致的，无论投资者多样化有多充分，也不能完全消除全部风险，正是由于系统风险涉及到所有的投资对象和项目，也称之为“不可分散风险”。

2）非系统风险

非系统风险，是指个别公司发生的特有事件造成的风险，只与个别企业有关，不涉及到所有企业和所有项目，可以通过生产经营分散，也称为“公司特别风险”或“可分散风险”。比如某公司开发新产品失败、工人罢工、失去重要的销售合同等，只是单个公司发生的特有事件，与其他公司无关，对整个市场影响小。这种风险可以通过投资多样化分散，比如购买多家公司的股票，这样某家公司的股价下跌就可通过股票上涨的公司来弥补。

非系统风险根据形成的原因不同，又可以分为经营风险和财务风险。经营风险是指企业生产经营条件的变化给企业收益带来的不确定性，也称为商业风险；财务风险是指由于企业举债经营而给财务成果带来的不确定性，又称为筹资风险。

2.2.3 单项资产风险的计量

1）概率分布

在现实经济活动中，某一事件发生的可能性就是概率。数理统计上，把必然发生的事件概率定为1，把不可能发生事件的概率定为0，一般事件发生的概率都介于0~1之间，概率数值越大，表明事件发生的可能性就越大。

【实践应用2-15】某公司有A、B两个投资选择机会，未来投资情况见表2-1。

表2-1 **某公司未来投资情况表**

经济情况	发生概率	A项目预期报酬率	B项目预期报酬率
繁荣	0.3	90%	20%
正常	0.4	15%	15%
衰退	0.3	-60%	10%
合计	1.0	—	—

概率表示某种经济情况出现的可能性大小，繁荣、正常和衰退三种经济情况概率合计为1。在表2-1中，经济繁荣发生的概率为0.3，此时公司如果投资于A项目可以获取90%的收益，而B项目可以获取20%的收益；或者说A项目获取90%收益的可能性是0.3，B项目获取20%收益的可能性是0.3。在现实经济生活和财务管理中，报酬率受多种因素的影响，考虑的因素很多，有时候为了简化，只选择其中最重要的一种或者几种因素考虑。

在表2-1中，很明显可以看到，A项目的波动幅度比较大，而B项目较小，直观感觉上前者的风险较后者大。

2）计算期望报酬率

用随机发生的各种情况下的报酬率，乘以相应的概率取值并进行加权平均求和，就是期望报酬率。期望报酬率实际上是随机变量的加权平均值，反映了随机数量取值的平均化，可以用来衡量比较风险。期望值可用下列公式表示：

$$\bar{k}=\sum_{i=1}^{n}(p_i \times k_i)$$

式中，p_i 表示第 i 种结果出现的概率；k_i 表示第 i 种结果出现后的报酬率；n 表示所有可能结果的数目。

以实践应用 2-15 数据为例，分别计算 A、B 项目的期望报酬率如下：

A 投资项目的期望报酬率 $=0.3\times 90\%+0.4\times 15\%+0.3\times(-60\%)=15\%$

B 投资项目的期望报酬率 $=0.3\times 20\%+0.4\times 15\%+0.3\times 10\%=15\%$

两个项目的期望报酬率相等，但是波动幅度不同，A 投资项目的变动范围在 -60% ~90% 之间，B 投资项目的变动范围在 10% ~20% 之间。这说明二者风险不同，定量衡量这个变动幅度风险的指标是“离散程度”。

3）离散程度

离散程度是指随机变量偏离期望值的大小，通常采用方差和标准差衡量。其中，方差是用来表示随机变量与期望值之间离散程度的指标，标准差是方差的平方根。

$$\text{方差 } D=\frac{\sum_{i=1}^{n}(k_i-\bar{k})^2}{n}$$

$$\text{标准差 } \delta=\sqrt{\frac{\sum_{i=1}^{n}(k_i-\bar{k})^2}{n}}$$

在总体量很大的时候，如果已知每种事件出现的概率，也可以使用如下公式计算：

$$\delta=\sqrt{\sum_{i=1}^{n}(k_i-\bar{k})^2\times p_i}$$

以实践应用 2-15 数据为例，分别计算 A、B 项目的标准差如下：

A 项目的标准离差

$=\sqrt{(90\%-15\%)^2\times 0.3+(15\%-15\%)^2\times 0.4+(-60\%-15\%)^2\times 0.3}=58.09\%$

B 项目的标准离差

$=\sqrt{(20\%-15\%)^2\times 0.3+(15\%-15\%)^2\times 0.4+(10\%-15\%)^2\times 0.3}=3.87\%$

通过计算标准离差，虽然 A、B 项目的期望报酬率相等，但是 A 项目的标准离差大于 B 项目的标准离差，可以认为 A 项目的风险比 B 项目大。

如果两个项目的离差和期望报酬率都不相等，则需要计算变化系数（或称之为离散系数、标准离差率）后，加以比较分析。

变化系数（标准离差率）V＝标准差÷均值

【实践应用2-16】甲公司证券的预期报酬率为10%，标准差是12%，乙公司证券的预期报酬率为18%，标准差是20%。

甲公司证券的变化系数＝12%÷10%＝1.20

乙公司证券的变化系数＝20%÷18%＝1.11

如果直接从标准差看，乙公司证券的离散程度大，但不能得出结论说乙公司证券的风险比甲公司证券风险大。如果从变化系数看，甲公司证券的变化系数1.20大于乙公司证券的变化系数1.11，说明甲公司证券比乙公司证券的相对风险大。即甲公司的绝对风险较小，相对风险较大，而乙公司的绝对风险较大，相对风险较小。

4）计算风险报酬率

标准离差率和变化系数可以用来评价投资风险的大小，但并不是风险报酬率。要计算风险报酬，必须借助于“风险报酬系数”。风险报酬系数是指相对于某投资项目的标准离差率所需要的市场报酬大小，具体数值大小可以根据经验确定或者由企业、市场权威服务机构评定作为投资参考。

风险报酬率、风险报酬系数和标准离差率的关系可以用公式表示为：

$R_R=bV$

式中，R_R 表示风险报酬率；b 表示风险报酬系数；V 表示标准离差率。

投资的总报酬率由无风险报酬率与风险报酬率两部分组成，用公式表示为：

$K=R_F+R_R=R_F+bV$

式中，K 表示投资的总报酬率；R_F 表示无风险报酬率。

【实践应用2-17】沿用实践应用2-15资料，假定A投资项目的风险报酬系数为5%，B投资项目的风险报酬系数为10%，计算两个项目的风险报酬率为：

A投资项目＝5%×1.2＝6%

B投资项目＝10%×1.11＝11.1%

假设无风险的市场报酬率为4%，计算两个项目的投资报酬率为：

A投资项目＝4%+6%＝10%

B投资项目＝4%+11.1%＝15.1%

2.2.4 证券组合的风险与报酬

投资组合理论认为，多种投资项目组成的投资组合，其收益是这些证券的收益加权平均数，但是其风险并不是这些投资项目风险的加权平均风险。通过不同的投资项目选择组合，可以大大降低风险。

1）相关性

相关性是指两种投资的关联性。以股票投资为例，如果购买两种股票形成一个投资组合，两种股票的报酬率变化方向和变化幅度完全一致，称之为“完全正相关”，即两种股票价格同时上升或下降，且上升或下降的幅度相同；反之，两种股票的上升方向相反，幅度一致，称之为“完全负相关”。事实上，两种股票完全正相关或完全负相关的情况比较少见，一般相关系数在0.5～0.7之间。

2）β 系数

β 系数是衡量一种证券相对于证券市场整体组合变动反应程度的指标。其计算过程比较繁琐，一般是由市场权威服务机构定期计算并公布。

作为证券市场整体组合的 β 系数定为 1，如果某种股票的风险情况与整个证券组合市场的风险情况一致，则其股票的 β 系数也为 1。如果某种股票的 β 系数大于整体市场组合，其 β 系数大于 1；如果某个股票的 β 系数小于 1，则说明其风险小于整个市场的风险。

如果由多种股票构成投资组合，则投资组合的 β 系数是单个股票 β 系数的加权平均之和，权数为各种股票在投资组合中所占的比重。其计算公式是：

$$\beta_p = \sum_{i=1}^{n} \omega_i \beta_i$$

式中，ω_i表示第 i 种股票所占的比重；β_i表示第 i 种股票的 β 系数；β_p表示投资组合的 β 系数；n 表示证券组合中包含的股票数量。

【实践应用 2-18】假定某投资者持有三种股票投资组合，β 系数分别是 1.7、1.3 和 0.5，三种股票所占的比例分别为 50%、30% 和 20%，则投资组合的 β 系数为：

$$50\% \times 1.7 + 30\% \times 1.3 + 20\% \times 0.5 = 1.34$$

3）投资组合的期望报酬率

投资组合的期望报酬率是单个投资期望报酬率的加权平均值。用公式表示如下：

$$K_p = \sum_{i=1}^{n} \omega_i K_i$$

式中，K_p表示投资组合的期望报酬率；ω_i表示投资组合中第 i 种投资所占的比重；K_i表示第 i 种投资的期望报酬率。

【实践应用 2-19】假设 A、B 两种股票构成一个投资组合，每种股票在组合中各占 50%，其期望报酬率分别为 40% 和 -10%，则投资组合的期望报酬率为：

$$40\% \times 50\% + (-10\%) \times 50\% = 15\%$$

4）投资组合的风险报酬

投资者进行组合投资，与进行单项投资一样，都要求获取相应的风险报酬，股票的风险越大，要求的报酬就越高。与单项投资的风险不同，投资组合要求补偿的风险只是不可分散风险，不要求对可分散风险进行补偿。投资组合的风险报酬是投资者因承担不可分散风险而要求超过资金时间价值的那部分额外报酬，用公式表示如下：

$$R_P = \beta_P (R_M - R_F)$$

式中，R_p表示投资组合的风险报酬率；β_p表示投资组合的 β 系数；R_M表示市场上所有股票投资的平均报酬率，也就是由市场上所有股票组成的证券投资组合的报酬率，简称市场报酬率；R_F表示无风险报酬率，一般使用政府债券的利息率衡量。

【实践应用 2-20】某公司持有甲、乙、丙三种股票构成投资组合，β 系数分别为 1.7、1.3 和 0.5，所占的比重分别为 50%、30% 和 20%，股票的市场报酬率为 10%，无风险的报酬率为 7%，确定该投资组合的风险报酬为：

投资组合的 β 系数 = 50% ×1.7+30% ×1.3+20% ×0.5 = 1.34

投资组合的风险报酬率 = 1.34×（10% −7%） = 4.02%

2.2.5 资本资产定价模型

资本资产定价模型是用来描述证券市场某个股票投资的必要报酬率的一种理论，用公式表示是：

$$R_i = R_f + \beta (R_m - R_f)$$

式中，R_i表示第 i 种股票的必要报酬率；R_f表示无风险的收益率，通常可以用国库券或存款利率作为无风险收益率；R_m是平均股票要求的收益率，也指市场上所有股票组合投资要求的收益率。在市场均衡状态下，（$R_m - R_f$）是投资者为补偿承担超过无风险收益的平均风险而要求获取的额外收益，即风险价格。

资本资产定价模型是建立在一些假设基础上的：所有投资者都追求财富最大化价值，并在各类投资组合选择中选取；投资者可以无限制的借入无风险利率的资金；所有投资者均为价格接受者，任何一个投资者的买卖行为都不会对股票价格产生影响；所有资产的数量是给定和固定不变的等。

【实践应用 2-21】某公司股票的 β 系数为 2.0，市场无风险利率为 3%，市场上所有股票的平均报酬率为 6%，计算该公司股票的市场投资报酬率为：

3% +2.0×（6% −3%） = 9%

即只有公司股票的报酬率达到或超过 9% 时，投资者才会购买公司股票进行投资。

本章小结

本章主要讲授了资金时间价值和风险价值衡量的基本原理，需要重点掌握资金时间价值计算的各类方法和表现形式，理解如何衡量风险，特别是对股票投资风险价值的衡量。

资金的时间价值最基本的计算形式是现值和终值，常见的是年金形式，包括普通年金即后付年金、先付年金、延期年金和永续年金等形式。在理论计算和实际工作中，通过查阅预先编制好的各种系数表进行计算。计算利息时，有单利和复利计算两种形式，复利计算复合资金时间价值原理，是最常见的一种计算方式并得以广泛应用。另外，在计息期间小于 1 年的情况下，有名义利率和实际利率之分。

资金的风险价值衡量，主要是理解风险的衡量计算过程原理。掌握 β 系数的含义，证券组合风险两种类型的含义，即可分散风险和不可分散风险。证券投资组合是因为投资者承担不可分散风险要求的超过时间价值的那部分额外报酬，非常重要的一个模型是通过“资本资产定价模型”进行衡量。

思考题

1. 什么是时间价值？如何理解？
2. 复利和单利的计算及其区别在哪里？
3. 后付年金和先付年金有何区别？如何计算终值和现值？
4. 如何理解风险的本质含义？
5. β 系数的含义是什么？
6. 如何利用资本资产定价模型推算股票的报酬？
7. 请举出名义利率和实际利率在现实生活中的换算应用。
8. 如何利用现金流量图说明资金的时间价值原理？

练习题

一、单项选择题

1. 某企业向银行借款 12 000 元，期限 3 年，按照约定每年还本付息 4 600 元。借款的实际利率是(　　)。

A. 6.87%　　B. 7.33%　　C. 7.48%　　D. 8.15%

2. 某年金前 3 年每年初无流入，后 5 年每年初流入 500 万元。假设年利率为 10%，其现值为(　　)万元。

A. 1 994.59　　B. 1 565.68　　C. 1 813.48　　D. 1 423.21

3. 企业每年末存入银行一笔款项，n 年后获取本利和，选用的系数是(　　)。

A. 复利终值系数　B. 复利现值系数　C. 年金终值系数　D. 年金现值系数

4. 当一年内复利 m 时，其名义利率 r 与实际利率 i 之间的关系是(　　)。

A. $i=(1+r/m)^{m}-1$　　B. $i=(1+r/m)^{-1}$

C. $i=(1+r/m)^{-m}-1$　　D. $i=1-(1+r/m)^{-m}$

5. 某企业年初借得 50 000 元贷款，10 年期，年利率 12%，每年末等额偿还。已知年金现值系数 (P/A，12%，10) = 5.6502，则每年应付金额为(　　)元。

A. 8 849　　B. 5 000　　C. 6 000　　D. 28 251

6. 下列各项年金中，只有现值没有终值的年金是(　　)。

A. 普通年金　　B. 即付年金　　C. 永续年金　　D. 先付年金

7. 在利率和现值相同的情况下，计息期为 2 期，复利终值和单利终值(　　)。

A. 前者大于后者　B. 不相等　　C. 后者大于前者　D. 相等

8. 某学校准备设立一项永久性的奖学金，现在存入一笔现金，在每年末支取利息 40 000 元。在存款年利率为 8% 的条件下，现在应存款(　　)元。

A. 500 000　　B. 400 000　　C. 432 000　　D. 450 000

9. 如果两只股票的收益率变化方向和变化幅度完全相同，其投资组合(　　)。

A. 不能降低任何风险　　B. 可以分散部分风险

C. 可以最大限度抵消风险　　D. 风险等于两只股票风险之和

10. 选择足够数量的证券投资组合，可以分散的风险是(　　)。

A. 所有风险　　B. 市场风险　　C. 系统性风险　　D. 非系统风险

二、多项选择题

1. “年金终值系数表”的用途有(　　)。

A. 已知年金求终值　　B. 已知终值求年金

C. 已知现值求终值　　D. 已知终值和年金求利率

2. 下列以“年金”出现的有(　　)。

A. 直线法下的折旧费　　B. 租金

C. 年终奖金　　D. 保险费

3. “预付年金终值系数”的计算表达式有(　　)。

A. (P/A，i，n)×(1+i)　　B. (P/A，i，n−1)+1

C. (F/A，i，n)×(1+i)　　D. (F/A，i，n+1)−1

4. 下列影响证券投资组合β系数的有(　　)。

A. 所有单项资产在组合中的比例　　B. 所有单项资产各自的β系数

C. 市场投资组合的无风险收益率　　D. 组合的无风险收益率

5. 下列各种情况，会给企业带来经营风险的有(　　)。

A. 企业举债过度　　B. 原材料价格发生变动

C. 企业的产品更新换代周期过长　　D. 企业产品质量不稳定

三、判断题

1. 在利率和计息期数相同的条件下，复利现值系数与复利终值系数互为倒数；年金现值系数与年金终值系数互为倒数。(　　)

2. 在本金和利率相同的情况下，若只有一个计息期，单利终值与复利终值是相同的。(　　)

3. 复利现值就是为在未来一定时期获得一定的本利和而现在所需的年金。(　　)

4. 货币的时间价值就是没有通货膨胀下的投资收益率。(　　)

5. 凡一定时期内，每期均有付款的现金流量都属于年金。(　　)

6. 在本金和利率一定的情况下，计息期数越多，则复利终值越小。(　　)

7. 现在1 000元与将来1 000元数值相等，其内在经济价值也相等。(　　)

8. 永续年金无终值。(　　)

9. 随着折现率的提高，未来某一款项的现值将逐渐增加。(　　)

10. 由于国库券几乎没有风险，其利率可以代表资金的时间价值。(　　)

四、计算分析题

1. 已知(F/P，6%，9)=1.689，(F/P，7%，9)=1.838。当(F/P，i，9)=1.750时，请用“插值法”计算实际利率i。

2. 某人将1 000元存入银行，年利率为5%。

(1) 若1年复利一次，5年后本利和为多少？

（2）若半年复利一次，5 年后本利和是多少？

3. 某公司需用一台设备，买价 120 000 元，可使用 10 年。如租赁此设备，则每年末需付租金 18 000 元，连续付 10 年。假设利率为 6%，问该公司是购买设备还是租赁设备？

4. 某公司拟购置一处房产，房主提出两种付款方案：

（1）从现在起，每年初支付 20 万元，连续支付 10 次，共 200 万元；

（2）从第 5 年开始，每年初支付 25 万元，连续支付 10 次，共 250 万元。

假设该公司的资金成本率（最低报酬率）为 10%，你认为该公司应选择哪个方案？

5. 请根据下表数据（见表 2-2），计算现金流量的现值（假设利率为 10%，金额单位为“元”）。

表 2-2

年份	1	2	3	4	5
现金流量	1 000	3 000	3 000	4 000	5 000

第 3 章

财务预算

学习目标

理论目标：通过本章的学习，要求学生了解财务预算的含义、作用，掌握固定预算、弹性预算、增量预算、零基预算、定期预算和滚动预算编制的基本原理。

实践目标：(1) 熟练掌握现金预算方法；(2) 熟练掌握预计资产负债表、预计利润表和预计现金流量表的编制程序和方法。

3.1 财务预算概述

3.1.1 财务预算的含义与作用

1）财务预算的概念

预算是通过对企业内外部环境的分析，在科学的生产经营预测与决策基础上，运用专门的方法对企业未来一定时期内的各项经济活动所做的行动计划。预算的内容一般包括日常业务预算、特种决策预算和财务预算三大类。

日常业务预算，是指与企业日常经营活动直接相关的经营业务的各种预算。它一般包括销售预算、生产预算、产品生产成本预算、期间费用预算等，这些预算前后衔接，相互钩稽，既有实物量指标，又有价值量和时间量指标。

特种决策预算，是指企业为在预算期内不经常发生的、一次性业务活动所编制的预算，主要包括经营决策预算和资本支出预算。经营决策预算是与生产决策、定价决策、存货决策、利润分配决策等短期经营决策密切相关的专门决策预算。资本支出预算根据经过审核批准的各个长期投资决策项目编制，它实际上是决策选中方案的进一步规划。

财务预算，是指反映企业未来一定预算期内的财务状况和经营成果，以及现金收支等价值指标的各种预算的总称。财务预算包括现金预算、利润预算和财务状况预算等。前面所述的各种日常业务预算和特种决策预算，最终大都可以综合反映在财务预算中，这样，财务预算就成为各项日常经营业务和专门决策的整体计划，故也称之为“总预算”，各种业务预算和专门决策预算就称为“分预算”。

2）财务预算的作用

企业财务管理的方法很多，但财务预算被认为是一个有效的管理模式。一般认为，企业财务预算功能主要表现在以下几个方面；

(1) 有利于企业资源综合配置

企业管理的重要特征之一就是将各种不同的企业资源，通过内部化来节约交易成本，优化配置资产结构，从而发挥规模经营效益。如何发挥这一效益，它需要借助于各种管理机制与手段，其中财务预算扮演着重要角色。财务预算能将企业资源加以整合优化，使资源浪费最小化而利用效率最大化。

（2）为企业提供战略支持

企业管理最为核心的是财务战略管理，是对企业未来走向进行规划，具有前瞻性特征。财务预算本质上是对未来的一种管理，它通过规划未来的发展指导现在的实践，因而具有战略性，对集团战略起着全方位的支持作用。战略支持最充分的体现是在预算的动态性上，它通过滚动预算和弹性预算形式，将未来置于现实之中。财务预算在企业战略指导下，定量反映企业的经营方针和经营目标，详细列示出实现企业战略目标应采取的方法和措施，有利于企业各部门及职工了解整个企业的经营战略，从而为实现企业战略目标而共同奋斗。

（3）有助于企业内部各部门之间的管理协调

在企业经营管理过程中，企业各个部门之间及各部门与企业整体之间，存在着非常紧密的联系，这些联系往往又直接或间接地决定着企业整体利益与各部门及职工个人的局部利益，这就要求为了完成企业整体目标和任务，各部门必须紧密配合，相互协调，统筹兼顾，合理安排。对于企业尤其是大企业来说，管理跨度的加大、信息的利用与控制功能的加强，需要通过一个机制来强化管理协调，而财务预算无疑成为这样一种机制，即通过预算本身的制定、执行与监督，来保证各个子公司间、母公司与子公司间及各个职能部门间的管理协调，使各方在统一协调下工作，共同完成各自的任务，完成企业的总体目标。从这一层次看，财务预算是一种制度化的程序，它通过制度的运行来代替管理，是一种制度管理而不是人的管理。

（4）有助于全员参与企业管理，提高员工的积极性

财务预算不是单一部门或单一个人的管理行为，财务预算过程涉及方方面面，涉及企业的各个部门及所有员工，那种将财务预算视为部门管理或权威管理的想法是不正确的。管理的对象是人，但管理的主体同样是人，如何调动全方位的积极性，不是凭一句口号，而必须付诸实施。从管理实践上看，要想使人们积极主动的从事某项工作，首先必须有一个明确的目标，其次是激励因素。一个企业或部门要调动职工的积极性，就要提出适当的目标，通过设置目标来激发和引导大家。财务预算通过设置各项定量指标，使职工的需要与企业的目标挂起钩来，确实能够调动各方面的积极性，将企业管理作为人人自发的一种管理。

（5）有助于企业开展业绩考核工作

财务预算为考核各部门及员工工作业绩提供了依据。定期或不定期检查考评各职能部门所承担的经济责任和工作任务的完成情况，确保企业总目标的实现，是企业管理工作的重要组成部分。检查考评各职能部门工作效绩优劣的标准是什么呢？就是财务预算。因为企业各职能部门都根据预算的要求，有目的、有步骤的安排日常工作，组织生产经营活动，把实际成果与预算目标相对比，通过分析产生差异的原因，可促使各有关部门及时对差异采取措施，解决问题，完成任务。所以，财务

预算是考核评价实际工作成绩和经营成果的客观依据。

（6）有助于企业加强财务控制

财务预算是一种控制机制，而企业管理的重要问题是如何加强对人、财、物的控制，以保证企业目标与战略目标的实现。作为一种控制机制，财务预算将预算主体和预算单位的行为调和到“自我约束”与“自我激励”这一层面上，也就是说，预算作为一根“标杆”，使所有预算执行主体都知道自己的目标是什么，现在做得如何，如何努力完成预算，预算完成与否是如何与其自身收益挂钩等，从而起到一种自我约束与自我激励相对等的作用。同时，对于财务预算主体，也有了明确的依据进行考核执行，从而控制企业管理的运行过程，并保证结果的实现。从这一层面上，财务预算对于企业而言，既是对行为主体的行为过程控制，同时也是对其行为结果控制的一种机制。按照西方企业管理的经验，预算控制至少有以下好处：①能够保证预算最大程度的得以实现；②通过预算目标、实际业绩的比较，预算控制能使经理人员随时了解预算主体范围内的企业实际业绩进展情况；③通过分析目标与实际的差异，揭示产生差异的原因；④能够反映原始预算的现实性与可行性，并由此决定是否修改原始预算，使之有利于实现更加科学与合理的目标；⑤通过实际业绩与预算业绩的定期比较，可以最大程度的提高企业的经营效率；⑥在企业范围内更有利于实施责任会计，有利于企业的控制与经营。

3.1.2 财务预算的地位

预算管理是企业管理的重要组成部分，是实现企业总体战略目标的重要途径。企业的总体战略目标确定后，要将其分解落实到物资供应部门、生产部门、销售部门、人力资源部门等各个职能部门，形成各职能部门的目标，然后以预算的方式将既定目标加以固化和量化。如销售部门的销售目标，生产部门的生产目标，管理部门的费用控制目标等都会在预算中用相应的预算指标确定下来。在企业每一阶段的生产经营过程中，都以本阶段的预算指标作为控制的标准和绩效考核的依据，以确保最终实现企业的战略目标。“凡事预则立，不预则废”，经营规模越来越大、组织结构越来越复杂的现代企业，面对瞬息万变的市场形势，如果不通过预算的形式对未来一定期间的经营活动事先进行规划与统筹安排，其经营结果将很难预料。

财务预算作为全面预算体系中的最后环节，也是最重要、最核心的环节。一方面，其他预算都可以称为分预算，是对企业生产经营的某一个方面或者一项活动所作的规划和安排。而企业是一个整体，每一项经营活动的顺利展开都离不开其他部门的协调与配合，否则就会顾此失彼。财务预算是日常业务预算、特种决策预算等各项预算的总预算，是对企业各项经营活动的统筹安排和资源配置，能够保证各项预算在执行过程中相互协调、相互配合，最终实现企业预算的总目标。另一方面，现金流是企业的血液，没有充分的现金流做保障，不仅企业的各项生产经营活动无法正常展开，甚至企业都无法生存下来。财务预算中的现金预算是对各项生产经营活动的现金收支进行计划、平衡和调度的手段，能够保证企业持续发展所需要的现金流。

3.2 财务预算的编制方法

编制财务预算的方法有很多，包括固定预算、弹性预算、增量预算、零基预算、定期预算和滚动预算等。

3.2.1 固定预算与弹性预算

1）固定预算

固定预算又称静态预算，它是把企业预算期的业务量固定在某一可能实现的水平上，不考虑生产活动可能发生的变动因素而编制的一种预算。固定预算存在过于机械呆板、可比性差等缺点，只适用于业务水平较为稳定的企业或非营利组织。

【实践应用 3-1】中天公司 20×4 年预计生产甲产品 1 000 台，成本预算计划见表 3-1。

表 3-1 甲产品成本固定预算 单位：元

成本项目	单位预算成本	总预算成本
直接材料	5	5 000
直接人工	2	2 000
制造费用	1	1 000
成本总额	8	8 000

如果甲产品本年实际生产了 1 200 台，实际总成本 9 360 元，其中，直接材料 6 000 元，直接人工 2 280 元，制造费用 1 080 元，单位成本 7.8 元。实际成本如果与未调整产量的固定预算相比，超支 1 360 元；如果与按产量调整后的固定预算相比，则节约了 240 元。甲产品实际成本与固定预算比较的结果见表 3-2。

表 3-2 甲产品实际成本与固定预算比较表 单位：元

成本项目	固定预算	实际成本	差异	按产量调整的固定预算	实际成本	差异
直接材料	5 000	6 000	+1 000	6 000	6 000	0
直接人工	2 000	2 280	+280	2 400	2 280	-120
制造费用	1 000	1 080	+80	1 200	1 080	-120
合计	8 000	9 360	+1 360	9 600	9 360	-240

这两种比较方法都不很合理，前者产量增加了，费用没有按产量调整，差异没有什么意义；后者全部都按实际产量调整，然而实际上其中一部分费用是固定不变的，如制造费用中的固定制造费用，因此也不妥当。

随着产量的变动重新编制固定预算的做法，虽然便于比较考核，但由于产量变动比较频繁，这样工作量往往很大。

2）弹性预算

弹性预算又称变动预算，是指按照成本习性将全部成本划分为变动成本与固定成本两大类的基础上，考虑到预算期内业务量可能发生的变动，编制出一套适应多种业务量的成本预算方法，以便反映在各种业务量的情况下所应支付的成本水平。变动成本是指成本总额在一定时期和一定业务量范围内，随着业务量的变动而呈线性变动的成本。固定成本是指成本总额在一定时期和一定业务量范围内，随着业务量的变动而保持不变的成本。变动主要根据单位业务量来控制，固定成本则按总额控制。

弹性预算一般适用于与预算执行单位业务量有关的成本（费用）、利润等预算项目。弹性预算的成本计算公式如下：

$$\text{成本总额}=\text{固定成本预算数}+\sum(\text{单位变动成本预算数}\times\text{预计业务量})$$

【实践应用 3-2】中天公司 20×4 年预计生产甲产品 1 000 台，实际生产 1 200 台。该公司固定预算成本和实际成本的比较见表 3-3。

表 3-3　　固定预算成本与实际成本的比较

生产量		固定预算成本	实际成本	成本差异
		1 000 台	1 200 台	+200 台
成本项目	直接材料	8 000 元	9 500 元	+1 500 元
	直接人工	4 000 元	4 900 元	+900 元
	制造费用	5 000 元	5 550 元	+550 元
合计		17 000 元	19 950 元	+2 950 元

该公司弹性预算成本与实际成本的比较见表 3-4。

表 3-4　　弹性预算成本与实际成本的比较

生产量 成本项目	弹性预算			实际	差异（元）
		1 000 台	1 200 台	1 200 台	
	单位成本（元）	总成本（元）	总成本（元）	总成本（元）	
直接材料	8.00	8 000	9 600	9 500	-100
直接人工	4.00	4 000	4 800	4 900	+100
变动制造费用	3.00	3 000	3 600	3 500	-100
小　　计	15.00	15 000	18 000	17 900	-100
固定制造费用	2.00	2 000	2 000	2 050	+50
合计	17.00	17 000	20 000	19 950	-50

从以上计算可以看出，把实际成本与固定预算成本进行比较，实际超支 2 950 元。但由于生产量的增加，难以评价企业的实际成绩。如果把实际成本与弹性预算成本进行比较，结论就完全相反。就个别成本项目来看，有节约的，也有超支的，但总成本是节约的。可见，弹性预算比固定预算更能清楚地表明企业实际工作成绩的好坏。

成本的弹性预算编制出来以后，就可以编制利润的弹性预算。利润的弹性预算反映了企业在预算期内各种业务量水平上应该获得的利润指标。

【实践应用 3-3】中天公司 20×4 年甲产品预计每台销售价格为 24 元，固定销售费用为 900 元，假设当年生产的产品已全部销售，其他资料同实践应用 3-2。利润的弹性预算与实际利润的比较见表 3-5。

表 3-5 利润弹性预算与实际利润的比较

项目	弹性预算		实 际	差 异
销售量	1 000 台	1 200 台	1 200 台	（元）
销售收入	24 000	28 800	28 600	-200
变动成本	15 000	18 000	17 900	-100
边际贡献	9 000	10 800	10 700	-100
固定制造成本	2 000	2 000	2 050	+50
固定销售成本	900	900	980	+80
税前利润	6 100	7 900	7 670	-230

从以上计算可以看出，甲产品的产销量增加后，实际利润总额比弹性预算的利润总额减少了 230 元。仔细分析后就会发现，造成这一结果的原因主要有两个：其一是随着产销量的增加，产品的销售单价有所下降，所以实际销售收入比弹性预算的销售收入减少了 200 元，虽然实际变动成本比预算节约了 100 元，实际边际贡献还是比预算减少了 100 元；其二是产品的固定成本控制不力，固定制造成本和固定销售成本的实际支出额都比预算额有所增加，两项总共增加了 130 元。因此，产品的实际利润总额比预算利润总额减少了 230 元。

弹性预算的优点在于：一方面能够适应不同经营活动情况的变化，扩大了预算的范围，更好地发挥预算的控制作用，避免了在实际情况发生变化时，对预算作频繁的修改；另一方面能够使预算对实际执行情况的评价与考核，建立在更加客观、可比较的基础之上。

3.2.2 增量预算与零基预算

1）增量预算

增量预算是指以基期成本费用水平为基础，结合预算期业务量水平及有关影响成本因素的未来变动情况，通过调整有关原有费用项目而编制预算的方法。增量预算方法比较简单，易于理解，但是它完全承认基期的成本费用支出是合理的，可能使原来不合理的费用继续开支，造成预算上的浪费。

【实践应用 3-4】中天公司 20×5 年预计产品销售收入比 20×4 年增长 20%，采用增量预算法编制 20×5 年销售费用预算。

预算编制的基本程序和方法如下：

第一步，将销售费用分解为固定费用和变动费用。

第二步，销售收入在一定的范围内变动，固定费用项目的金额保持不变，而假定变动费用项目的金额与销售收入同比例变动，本例中按20%的增长率调整各变动费用项目的预算指标。

第三步，汇总各明细费用指标，确定销售费用预算总额。

采用增量预算法编制的销售费用预算见表3-6。

表3-6 销售费用增量预算

序号	项目	20×4年实际发生额（万元）	增减比率（%）	增减额（万元）	20×5年预算指标（万元）
一	固定费用				
1	销售部门办公费	4	0	0	4
2	租赁费	10	0	0	10
3	固定资产折旧费	3	0	0	3
4	其他固定费用	3	0	0	3
	固定费用小计	20	0	0	20
二	变动费用				
1	销售人员工资	12	20%	2.4	14.4
2	运输费	8	20%	1.6	9.6
3	包装费	3	20%	0.6	3.6
4	广告费、展览费	10	20%	2	12
5	其他变动费用	5	20%	1	6
	变动费用小计	38	20%	7.6	45.6
三	销售费用合计	58		7.6	65.6

2）零基预算

零基预算又称零底预算，是指在编制成本费用预算时，不考虑过去的预算项目和费用支出水平，所有管理活动的预算支出都以零为基础，根据企业目标和管理活动的客观实际情况，逐项审查预算期内各项费用支出的内容及其支出标准是否必要合理，在成本效益分析基础上编制费用预算的一种方法。

零基预算是区别于传统的增量预算而设计的一种费用预算编制方法，它要求对各个业务项目需要多少人力和财力逐个进行估算，并说明其经济效果，在此基础上，按项目的轻重缓急性质，分配预算经费。这种预算不以历史为基础，修修补补，而是以零为出发点，一切推倒重来，零基预算法因此而得名。

零基预算法的基本步骤如下：

第一步，确定预算单位。预算单位就是企业中要编制预算的基层单位。零基预算的设计者并没有对基层预算单位如何确定做出硬性的规定，企业中凡是能够确定成本、费用和效益的责任单位，都可以作为基层预算单位，关键是要符合企业的总体目标和管理活动的特点。

第二步，编制各基层预算单位的费用预算方案。企业提出总体预算目标，然后基层预算单位根据企业的总目标和自身的责任目标，各自提出开展业务活动的各种方案，编制本单位实现上述目标的费用预算方案。

第三步，成本效益分析。组成由企业总经理、总会计师等管理人员参加的预算委员会，对每项业务活动所需费用和所得收益进行比较分析，权衡每项业务活动的轻重缓急，判断各项费用支出的合理程度，划出等级，排出先后顺序。

第四步，分配资金，落实预算。企业根据预算项目的等级和先后顺序分配资金，落实预算，让有限的资金获得最大的收益。

第五步，编制并执行预算。资金分配方案确定后，再进行汇总，编制正式的预算方案，经批准后下达执行。执行预算过程中遇到偏离预算的地方要及时纠正，发现费用预算项目不合理的地方要及时修正。

【实践应用 3-5】中天公司 20×4 年第一季度各部门提出的经费预算见表 3-7。

表 3-7　**第一季度各部门的经费预算**　单位：元

申请经费的项目	一车间	二车间	辅助生产	厂办	其他部门	合计
(1) 完成生产任务必需的经费	350 000	300 000	400 000	200 000	……	3 500 000
(2) 采取改进措施本期能获得经济效益的项目经费	80 000	60 000	120 000	70 000	……	1 000 000
(3) 采取改进措施以后能获得经济效益的项目经费	60 000	50 000	0	20 000	……	400 000
(4) 实施战略规划所需的经费	80 000	40 000	40 000	30 000	……	500 000
(5) 其他	10 000	4 000	4 000	3 000	……	150 000
合 计	580 000	454 000	564 000	323 000	……	5 550 000

如果该企业第一季度的预算资金只有 5 015 000 元，经预算委员会研究决定，预算资金分配如下：

第（1）项经费必须 100% 保证；

第（2）项经费满足 90%；

第（3）项经费满足 80%；

第（4）项经费满足 50%；

第（5）项经费满足 30%。

根据预算委员会的预算资金分配意见，重新编制预算见表 3-8。

表 3-8　**根据预算委员会的预算资金分配编制的预算**　单位：元

申请经费的项目	一车间	二车间	辅助生产	厂办	其他部门	合计
(1) 完成生产任务必需的经费	350 000	300 000	400 000	200 000	……	3 500 000
(2) 采取改进措施本期能获得经济效益的项目经费	72 000	54 000	108 000	63 000	……	900 000
(3) 采取改进措施以后能获得经济效益的项目经费	48 000	40 000	0	16 000	……	320 000
(4) 实施战略规划所需的经费	40 000	20 000	20 000	15 000	……	250 000
(5) 其他	3 000	1 200	1 200	900	……	45 000
合 计	513 000	415 200	529 200	294 900	……	5 015 000

当然，对各部门不能完全按照这个比例分配资金，应该有重点的选择和保证几个项目的需要。

零基预算的优点是：①不仅能压缩经费开支，而且能切实做到把有限的经费用在最需要的地方；②不受过去老框框的制约，能够充分发挥各级管理人员的积极性和创造性，促进各级预算部门精打细算，量力而行，合理使用资金，提高经济效益。其缺点是：由于一切支出均以零为起点进行分析、研究，因而编制预算的工作量较大，其所花费的时间和代价远高于不太精确的预算过程，所以有时甚至得不偿失。有的企业每隔若干年进行一次零基预算，以后几年略作适当调整，这样既简化了预算编制的工作量，又能适当控制费用。

一般而言，运用零基预算法控制经费，学校或预算事业单位要比企业更为适宜。在国外已有这方面的经验。例如，美国的斯坦福大学曾运用零基预算，有效的削减了公共服务补助支出和多余人员的数量及其薪资支出；而美国审计总署（GAO）则认为："我们相信零基预算是能够执行的，而且还应与联邦预算程序结合起来，这个结论反映了我们的信念，即零基预算的概念是正确的，但是它们已被机械性程序蒙上阴影。这些概念，如分析选择项目的方法，建立可供选择的基金配置层次，评价项目的效果以及确定管理人员的优先次序等，已被成功地与某些组织的预算制度结合在一起。"

3.2.3 定期预算与滚动预算

1）定期预算

定期预算是以不变的会计期间（如会计年度、半年度、季度、月度）作为预算期的一种编制预算的方法。

企业在采用固定预算、弹性预算、增量预算、零基预算等预算编制方法编制预算时，通常都是以固定不变的会计期间作为预算期，所以都可以称为定期预算。

定期预算的优点是能够使预算期间与会计期间保持一致，便于将实际数据（会计数据）与预算数据相互比较，有利于对预算执行情况进行分析和评价。

定期预算编制方法的缺点主要表现在以下三个方面：

（1）盲目性较大。定期预算一般在预算年度开始前两三个月甚至更早开始编制，预算部门难以准确预测预算年度的生产经营活动，尤其是对预算年度后期的预算，往往只能进行比较粗略、笼统的估算，这导致预算执行难度较大。

（2）连续性较差。企业的生产经营活动是连续不断的，但是采用定期预算法编制一个会计期间的预算时，很少考虑前后各期之间生产经营活动的连续性，容易造成各个预算期间预算衔接的难度。

（3）容易导致短期行为。采用定期预算法编制的预算没有考虑本预算期以后的企业利益，容易导致企业各级管理人员为了完成本期预算目标而不惜采取一些损害企业长远利益的短期行为。

2）滚动预算

滚动预算又称永续预算，是指随着时间的推移和预算的执行，预算期间不断向后滚动延伸，预算内容不断调整补充，使预算期始终保持为一个固定期间的一种预算编制方法。

滚动预算的一个主要特点是预算期始终保持一个固定时间长度（12 个月或 1 个季度、1 个月），通常是 12 个月。当基期年度预算编制完成后，每过去 1 个月或 1 个季度，就根据新的情况进行调整和修订后几个月的预算，并在原来的预算期末随即补充 1 个月或 1 个季度的预算。这种预算要求在 1 年中，头几个月的预算要详细完整，后几个月可以粗略一些。随着时间的推移，原来较粗的预算逐渐由粗变细，后面随之又补充新的较粗的预算，以此往复，不断滚动。

例如，某企业从 20×4 年 1 月开始采用滚动预算法编制预算。企业先编制完成 20×4 年 1 月至 12 月的预算，20×4 年 1 月末要根据 1 月份预算执行情况和客观条件变化调整 2 月至 12 月的预算，同时补充 20×5 年 1 月的预算，2 月末要根据 2 月份预算执行情况和客观条件变化调整 3 月至 20×5 年 1 月的预算，同时补充 20×5 年 2 月的预算，以此类推。

滚动预算法如图 3-1 所示。

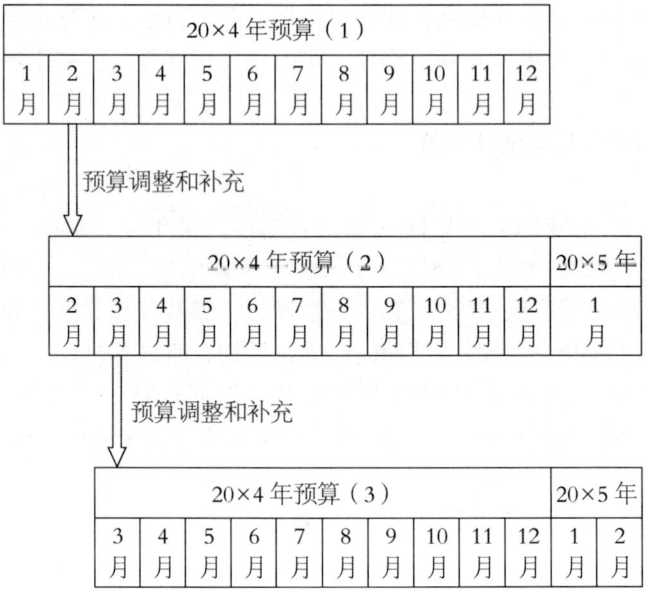

图 3-1　滚动预算法示意图

滚动预算方法的理论依据是：第一，根据企业会计中持续经营的时间观，企业的生产经营活动是延续不断的，因此，企业的预算也应该全面地反映这一延续不断的过程，使预算方法与生产经营过程相适应；第二，企业的生产经营活动是复杂的，随着时间的变迁，它将产生各种难以预料的变化；第三，人们对未来客观事物的认识也是由粗到细，由简单到具体的过程，而滚动预算能帮助我们克服预算的盲目性，避免预算与实际有较大的出入。

滚动预算的优点：首先，保持了预算的完整性和连续性，从动态预算中把握企业的未来；其次，能使各级管理人员始终保持对未来12个月甚至更长远的生产经营活动作周详的考虑和全盘规划，保证企业的各项工作有条不紊的进行；再次，便于外界（银行信贷部门、税务机关、投资者等）对企业经营状况的一贯了解；最后，由于预算不断调整与修订，使预算与实际情况更相适应，有利于充分发挥预算的指导和控制作用。

当然，采用滚动预算的方法，预算的编制工作会比较频繁。所以，企业也可以采用按季度滚动来编制预算，而在执行预算的那个季度里，再按月份具体的编制各月的预算，这样可以适当简化预算的编制工作。总之，预算的编制是按月份还是按季度滚动，应视实际需要而定。

采用滚动预算，必须有一个与之相适应的外部条件，如上级下达的指标、材料供应的时间等。如果这些外部条件仍然是以自然年为基础，一年一安排的，则企业要编制滚动预算是有困难的。随着经济体制改革的深化，市场经济的发展，这些条件的限制越来越小，这将为滚动预算的编制创造有利条件。

近年来，滚动预算方法已在我国一些行业或企业的计划工作中被采用。例如，20世纪80年代初期，受国家宏观经济政策的影响，我国汽车产品的产销变化很大，由于供需情况的不断变化，经常要对企业的生产计划和有关的工作加以调整。如某些不能适销的老产品急需改进；某些耗能大的产品迫切需要淘汰；新产品因适销对路迫切需要增产等。管理人员认为，汽车工业的产品品种、数量、交货期以及与之相关的收入、费用（成本）和利润等计划指标，虽然在年初已被明确，然而在执行过程中仍需调整。为此，应当根据滚动预算的方法编制生产经营计划，把整个计划分成两部分：一部分为必须保证的急需实施执行的计划，另一部分为带有准备性的计划，按此循环，以保持组织生产过程中的协调和衔接。

3.3 日常业务预算和特种决策预算的编制

3.3.1 日常业务预算的编制

日常业务预算也称经营预算或营业预算，是指与企业日常生产经营活动直接相关的经营业务的各种预算，主要包括销售预算、生产预算、直接材料预算、直接人工预算、制造费用预算、产品生产成本预算、销售及管理费用预算等。就预算种类、数量和编制工作量而言，日常业务预算一般要占企业全部预算的80%左右，可见日常业务预算在企业全面预算体系中的重要性。

1）销售预算

销售预算是指反映企业预算期内销售产品或提供劳务的销售单价、销售数量和销售收入的预算。它是整个预算的编制起点，其他预算的编制都以销售预算为基础。

【实践应用3-6】中天公司生产和销售甲产品，根据20×4年各季度的销售量及售价的有关预测资料编制销售预算，见表3-9。销售收入中，本季度收到80%，下季度收到20%，不考虑坏账等其他相关因素，公司年初应收账款为15 000元。

表 3-9　　20×4 年销售预算

季度	一	二	三	四	全年
预计销售量（件）	300	350	380	400	1 430
预计售价（元/件）	300	300	300	300	300
销售收入（元）	90 000	105 000	114 000	120 000	429 000
预计现金收入					单位：元
年初应收账款	15 000				15 000
第一季度	72 000	18 000			90 000
第二季度		84 000	21 000		105 000
第三季度			91 200	22 800	114 000
第四季度				96 000	96 000
现金收入合计	87 000	102 000	112 200	118 800	420 000

销售预算中通常都包括预计现金收入的计算，其目的是为编制现金预算提供必要的资料。

2）生产预算

生产预算是为反映企业一定预算期内产品预计生产量水平而编制的一种日常业务预算，它是在销售预算的基础上编制的。通常，企业的生产和销售不能做到"同步同量"，生产数量除了满足销售数量外，还需要设置一定的存货，以保证能在发生意外需求时按时供货，并可均衡生产，节省赶工的额外开支。预计生产量可用下列公式计算：

预计生产量=预计销售量+预计期末存货量-预计期初存货量

【实践应用 3-7】中天公司希望能在每季末保持相当于下季度销售量 10% 的期末存货，预计 20×4 年年初和年末存货量分别为 30 件和 40 件。中天公司 20×4 年生产预算见表 3-10。

表 3-10　　20×4 年生产预算　　单位：件

季度	一	二	三	四	全年
预计销售量	300	350	380	400	1 430
加：预计期末存货量	35	38	40	40	40
减：预计期初存货量	30	35	38	40	30
预计生产量	305	353	382	400	1 440

3）直接材料预算

直接材料是指企业在生产产品和提供劳务过程中所消耗的、直接用于产品生产并构成产品实体的原料、主要材料、外购半成品，以及有助于产品形成的辅助材料及其他直接材料。直接材料预算是指反映企业预算期内各种直接材料的消耗数量、采购数量及采购金额的预算，它要以生产预算、产品材料消耗定额和预计材料采购单价等信息为基础，同时考虑期初、期末材料存货水平编制。直接材料的生产需用量与预计采购量可通过下列公式计算：

生产需用量=预计生产量×单位产品材料耗用量

预计采购量=生产需要量+预计期末库存量-预计期初库存量

【实践应用 3-8】中天公司 20×4 年甲产品的直接材料预算见表 3-11。其中，季末材料存量为下季度生产需用量的 10%，年初材料存量预计为 300 千克，年末材料存量预计为 400 千克。年初应付账款为 12 000 元，预计直接材料的货款在本季度支付 50%，下季度支付 50%。

表 3-11　　20×4 年直接材料预算

季度	一	二	三	四	全年
预计生产量（件）	305	353	382	400	1 440
单位产品材料耗用量（千克/件）	10	10	10	10	10
生产需用量（千克）	3 050	3 530	3 820	4 000	14 400
加：预计期末存量（千克）	353	382	400	400	400
减：预计期初存量（千克）	300	353	382	400	300
预计采购量（千克）	3 103	3 559	3 838	4 000	14 500
单价（元/千克）	8	8	8	8	8
预计采购金额（元）	24 824	28 472	30 704	32 000	116 000
预计现金支出					单位：元
年初应付账款	12 000				12 000
第一季度	12 412	12 412			24 824
第二季度		14 236	14 236		28 472
第三季度			15 352	15 352	30 704
第四季度				16 000	16 000
现金支出合计	24 412	26 648	29 588	31 352	112 000

4）直接人工预算

直接人工是指企业在生产产品和提供劳务过程中，直接从事产品生产或劳务提供的工人的工资、奖金、津贴、补贴、福利费等。直接人工预算就是为反映企业预算期内直接人工工时的耗用水平和直接人工成本水平而编制的一种日常业务预算。直接人工预算也是以生产预算为基础编制的。

由于职工工资一般需要以现金支付，因此直接人工预算表中预计直接人工总成本就是现金预算中的直接人工支出。

【实践应用 3-9】中天公司 20×4 年直接人工预算见表 3-12。

表 3-12　　20×4 年直接人工预算

季　度	一	二	三	四	全年
预计生产量（件）	305	353	382	400	1 440
单位产品人工工时（小时）	10	10	10	10	10
人工总工时（小时）	3 050	3 530	3 820	4 000	14 400
每小时人工成本（元）	5	5	5	5	5
人工总成本（元）	15 250	17 650	19 100	20 000	72 000

5）制造费用预算

制造费用是指企业各生产单位（车间、分厂）为生产产品和提供劳务而发生的除直接材料和直接工资以外的各项间接生产成本。制造费用预算就是为反映预算期内各项间接生产成本而编制的费用预算。

制造费用按其成本性态可以分为变动制造费用和固定制造费用两部分。变动制造费用以生产预算为基础来编制，即根据预计生产量和预计的变动制造费用分配率来预计；固定制造费用一般需要逐项预计，因为其通常与本期生产量无关。

【实践应用 3-10】中天公司 20×4 年制造费用预算见表 3-13。

表 3-13　　20×4 年制造费用预算　　单位：元

季度	一	二	三	四	全年
变动制造费用：					
间接材料	900	1 100	1 260	1 300	4 560
间接人工	1 050	1 220	1 310	1 340	4 920
水电费	2 500	2 800	2 980	3 010	11 290
修理费	580	640	690	720	2 630
变动制造费用小计	5 030	5 760	6 240	6 370	23 400
固定制造费用：					
生产管理人员工资	2 000	2 000	2 000	2 000	8 000
折旧费	348	348	348	348	1 392
修理费	1 500	1 500	1 500	1 500	6 000
保险费	400	400	400	400	1 600
固定制造费用小计	4 248	4 248	4 248	4 248	16 992
制造费用合计	9 278	10 008	10 488	10 618	40 392
减：折旧	348	348	348	348	1 392
现金支出的费用	8 930	9 660	10 140	10 270	39 000

6）产品生产成本预算

在制造成本法下，生产产品耗用的直接材料、直接人工和制造费用计入产品生产成本。产品生产成本预算就是反映预算期内各种产品生产成本总额和单位成本的一种日常业务预算。它是生产预算、直接材料预算、直接人工预算、制造费用预算的汇总。

【实践应用 3-11】中天公司 20×4 年度计划生产甲产品 1 440 件，预计年初和年末产成品存货分别为 30 件和 40 件，其产品生产成本预算见表 3-14。

表 3-14　　20×4 年产品生产成本预算

成本项目	单位用量（千克/件或小时/件）	单价（元/千克或元/小时）	单位成本（元/件）	总成本（元）
直接材料	10	8	80	115 200
直接人工	10	5	50	72 000
变动制造费用	10	1.625	16.25	23 400
固定制造费用	10	1.18	11.8	16 992
预计产品生产成本合计			158.05	227 592
加：产成品期初余额			160	4 800
减：产成品期末余额			158.05	6 322
预计产品销售成本			158.09	226 070

7）销售及管理费用预算

销售及管理费用预算，是以价值形式反映预算期内销售部门为销售产品及行政管理部门为组织和管理生产经营活动而发生的各项费用支出的费用预算。它以销售预算为基础，按照成本性态分为变动销售及管理费用和固定销售及管理费用。其编制方法与制造费用预算相同。

【实践应用 3-12】中天公司 20×4 年度销售及管理费用预算见表 3-15。

表 3-15　　20×4 年销售及管理费用预算　　单位：元

季度	一	二	三	四	全年
销售费用					
变动销售费用					
销售人员薪酬	3 000	3 500	3 800	3 900	14 200
运输费	1 800	2 100	2 400	2 500	8 800
广告宣传费	2 500	2 800	3 000	3 100	11 400
业务招待费	2 000	2 300	2 500	2 700	9 500
变动销售费用小计	9 300	10 700	11 700	12 200	43 900

续表

季度	一	二	三	四	全年
固定销售费用					
管理人员薪酬	2 000	2 000	2 000	2 000	8 000
折旧费	150	150	150	150	600
办公费	500	500	500	500	2 000
保险费	200	200	200	200	800
固定销售费用小计	2 850	2 850	2 850	2 850	11 400
销售费用合计	12 150	13 550	14 550	15 050	55 300
管理费用					
管理人员薪酬	3 500	3 500	3 500	3 500	14 000
保险费	150	150	150	150	600
办公费	700	700	700	700	3 027
工会经费	650	650	650	650	2 695
其他	400	400	400	400	1 827
管理费用合计	5 400	5 520	5 602	5 627	22 149
销售及管理费用总计	17 550	19 070	20 152	20 677	77 449

3.3.2 特种决策预算的编制

特种决策预算，是指企业为在预算期内不经常发生的、一次性业务活动所编制的预算，主要包括经营决策预算和资本支出预算。

1）经营决策预算

经营决策预算是与生产决策、定价决策、存货决策、利润分配决策等短期经营决策密切相关的特种决策预算。这类决策通常是在短期经营决策确定的最优方案的基础上编制的，需要直接纳入企业日常业务预算体系，同时也将影响企业的现金预算等财务预算。例如，企业为了扩大产品销路，决定预算年度降低产品销售价格，产品降价决策一旦做出，就要相应地纳入销售预算、生产预算、产品生产成本预算等日常业务预算，进而影响企业的现金预算、财务报表预算。

2）资本支出预算

资本支出预算又称资本预算或投资预算，是根据企业长期投资方案编制的，反映企业固定资产购置、扩建、更新、改造或新产品研制与开发等长期投资规划的预算。资本支出预算不涉及企业日常生产经营活动，是在投资项目可行性研究基础上编制的，一般需要单独编制预算，详细反映固定资产、流动资产投资的金额、时间以及资金的筹措方式，作为投资决策的参考依据。

【实践应用 3-13】东莞志拓公司为了扩大甲产品的生产能力，决定在 20×4 年度扩建一条新的生产线，建设期1年。该生产线预计固定资产投资200 000元，为生产甲产品需要在第4季度采购A材料40 000元。志拓公司准备通过两种方式为该投资项目筹集200 000元：投资者追加投资150 000元，向银行借款50 000元。该投资项目的资本支出预算见表3-16。

表3-16　　20×4年资本支出预算　　单位：元

季度	一	二	三	四	全年
固定资产投资					
建筑工程	30 000	20 000	5 000	5 000	60 000
设备购置	50 000	15 000	5 000	3 000	73 000
安装工程	6 000	4 000			10 000
其他费用	10 000	12 000	20 000	15 000	57 000
固定资产投资小计	96 000	51 000	30 000	23 000	200 000
流动资产投资					
A材料采购				40 000	40 000
流动资产投资小计				40 000	40 000
项目投资资金合计	96 000	51 000	30 000	63 000	240 000
投资资金筹措					
投资者投入	150 000				150 000
银行借款		50 000			50 000
资金筹措合计	150 000	50 000	0	0	200 000

3.4 现金预算和预计财务报表的编制

3.4.1 现金预算的编制

现金预算又称为现金收支预算，是反映预算期内企业现金收入、现金支出以及现金余缺筹措等现金收付活动的预算。编制现金预算可以揭示企业在预算期内的现金余缺状况，从而有利于企业提前对现金收支活动进行合理的计划、平衡和调度，确保企业各项生产经营活动的顺利进行。

现金预算是其他预算中有关现金收支和资金筹措部分的汇总，日常业务预算、资本支出预算是编制现金预算的基础。现金预算一般由以下四个部分组成：（1）现金收入；（2）现金支出；（3）现金多余或不足；（4）资金的筹集与运用。

现金收入主要指经营业务活动的现金收入，主要来自产品销售的现金收入。现金支出除了涉及有关直接材料、直接人工、制造费用和销售及管理费用方面的经营性现金支出外，还包括用于缴纳税金、股利分配等支出，以及购买设备等资本性支出。现金收支差额反映了现金收入合计与现金支出合计之间的差额，差额为正说明现金有多余，可以用于偿还过去向银行取得的借款，或用于购买短期证券；差额为负，说明资金不足要向银行取得新的借款。资金的筹集和运用主要反映了预算期内向银行借款还款、支付利息以及进行短期投资及投资回收等内容。

【实践应用3-14】中天公司20×4年日常业务预算、资本支出预算、利润分配预算等涉及现金收支的预算已经全部编制完毕，由财务部负责编制现金收支预算见表3-17。

表3-17　**20×4年现金预算**　单位：元

序号	现金收支项目	现金收支金额	数据来源
1	一、现金收入		
2	产品销售收入	420 000	表3-9
3	投资者投入	150 000	表3-16
4	银行借款	50 000	表3-16
5	现金收入合计	620 000	2+3+4
6	二、现金支出		
7	直接材料	112 000	表3-11
8	直接人工	72 000	表3-12
9	制造费用	39 000	表3-13
10	销售及管理费用	77 449	表3-15
11	财务费用	2 000	表3-18
12	缴纳税费	29 970. 25	表3-18
13	资本支出预算	240 000	表3-16
14	现金支出合计	572 419. 25	7+8+9+10+11+12+13
15	三、现金余缺		
16	期初现金余额	40 000	
17	现金净流量	47 580. 75	5-14
18	期末现金余额	87 580. 75	16+17
19	最佳现金余额	50 000	
20	现金多余或短缺	37 580. 75	18-19
21	四、资金筹集与运用		
22	短期投资	37 580. 75	20

3.4.2 预计财务报表的编制

预计财务报表是财务管理的重要工具，包括预计利润表、预计资产负债表和预计现金流量表。

1）预计利润表

预计利润表是按照利润表的内容和格式编制的，将预算期内企业各项收入、费用及构成利润的各个项目根据“收入-费用=利润”这一动态会计等式，依据一定的分类标准和顺序排列而成。预计利润表中的大部分预算指标都是日常业务预算、资本支出预算中有关指标的汇总和加减计算。

【实践应用 3-15】中天公司 20×4 年度的预计利润表见表 3-18。

表 3-18　**20×4 年预计利润表**　单位：元

序号	项目	20×4 年预算	数据来源
1	一、营业收入	429 000	表 3-9
2	减：营业成本	226 070	表 3-14
3	税金及附加	5 600	略
4	销售费用	55 300	表 3-15
5	管理费用	22 149	表 3-15
6	财务费用	2 000	略
7	资产减值损失	0	
8	加：公允价值变动收益	0	
9	投资收益	0	
10	二、营业利润	117 881	1-2-3-4-5-6-7+8+9
11	加：营业外收入	4 000	略
12	减：营业外支出	2 000	略
13	三、利润总额	119 881	10+11-12
14	减：所得税费用	29 970.25	13×25%
15	四、净利润	89 910.75	13-14

2）预计资产负债表

预计资产负债表是依据当前的实际资产负债表和日常业务预算、资本支出预算、利润表预算、现金预算、所有者权益预算等资料编制的，反映企业预算期初、期末财务状况的总括性预算。

【实践应用 3-16】 中天公司 20×4 年度的预计资产负债表见表 3-19。

表 3-19 **20×4 年预计资产负债表** 单位：元

资产	行次	期初余额	期末余额	数据来源
流动资产				
货币资金	11	40 000	50 000	表 3-17
交易性金融资产	12	0	37 580.75	表 3-17
应收账款	13	15 000	24 000	表 3-9
其他应收款	14	20 000	20 000	略
存货	15	7 200	49 522	16+17+18
材料存货	16	2 400	43 200	表 3-11、表 3-16
在产品存货	17	0	0	
产成品存货	18	4 800	6 322	表 3-14
流动资产合计	19	82 200	181 102.75	11+12+13+14+15
非流动资产				
长期股权投资	21	0	0	
固定资产	22	80 000	275 008	
在建工程	23	0	0	
无形资产	24	0	0	
非流动资产合计	25	80 000	275 008	
资产总计	26	162 200	456 110.75	19+25
负债和所有者权益	行次	期初余额	期末余额	数据来源
流动负债				
短期借款	41	0	50 000	表 3-16
交易性金融负债	42	0	0	
应付账款	43	12 000	16 000	
应付职工薪酬	44	15 000	15 000	
应交税费	45	0	0	
流动负债合计	46	27 000	81 000	41+42+43+44+45
非流动负债				
长期借款	51	60 000	60 000	
非流动负债合计	52	60 000	60 000	51
负债合计	53	87 000	141 000	46+52
所有者权益				
实收资本	61	50 000	200 000	
资本公积	62	12 000	12 000	
盈余公积	63	8 000	8 000	
未分配利润	64	5 200	95 110.75	
所有者权益合计	65	7 5200	315 110.75	
负债和所有者权益总计	70	162 200	456 110.75	53+65

3）预计现金流量表

预计现金流量表是按照现金流量表主要项目内容和格式编制的反映企业预算期内经营活动、投资活动和筹资活动的现金流入与现金流出情况的一种财务预算。

现金流量表的编制方法有直接法和间接法两种，本教材以直接法编制现金流量表。

【实践应用3-17】中天公司20×4年度的预计现金流量表见表3-20。

表3-20　**20×4年预计现金流量表**　单位：元

序号	项　目	金　额	备　注
1	一、经营活动产生的现金流量		
2	销售商品、提供劳务收到的现金	420 000	表3-9
3	收到的其他与经营活动有关的现金	0	
4	现金流入小计	420 000	2+3
5	购买商品、接受劳务支付的现金	156 560	表3-11、表3-13、表3-16
6	支付给职工以及为职工支付的现金	123 815	表3-12、表3-13、表3-15
7	支付的其他与经营活动有关的现金	59 747	表3-13、表3-15
8	支付预交所得税	29 970. 25	表3-18
9	现金流出小计	370 092. 25	5+6+7+8
10	经营活动产生的现金流量净额	49 907. 75	4-9
11	二、投资活动产生的现金流量		
12	收回投资所收到的现金	0	表3-16
13	收到的其他与投资活动有关的现金	0	表3-16
14	现金流入小计	0	12+13
15	购建固定资产、无形资产所支付的现金	200 000	表3-16
16	支付的其他与投资活动有关的现金	37 580. 75	表3-16、表3-17
17	现金流出小计	237 580. 75	15+16
18	投资活动产生的现金流量净额	-237 580. 75	14-17
19	三、筹资活动产生的现金流量		
20	吸收权益性投资所收到的现金	150 000	表3-16
21	发行债券所收到的现金	0	
22	借款所收到的现金	50 000	表3-16
23	收到的其他与筹资活动有关的现金	0	
24	现金流入小计	200 000	20+21+22+23
25	偿还债务所支付的现金	0	
26	分配股利或利润所支付的现金	0	
27	偿付利息所支付的现金	2 000	表3-18
28	支付的其他与筹资活动有关的现金	0	0
29	现金流出小计	2 000	25+26+27+28
30	筹资活动产生的现金流量净额	198 000	24-29
31	四、现金净增加额	10 327	10+18+30
32	加：期初现金余额	40 000	
33	五、预算期末现金余额	50 327	31+32

本章小结

本章围绕财务预算的基本理论与编制方法展开。

3.1 介绍了财务预算的含义、作用和地位。全面预算管理是企业管理的重要组成部分，是实现企业总体战略目标的重要途径，而财务预算是全面预算体系中最重要、最核心的环节，是其他各项预算顺利执行和企业持续发展的重要保障。

3.2 介绍了财务预算的编制方法。编制财务预算的方法有多种，每种方法都有各自的优缺点，企业要根据自己的经营特点和管理要求选择最合适的预算编制方法。

3.3 首先介绍了日常业务预算的编制，包括销售预算、生产预算、直接材料预算、直接人工预算、制造费用预算、产品生产成本预算、销售及管理费用预算等，然后介绍了经营决策预算和资本支出预算等专门决策预算的编制。两类预算在全面预算体系中都属于“分预算”。

3.4 介绍了现金预算和预计财务报表的编制。现金预算和预计财务报表是全面预算体系中的最后环节，也是“总预算”，其编制要以日常业务预算和专门决策预算的编制为基础和依据。

思考题

1. 什么是固定预算、弹性预算、增量预算、零基预算、定期预算、滚动预算？它们的优缺点是什么？

2. 什么是日常业务预算？日常业务预算包括哪些内容？

3. 什么是特种决策预算？特种决策预算包括哪些内容？

4. 什么是现金预算？现金预算包括哪些内容？

5. 现金预算编制的主要依据是什么？

6. 什么是财务预算？财务预算与其他预算是什么关系？

练习题

一、单项选择题

1. 固定预算编制方法的致命弱点是(　　)。

A. 过于机械呆板　　B. 可比性差

C. 计算量大　　D. 可能导致保护落后

2. 弹性预算与固定预算相比的优点是(　　)。

A. 透明度高　　B. 及时性强　　C. 可比性强　　D. 完整性突出

3. 关于预算的编制方法下列各项中正确的是(　　)。

A. 固定预算编制方法适用于产出较难辨认的服务性部门费用预算的编制

B. 固定预算编制方法适用于业务量水平较为稳定的企业预算的编制

C. 零基预算编制方法适用于产出较难辨认的服务性部门费用预算的编制

D. 零基预算编制方法适用于业务量水平较为稳定的企业预算的编制

4. 定期预算的优点是(　　)。

A. 远期指导性强　　B. 连续性好

C. 便于考核预算执行结果　　D. 灵活性强

5. (　　)是只使用实物量计量单位的预算。

A. 生产预算　　B. 产品成本预算

C. 直接材料预算　　D. 制造费用预算

6. 编制的主要目标是通过制定最优生产经营决策和存货控制决策来合理地利用或调配企业经营活动所需的各种资源的预算是(　　)。

A. 销售预算　　B. 生产预算

C. 资本支出预算　　D. 经营决策预算

7. (　　)就其本质而言属于日常业务预算，但是由于该预算必须根据现金预算中的资金筹措及运用的相关数据来编制，因此将其纳入财务预算范畴。

A. 销售费用预算　B. 财务费用预算　C. 管理费用预算　D. 制造费用预算

8. 日常业务预算不包括(　　)。

A. 现金预算　　B. 销售预算

C. 生产预算　　D. 产品成本预算

9. 下列各项中，综合性较强的预算是(　　)。

A. 销售预算　　B. 生产预算

C. 资本支出预算　　D. 现金预算

10. 下列各项中，可能会使预算期间与会计期间相分离的预算方法是(　　)。

A. 增量预算　　B. 滚动预算

C. 定期预算　　D. 零基预算

11. 某公司编制销售预算，上期销售收入为400万元，预计预算期销售收入为600万元，销售收入的70%在本期收到，30%在下期收到，则预算期公司经营现金收入为(　　)万元。

A. 120　　B. 420

C. 540　　D. 400

12. 被称为“总预算”的预算是(　　)。

A. 财务预算　　B. 生产预算

C. 特种决策预算　　D. 销售预算

13. 某企业编制第四季度的直接材料预算，预计季初材料存量为500千克，季度生产需用量为2 500千克，预计期末存量为300千克，材料采购单价为10元/千克，若材料采购货款当期支付40%，下季度支付60%，假设不考虑流转税的影响，则该企业预计资产负债表年末“应付账款”项目为(　　)。

A. 1 080　　B. 13 800

C. 23 000　　D. 1 620

14. (　　)是生产预算、直接材料预算、直接人工预算、制造费用预算的汇总。

A. 销售预算　　B. 资本支出预算

C. 现金预算　　D. 产品成本预算

15. 全面预算中唯一仅以数量形式反映预算期内各季有关商品数量及品种构成的预算是(　　)。

A. 销售预算　　B. 生产预算

C. 成本预算　　D. 利润预算

二、多项选择题

1. 现金预算的组成部分包括(　　)。

A. 现金收入　　B. 现金支出

C. 现金余缺　　D. 资金的筹集和运用

E. 应收账款的控制

2. 下列各项预算中，在编制预计利润表时需要直接用到其数据的有(　　)。

A. 销售预算　　B. 生产预算

C. 直接材料预算　　D. 直接人工预算

E. 销售及管理费用预算

3. 零基预算与传统的增量预算相比较，其不同之处在于(　　)。

A. 一切从可能出发　　B. 以零为基础

C. 以现有的费用水平为基础　　D. 一切从实际需要出发

E. 不考虑以往会计期间所发生的费用

4. 在财务预算中，专门用以反映企业未来一定预算期内预计财务状况和经营成果的预算为(　　)。

A. 现金预算　　B. 预计资产负债表

C. 预计利润表　　D. 预计现金流量表

E. 资本支出预算

5. 滚动预算按照预算编制和滚动的时间单位不同分为(　　)。

A. 逐月滚动　　B. 逐季滚动

C. 逐年滚动　　D. 混合滚动

E. 逐日滚动

6. 预算的编制方法包括(　　)。

A. 固定预算与弹性预算　　B. 零基预算与增量预算

C. 财务预算与资本预算　　D. 经营预算与全面预算

E. 滚动预算与定期预算

7. 资本支出预算具体包括(　　)。

A. 研究开发费用预算　　B. 固定资产购置预算

C. 现金收支预算　　D. 无形资产预算

E. 固定资产清理预算

8. 财务预算是一系列专门反映企业未来一定预算期内预计财务状况、经营成果以及现金收支等价值指标的各种预算的总称，具体包括(　　)。

A. 预计资产负债表　　B. 预计利润表

C. 现金收支预算　　D. 资本支出预算

E. 销售收入预算

9. 在编制现金预算的过程中，可作为其编制依据的有(　　)。

A. 销售预算　　B. 制造费用预算

C. 资本支出预算　　D. 预计利润表

E. 预计资产负债表

10. 某期现金预算中期末现金余额出现了多余，单纯从财务预算调剂现金余缺的角度看，该期可以采用的措施有(　　)。

A. 偿还部分借款利息　　B. 偿还部分借款本金

C. 出售部分短期投资　　D. 进行短期投资

E. 出售部分固定资产

11. 下列哪几项是编制预计利润表的依据(　　)。

A. 预计资产负债表　　B. 预计现金流量表

C. 现金预算表　　D. 各日常业务预算表

E. 专门决策预算表

12. 与生产预算有直接联系的预算有(　　)。

A. 直接材料预算　　B. 销售预算

C. 直接人工预算　　D. 制造费用预算

E. 销售及管理费用预算

13. 编制生产预算中的“预计生产量”项目时，需要考虑的因素有(　　)。

A. 预计销售量　　B. 预计期初存货

C. 预计期末存货　　D. 前期实际销量

E. 生产需用量

14. 下列各项中，能够在直接材料预算中找到的内容有(　　)。

A. 预计销售量　　B. 生产需用量

C. 材料采购单价　　D. 预计材料采购量

E. 预计材料采购金额

15. 特种决策预算包括(　　)。

A. 财务费用预算　　B. 产品成本预算

C. 经营决策预算　　D. 资本支出预算

E. 现金支出预算

三、判断题

1. 生产预算是预算编制的起点。　　(　　)

2. 经营决策预算除个别项目外一般不纳入日常业务预算，但应计入与此有关的现金预算与预计资产负债表。（ ）

3. 考虑到期初期末会有存货的余额，所以某预算期的预计生产量并不一定等于本期的销售量。（ ）

4. 各项预算中，构成全面预算体系最后环节的是特种决策预算。（ ）

5. 资本支出预算不会影响到现金预算。（ ）

6. 滚动预算是指在编制预算时，将预算期与会计年度脱离，随着预算的执行不断延伸补充预算，逐期向后滚动，使预算期永远保持为一个固定期间的一种预算编制方法。（ ）

7. 在财务预算的编制过程中，编制预计财务报表的正确程序是：先编制预计资产负债表，然后再编制预计利润表。（ ）

8. 属于编制全面预算的出发点和日常业务预算的基础是销售预算。（ ）

9. 增量预算与零基预算相比能够调动各部门降低费用的积极性。（ ）

10. 预算编制涉及到企业每一个部门、每一个岗位，它需要企业每一个部门和每一位员工的参与和支持。（ ）

四、计算分析题

1. 甲公司预算年度某产品的销量预计在 6 000 ~ 10 000 件之间变动，销售单价为 120 元，单位变动成本为 96 元，固定成本总额为 90 000 元。

要求：根据这些资料，以 1 000 件为销量的间隔单位，采用弹性预算法编制甲公司预算年度该产品的利润预算。

2. 华城公司 2014 年乙产品的产销量为 1 000 件，产品成本、费用资料为：单位变动生产成本 150 元，其中直接材料成本 80 元，直接人工成本 40 元，变动制造费用 30 元；固定制造费用总额 8 000 元。2015 年预计乙产品的产销量比 2014 年增加 20%，直接材料成本降低 10%，直接人工成本增加 15%，变动制造费用降低 20%，固定制造费用总额不变。

要求：采用增量预算编制 2015 年乙产品生产成本预算。

3. 某企业本月产品销售收入 80 万元，销售收入的 60% 在本月收到，上月应收账款余额 30 万元，预计将在本月全部收回，本月其他业务收入（均收现）25 万元，其他业务支出（均付现）10 万元。本月产品销售成本、费用、税金等支出 12 万元，购置固定资产支出 20 万元，期初现金余额为 8 万元，企业最佳现金余额为 9 万元。

要求：假定不考虑其他因素的影响，计算现金预算中的现金收入合计、现金支出合计、期末现金余额和现金多余或不足的金额。

4. 某公司生产甲产品，预算期内各季度销售量分别为 400 件、420 件、450 件、500 件，每件产品销售单价为 100 元。根据历史资料，该公司于当季收到货款的 60%，40% 于销售的下季度收回。年初应收账款余额为 15 000 元，预计在第一季度收回。

要求：根据资料编制该公司的销售预算。

5. 接上题，该公司预计预算年度每一季度末存货量占下一季度销售量的 10%，并预计年末存货量为 60 件，年初存货量为 40 件。

要求：结合上题资料编制该公司的生产预算。

6. 接上题，该公司生产甲产品每件需耗用 A 材料 5 千克，每千克采购价格为 4 元，材料采购价款于当季支付 60%，下季度支付 40%。预计预算年度 A 材料每一季度末的库存量为下一季度生产需用量的 20%，年初和年末的库存量分别为 400 千克和 550 千克。应付账款年初余额为 3 200 元。

要求：结合上题资料编制该公司直接材料预算。

7. 接上题，该公司生产甲产品每件需用直接人工 2 小时，每小时工资额为 8 元。

要求：结合前述资料编制该公司直接人工预算。

8. 接上题，假设该公司预算年度变动制造费用总额为 5 370 元，固定制造费用总额为 4 475 元，年初产成品的单位成本为 42 元。

要求：根据前述资料编制该公司产品成本预算。

9. 接上题，该公司预算年度销售费用 15 000 元，管理费用 9 000 元，财务费用 500 元，税金及附加 2 500 元，营业外收入 8 000 元，营业外支出 4 500 元，所得税税率 25%。

要求：根据第 4 至第 9 题的资料编制该公司预计利润表。

第4章

筹资管理

学习目标

理论目标：(1) 企业筹资的类型和区别；(2) 不同筹资渠道的配合；(3) 各类筹资方式的具体内容和程序；(4) 各类筹资方式的条件；(5) 筹资总额的需求预计。

实践目标：(1) 准确区分把握各类筹资渠道和筹资方式的配合筹资，做出战略需求规划；(2) 根据各类筹资方式的具体要求，进行筹资；(3) 进行筹资需求预测。

4.1 企业筹资概述

4.1.1 企业筹资的含义

企业筹资，就是企业作为筹资主体，根据其生产经营、对外投资和调整资本结构等需要，通过筹资渠道和金融市场，运用各种不同的筹资方式，经济有效地筹措资金的活动。企业筹资活动是企业经营活动的一项基本财务活动，也是财务管理中的 个重要内容。

企业在设立与发展过程中都需要筹资。在企业设立的时候，要筹集资本金，也就是注册资本或者实收资本，是企业开始生产经营的初始资本，一般需要取得会计师事务所的验资才可以到工商行政管理部门进行登记注册。在企业发展过程中，为了扩大再生产、进行市场开发、进行新的研究开发需要等待，也需要进行追加筹资，或者及时增加生产经营流动资金。企业为了改善资本结构，或者为了对外投资，也需要进行筹资活动。

4.1.2 企业筹资的分类

由于资金具体来源、方式、期限、用途等不同，形成不同的筹资类型和筹资组合。按照不同的标准，企业筹资可以进行如下分类。

1）按照资本性质不同，分为权益资本和债务资本

资本性质是指企业筹资所获取的资本所有权权益的形态，是否需要偿还。权益资本和债务资本的关系就是企业的资本结构，是公司筹资管理的一个核心问题。

(1) 权益资本。也称之为股本、自有资本、实收资本等，是企业依法取得并长期拥有、自主调配运用的资本。按照我国法律规定，企业拥有的权益资本具体包括投入的实收资本（或股本）、资本公积、盈余公积和未分配利润等几种具体的形式组成。按照国际惯例的称呼，资本公积、盈余公积和未分配利润统称为“留存

收益”。

权益资本有如下属性：股权的所有权归属于企业的所有者（股东），企业所有者依法享有参与企业的经营管理和利润分配的权利，对企业的债务承担责任；企业对股权资本依法享有经营权，在企业存续期间，有权调配股权资本并按照实际生产经营需要使用，所有者除了有权依法转让其所有权外，不得抽回其投入的资本金。正是因为权益资本有如上特征，所以被视为企业的“永久性资本”。

我国按照投资者不同，权益资本一般分为法人资本金、民间资本金、国家资本金和外商资本金等几种。

（2）债权资本。也称之为债务资本、负债资本、借入资本等，是企业依法取得并依据相应的债权合同约定运用，需要到期偿还的资本金。一般按照债务的期限长短分为长期债务资本和短期债务资本。

债权资本有如下属性：体现的是企业与债权人之间相互的债务与债权关系，对企业而言是债务，对债权人而言是债权；债权人有权按照合同的约定按期索取本金和利息，但无权参与企业的经营管理和利润分配，对企业的其他债务不承担责任；企业对持有的债权资本在合同约定的期限内享有经营权，并承担按期还本付息的义务和责任。

企业的债权资本一般通过银行的信贷资本、非银行金融机构的资本、其他法人资本、民间资本、国外和我国港澳台同胞资本或者个人资本形成。通常采用银行借款、发行债券、发行商业本票、商业信用或租赁、个人借贷等方式取得或形成。

2）按照期限不同，分为长期资本和短期资本

长期和短期的区分，是由企业发展需要确定的，是企业资本的期限结构关系。合理安排二者关系，有利于企业资本的最佳配置和组合。

（1）长期资本。长期资本是指企业需要使用期限在1年以上的资本，通常包括各种股权资本、长期借款、应付债券、长期应付款等债权资本。有时候企业会根据实际情况把长期资本分为中期资本和狭义的长期资本：期限在1年以上5年以下的为中期资本；5年以上的为狭义的长期资本。

长期资本是企业长期生存和发展壮大的需要，主要用途是购建固定资产、研究开发并取得无形资产、开展长期投资、垫支于长期性流动资产等。企业筹集长期资本一般采用投入资本金、发行股票、发行债券、银行长期借款、融资租赁等方式取得。

（2）短期资本。短期资本是指期限在1年以内的资本金。短期资本一般是为企业生存经营周转调度等原因而短期目的持有，一般包括短期借款、应付账款、应付票据等项目，主要可以通过银行短期借款、商业信用等筹资方式取得。

企业的长期资本和短期资本比例关系，就是企业的全部资本的期限结构。资本的期限结构对企业的风险和收益产生重大影响，企业应该根据实际情况配置长期资本和短期资本的比例关系，合理筹资并搭配组合。另外，为了生产经营管理的需要，长期资本和短期资本也可以互相通融，如在长期资本富裕情况下，可以临时弥

补短期资本的不足；在短期资本充足的情况下，也可以暂时借用短期资本补充长期资本的不足。

3）内部筹资和外部筹资

按照资本来源的范围不同，可以分为内部筹资和外部筹资两种类型。企业首先应充分考虑利用内部筹资来源之后，再考虑外部筹资问题。

（1）内部筹资。内部筹资是指企业内部通过留用利润而形成的资本来源。内部筹资是在企业内部“自然”形成的，因此被称为“自动化的资本来源”，一般无须花费额外的筹资费用，其数量通常由企业可分配利润的规模和利润分配政策（或股利政策）决定，视企业生产经营情况不同而不同，具有较大的企业经营变动风险。

（2）外部筹资。外部筹资是指企业在内部筹资不能满足需要时，向企业外部投资者筹资形成的一种资金来源。初创企业的外部融资可能性和数量是有限的，往往依赖股东资本金，在经营成长壮大过程中难以满足需要时，就需要大量的外部筹资。外部筹资和内部筹资比较，需要花费很大的筹资费用，例如发行股票、债券需要支付发行成本，取得借款需要支付一定的手续费等。

4）直接筹资和间接筹资

按照企业筹资活动是否需要借助银行等金融机构，可以分为直接筹资和间接筹资。

（1）直接筹资。直接筹资是指企业不需要借助银行等金融机构，直接与资本所有者协商融通资本的一种筹资活动。在此种筹资方式下，企业一般直接与资本所有者协商，采用一定的筹资方式取得资本，如新的投资者直接投入资本、原有投资者追加投资资本、发行股票、发行债券和商业信用等。

（2）间接筹资。间接筹资是指企业借助银行等金融中介机构融通资本的筹资活动，是一种传统的筹资类型。银行作为金融中介机构，担负着先筹资资本，然后通过放款提供给筹资企业的重任。间接筹资的方式主要是银行借款、融资租赁等。

直接筹资和间接筹资相比，筹资机制不同：直接筹资依赖于资本市场机制，往往以各种证券如股票、债券为媒介，而间接筹资既可以运用市场机制，也可以运用计划和行政手段；筹资范围不同：直接筹资的范围、筹资渠道和筹资方式比间接筹资的范围广泛的多；筹资效率和筹资费用高低不同：直接筹资手续繁琐，准备时间长，筹资效率低，费用高，而间接筹资过程简单，手续简便，效率高，费用低；筹资效应不同：直接筹资可以最大限度筹集社会资本，有利于提升企业知名度和资信度，改善企业资本结构，而间接筹资有时主要是为了适应企业资本周转的需要。

4.1.3 企业筹资的渠道和方式

1）企业筹资渠道

企业筹资渠道是指企业筹资资本金的来源方向和通道，体现着资本的源泉和流量。我国目前筹资渠道主要有如下几种：

（1）政府财政投资资本。政府财政投资是我国国有企业筹资的主要来源，政策性很强，通常只有国有企业才能利用。国有企业包括国有独资有限责任公司、国家所有者出资参股的有限责任公司和股份有限公司等几种形式，主要是通过政府以拨款、贷款投资形成的资本金。

（2）银行信贷资本金。我国银行分为中央银行、政策性银行和商业性银行等几种。中国人民银行作为中央银行，是中央政府的一个组成部门，是“主管银行的银行”，负责货币政策的制定和实施，下设银监会负责银行和货币市场监管。政策性银行是中国农业发展银行、国家开发银行、中国进出口银行，主要负责为特定企业提供一定的政策性贷款。商业性银行主要有“五大国有银行”，即中国工商银行、中国农业银行、中国建设银行、中国银行、交通银行，还有一些股份制银行如招商银行、上海浦东发展银行、兴业银行等，还有城市商业银行和农村商业银行等。银行信贷资本金拥有居民储蓄存款、单位存款等经常性的资金来源，贷款方式灵活，可以适应各类企业债权资本筹集需要。

（3）非银行金融机构资本。非银行金融机构是指除了银行以外的各种金融机构及金融中介服务机构，我国主要有保险公司、租赁公司、企业集团的财务公司、信托投资公司、证券公司等。这些机构从事的业务活动为：聚集社会资本、融资融物、承销证券、提供信托服务、为企业财务提供管理咨询服务、保险服务、为各类资本流通提供中介服务等。

（4）其他法人资本。我国法人可以分为企业法人、事业法人和团体法人等。法人在日常资本运营过程和周转中，也会形成部分暂时闲置的资本，为了发挥效益，法人也需要互相融通资金，为企业发展提供一定的筹资来源渠道。

（5）民间资本。我国企业和事业单位的职工、广大城乡居民都持有大量的货币资本，或者银行存款，也有意愿对一些企业进行直接投资，他们可以为企业直接提供筹资来源渠道。

（6）企业内部资本。是指企业通过吸收投资产生资本公积、提留盈余公积、保留未分配利润形成的资本。这部分资本是由企业内部形成的，可以方便快捷地为企业直接利用。

（7）国外和我国港澳台同胞资本。利用外资是我国改革开放后的一项基本经济国策，对外资利用并加以引导吸收，形成外商资本金的筹资渠道。

2）企业筹资方式

企业筹资方式是指企业筹集资本金所采取的具体形式和工具，体现着资本的属性和期限。一般而言，主要有如下几种筹资方式：

（1）投入资本筹资方式。企业与投资者签署投资协议，通过筹集政府、法人、自然人等投资者直接对企业投入资本金的一种筹资方式。投入资本金一般不以股票为媒介，适用于非股份制企业，是非股份制企业取得股权资本的基本方式。

（2）发行股票筹资方式。股份公司按照公司章程规定，依法发售股票直接筹资，形成公司股本的一种筹资方式。发行股票筹资以股票为媒介，仅适用于股份公司，是股份公司取得股权资本的基本方式。

（3）发行债券筹资方式。按照公司法的规定，企业按照债券发行协议，通过发售公司债券直接筹资，形成公司债权资本的一种筹资方式。在我国，股份有限公司、国有独资有限责任公司等可以采取发行债券方式，依法发行公司债券，获得大额长期债权性资本筹资。

（4）发行商业本票筹资方式。在西方国家，发行商业本票筹资是大型工商企业或金融企业获得短期债权资本的一种筹资方式，是一种新兴的短期债权性筹资方式。囿于我国商业体系还不发达的具体事实和相关法律限制，我国目前只有银行本票，商业本票很少见。

（5）银行借款筹资方式。各类企业按照借款合同从银行等金融机构借入各种款项的筹资方式。广泛适用于各类企业，是企业获得长期和短期债权性资本的主要筹资方式。

（6）商业信用筹资方式。是指企业通过赊购商品、预收货款等商品交易行为筹集短期债权性资本的一种筹资方式。这种筹资方式比较灵活，为各类企业采用，适用性非常强。

（7）租赁筹资方式。是企业按照租赁合同，租入资产，从而筹集资本金的一种特殊形式。各类企业都可以采用租赁方式，租入生产经营所需要的各类资产，形成企业的债权性资本。

3）企业筹资渠道与筹资方式的配合

企业的筹资渠道和方式有着密切联系。某种筹资方式可能仅适用于某一特定的筹资渠道，同一筹资渠道的资本往往可以采取不同的筹资方式取得，同一筹资方式也往往可以适用于不同的筹资渠道。企业在实际筹资活动中，应该结合实际情况，实现筹资方式和筹资渠道之间的合理配合。筹资渠道和筹资方式之间的配合对应关系见表4-1。

表4-1 **筹资渠道和筹资方式配合表**

筹资方式 筹资渠道	投入资本	发行股票	发行债券	商业本票	银行借款	商业信用	租赁
政府财政资金	√	√					
银行信贷资金					√		
非银行金融机构资本	√	√	√	√	√	√	√
其他法人资本	√	√	√	√		√	√
民间资本	√	√	√	√			
企业内部资本	√	√					
国外和我国港澳台资本	√	√	√	√	√	√	√

4.1.4 企业筹资原则

企业筹资活动是企业为了进行扩大生产经营规模或者调整资本结构进行的一项基本财务活动，需要经济有效进行，必须遵循下列基本原则。

1）效益性原则

企业筹资与投资在效益上要互相比较并综合平衡，一般而言，企业要进行投资并作出决策，才可以进行筹资活动。在具体考虑是否投资时，必须综合比较投资收益和资本成本，决定是否需要追加筹资，一旦决定采纳某项投资项目，其投资资金的数量就决定了筹资数量。企业在投资决策中，要避免盲目行动，需要结合投资环境和财务管理要求认真分析投资机会，进行严谨的可行性分析研究，讲求投资效益。另外，由于不同的筹资方式的资本成本高低不尽相同，也需要综合研究各类筹资方式，寻求最优的筹资组合和最低的资金成本，以最低的资金成本，经济有效地筹集到足够的资金。

2）合理性原则

企业筹资无论采用何种筹资方式和筹资渠道，都必须预先确定合理的筹资数量。筹资数量不足，会影响正常生产经营；筹资数量超过需要，资金成本和费用都会增加，形成浪费。企业筹资还必须要保持合理的资本结构，一方面要合理确定股权资本和债权资本的结构规模或比例关系；另一方面还要考虑长短期资本的期限结构，使流动资本和非流动资本互相配合，满足企业长期战略发展需要。

3）及时性原则

企业筹资必须根据企业资本金需要的时间，结合投资进度和实际需要进行，使筹资和投资在时间上协调。企业投资一般都有时间性的严格要求，如果筹资时机和节点不能与投资互相匹配，就会产生投资前资金闲置或筹资滞后而贻误投资的最佳时机。

4）合法性原则

企业进行筹资活动，不可避免会影响社会资本以及资源的流向流动问题，必然会涉及到相关方面的经济利益，以及各类法律问题。必须遵守国家有关法律法规、依法履行法律约定的责任，维护有关各方的合法权益，避免非法集资或者违法筹资活动。

4.1.5 企业资金需要量的预测

1）筹资数量预测的依据

企业筹资数量，需要结合实际情况进行预测，既要保证企业正常生产经营及扩大再生产的需要，也不能有太多的闲置，以促进企业财务管理目标的实现。一般情况下，企业筹资数量进行预测，需要满足法律，特别是《公司法》和《证券法》的要求，根据企业的生产经营规模所需要的资本量筹集，另外还要考虑市场利息率的高低、对外投资金额大小、企业信用状况好坏等进行综合权衡。

2）筹资数量预测的因素分析法

因素分析法也称为调整法，是以有关资本项目上年度的实际平均需要量为基础，预测本年度的生产经营任务和资本加速要求，进行分析调整，预测资本需要量的方法。这种方法简单易行，但是预测结果不太精确，通常用于品种繁多、规格复杂、用量较小、价格较低的资本占用数量预测，也可以用来匡算企业全部资本的需要量。

因素分析法的计算公式是：

$$资本需要量=(\frac{上年资本实际}{平均余额}-\frac{不合理}{平均额})\times(1\pm\frac{预测年度}{销售增减率})\times(1\pm\frac{预测年度资本}{周转速度变动率})$$

【实践应用 4-1】某企业本年度资本实际平均额为 5 000 万元，经过加强管理，发现不合理的资金占用额为 400 万元，预计下年度销售增长为 5%，资本金可以加快周转 2%，请预测下年度的资金需要量。

下年度的资金需要量 = （5 000-400）×（1+5%）×（1-2%）= 4 733.4（万元）

3）筹资数量预测的销售百分比法

销售百分比法是假设资产、负债和销售收入存在稳定的百分比关系，根据预计销售收入和相应的百分比预计资产、负债，然后确定融资需求的一种财务预测方法。在计算百分比时候，有些项目是敏感资产，会跟着销售变动成相应比例和方向变动，如存货项目。有些项目是非敏感资产，比如某些预付的管理费用、固定资产净值，在一定范围内是一个固定的金额，不会随着销售收入的变动而变化。同样，如应付票据、长期负债、实收资本、留存收益等项目也不会随着销售收入的变动而变动，属于非敏感项目。

【实践应用 4-2】某企业根据经验数据统计得出结论：取得销售收入 20 000 元，就必须要保持有存货 4 000 元，请计算存货的销售百分比。

存货与销售的百分比 = 4 000 ÷20 000×100% = 20%

由于存货与销售收入存在着必然的对应关系，存货属于敏感资产，可以预计，因此存货的金额需要量与销售的金额会成比例的同方向变化。

预测的步骤是：

（1）编制“预计利润表”，预测留存收益数额。预计利润表是在基期利润表的基础上，按照基期的利润表各项目实际金额占销售收入的百分比，预测下年的利润表，格式和实际的利润表相同。预计利润表项目计算和编制的程序如下：

第一步：按照基期实际利润表的资料，计算确定利润表各项目与销售收入的百分比；

第二步：根据资料预测下年度的销售收入预计数，用预计数乘以基期利润表各项目的百分比，即可以求得预计年度的各项目数；

第三步：根据预计利润表数据，结合管理需要的预定留存收益比率，测算预计留用利润数额。

【实践应用 4-3】某企业 2012 年实际利润表如下（见表 4-2），假定所得税税率为 25%，不考虑其他调整因素。按照销售百分比法预测 2013 年度的留存收益。

表 4-2　　2012 年实际利润表　　金额单位：万元

项目	金额	销售百分比（%）
营业收入	20 000	100.00
减：营业成本	14 000	70.00
销售费用	100	0.50
销售利润	5 900	29.50
减：管理费用	3 000	15.00
财务费用	900	4.50
税前利润	2 000	10.00
减：所得税费用	500	—
税后利润	1 500	—

假定 2013 年销售增长 20%，则 2013 年的营业收入为 20 000×（1+20%）=24 000（万元），2013 年预计利润表见表 4-3。

表 4-3　　2013 年预计利润表　　金额单位：万元

项目	2012 年实际数额	销售百分比（%）	2013 年预计数
营业收入	20 000	100.00	24 000
减：营业成本	14 000	70.00	16 800
销售费用	100	0.50	120
销售利润	5 900	29.50	7 080
减：管理费用	3 000	15.00	3 600
财务费用	900	4.50	1 080
税前利润	2 000	10.00	2 400
减：所得税费用	500	—	600
税后利润	1 500	—	1 800

假定企业的税后利润留存比率为 30%，则 2013 年留存收益为 1 800×30%=540（万元）。

（2）编制“预计资产负债表”，预测外部筹资额。预计资产负债表是运用销售百分比法的原理预测外部筹资额的一种方法。预计资产负债表的格式与实际资产负债表的格式一样，不同的是需要选定“敏感项目”和“非敏感项目”，计算敏感项目的百分比，并以此为依据，结合预计利润表数字进行预测。

【实践应用 4-4】某企业 2012 年的实际销售收入为 20 000 万元，实际的资产负债表和敏感项目百分比见表 4-4。2013 年度的预计销售收入为 24 000 万元。试编制 2013 年的预计资产负债表，并预测外部筹资额。

表 4-4　　　　　　　　**2012 年实际资产负债表**　　　　　　　　金额单位：万元

项目	金额	占销售收入的百分比%
资产		
货币资金	100	0.5
应收款项	2 400	12
存货	4 000	20
预付款项	450	—
固定资产净值	1 000	—
资产总计	7 950	32.5
负债和所有者权益		
应付票据	500	2.5
应付款项	3 000	15
长期负债	100	—
负债合计	3 600	17.5
实收资本	4 000	—
留用利润	350	—
所有者权益合计	4 350	—
负债和所有者权益总计	7 950	—

根据上述资料，编制 2013 年预计资产负债表见表 4-5。

表 4-5　　　　　　　　**2013 年预计资产负债表**　　　　　　　　金额单位：万元

项目	2012 年金额	占销售收入的百分比%	2013 年预计数
资产			
货币资金	100	0.5	120
应收款项	2 400	12	2 880
存货	4 000	20	4 800
预付款项	450	—	450
固定资产净值	1 000	—	1 000
资产总计	7 950	32.5	9 250
负债和所有者权益			
应付票据	500	2.5	600
应付款项	3 000	15	3 600
长期负债	100	—	100
负债合计	3 600	17.5	4 300
实收资本	4 000	—	4 000
留用利润	350	—	890
所有者权益合计	4 350	—	4 890
需要追加外部筹资额			9 250-4 300-4 890=60
负债和所有者权益总计	7 950	—	9 250

上表4-5计算过程如下：

第一步，取得基期2012年的金额，分别计算敏感项目与销售收入的百分比见表4-4。

第二步，销售百分比表明，该企业的销售每增长100元，敏感资产总额将会增加100×32.5%＝32.5（元），敏感负债将会增长100×17.5%＝17.5（元），也就是说可以自动通过敏感负债增加筹资17.5元。

第三步，由于非敏感项目不随着销售增加而变动，所以，在预测时保持下一年金额不变。计算销售增加后敏感资产和敏感负债的差额为32.5－17.5＝15（元），表明销售每增长100元而需要追加的资本净额，即15%需要从企业内部和外部筹措。本例中，销售增长了24 000－20 000＝4 000（万元），需要增加资本来源4 000×15%＝600（万元）。

第四步，用2013年的销售额乘以敏感项目百分比，非敏感项目不变，直接根据2012年度金额填列，编制2013年预计项目金额。

第五步，根据2012年留用利润额，计算2013年的累计留用利润为350＋540＝890（万元），需要追加筹集资金9 250－4 300－4 890＝60（万元）。

4）销售百分比法的简易计算方法

销售百分比法可以根据基本原理进行简化，公式如下：

$$\text{外部资金筹集需要量}=\text{资产增加额}-\text{负债自然增加额}-\text{留存收益增加额}$$

$$=(\text{敏感资产百分比}\times\text{新增销售额})-(\text{敏感负债百分比}\times\text{新增销售额})-\text{计划销售净利率}\times\text{计划销售额}\times(1-\text{股利支付率})$$

如果采用简化的销售百分比法公式计算，以实践应用4-4数据为例，某企业的外部资金需要量可以计算如下：

新增销售额＝24 000－20 000＝4 000（万元）

销售净利率＝1 500 ÷ 20 000＝7.5%

敏感资产百分比＝32.5%

敏感负债百分比＝17.5%

股利支付率＝（1－税后净利留存比率）＝1－30%＝70%

外部资金需要量＝4 000×32.5%－4 000×17.5%－24 000×7.5%×（1－70%）＝60（万元）

4.2 权益资金的筹集

随着国际经济交往交流的日益加深，权益资金的筹集方式由最初的投入资本（实收资本或股本）等基本形式发展为发行优先股、发行认股权证等各类表现形式。

4.2.1 吸收直接投资

1）吸收直接投资的含义

吸收直接投资也称为投入资本。按照国际惯例和公司法的规定，企业的全部资本按照其所有权的归属，分为债权性资本（负债筹资）和股权资本（所有权筹资)。根据我国有关财务制度和公司法规定，企业的股权资本，即所有者权益由投入资本（实收资本或股本)、资本公积和留存收益构成。留存收益一般是指盈余公积金和未分配利润两部分。

企业的资本金是企业所有者为创办和发展企业投入的原始本钱，是企业股权投资最基本的部分。投入资本金因企业的组织形式不同，表现形式也不同，企业所有者投入股份制公司的资本金，一般采取发行股票的方式，故称之为“股本”，非股份制企业一般不采用发放股票的方式，所以称之为“实收资本”。

从企业组织法律上讲，我国企业的组织形式有个人独资企业、合伙企业、公司制企业，公司制企业又可以细分为有限责任公司、股份有限公司、一人独资有限责任公司、国有独资有限责任公司、外商独资有限责任公司、中外合资股份有限公司等具体形式，另外还有中外合作企业组织形式。

2）吸收直接投资的类型

（1）按照吸收直接投资的主体，可以分为国家投资、法人投资、个人投资、外商投资。国家直接投资，主要是国家财政拨款形成的国有资本金投资；法人投资是指其他企业、事业单位等法人直接投资某企业形成的法人资本金；个人投资是指本企业内部职工或城乡居民直接投资于某企业而形成的个人资本金；外商投资是指外国投资者和我国港澳台同胞的直接投资形成的外商资本金。

（2）按照吸收直接投资的出资形式，可以分为现金投资和非现金投资。现金投资是筹集企业资金最常见的一种方式，主要是因为现金流动性强，直接可以用于购置投资所需要的固定资产和流动资产，可以支付各类费用，方便灵活使用。企业一般都乐于采用现金投资方式进行筹资。在现实中，现金出资一般都通过公司法规定最低出资比例，或由投资各方协商一致确定。非现金投资主要是有实物投资和无形资产投资两种方式，特殊类型的企业也可以以劳务出资。实物投资一般是以实物资产投资，即投资者以房屋、建筑物、设备等固定资产和原材料、燃料、产品等流动资产作价投资；无形资产投资一般是投资者以专利权、商标权、商誉、非专利技术、土地使用权等无形资产作价投资。

3）吸收直接投资的优缺点

吸收直接投资是我国企业筹资最常用的一种方式，适合所有企业采用。吸收直接投资的优点是：投入资本金所筹集的属于股权资本，与债权资本相比，能提高企业的资信能力，增加企业的借款能力；投入资本金的形式可以结合企业需要筹集，特别是在以先进技术和设备投资情况下，可以快速形成生产经营能力；财务风险相对较低。

吸收直接投资的缺点是：投入资本金由于属于股本性质，通常需要分红，筹资成本较高；没有证券媒介，产权关系不清，不便于产权转让和交易。

4.2.2 发行普通股

股票是股份有限公司签发给股东，由股东持有，用以证明股东所持公司股份的凭证，是为筹集股权资本发行的有价证券。股票代表持股人（称为股东）在公司中所拥有的所有权，购买并持有股票就成为公司股东。公司股东作为出资人身份，按照公司法的规定，以投入公司的资本额（股本）为限享有所有者的资产收益、公司重大决策和选择管理者的权利，并以其所持有股份为限对公司承担有限责任。

1）股票的种类

股份有限公司根据需要可以发行不同的股票。股票可以按照不同标准进行分类，主要有如下几种分类方法。

（1）按照股东的权利和义务，可以分为普通股和优先股两种。普通股是股份公司发行的最基本的股份，代表着公司享有平等权利和义务，不附加特别的限制条件，同股同权，股利不固定。普通股的特点是：股东享有公司的经营管理权；普通股股利分配在优先股股利分配之后进行，并依公司的盈利情况而定；公司解散清算时，普通股股东对公司剩余财产的请求权位于优先股之后；公司在增资发行新股时，普通股股东具有优先认购权，可以优先认购公司所发行的股票。

优先股是股份公司发行的具有某种优先权利的股票，最典型的优先权是分配股利优先和剩余财产优先分配权。发行优先股依据每个国家的公司法不同而不同，多数国家规定优先股可以在股份公司设立的时候发行，也可以在股份公司增发新股的时候发行。

（2）按照是否记名，可以分为记名股票和无记名股票。记名股票是指股东的姓名或名称要记入股份公司的股东名册才有效。我国公司法规定，公司向发起人、法人发行的股票，为记名股票。记名股票一律采用股东本名或公司名称，即实名制，转让依照相关规定进行。

无记名股票是指股东的姓名或名称无须记入股份公司的股东名册，股份公司只记载股票数量、编号以及发行日期。根据公司法的规定，股份公司对社会公众发行的股票可以采用无记名股票。无记名股票的主要优点在于方便转让，特别是在公开交易市场，只需要股东将该股票交付转让给受让人后即发生法律效力。

（3）股票按发行时间先后，可以分为原始股和新股。原始股是指股份公司设立时候发行的股票，新股是指公司增资发行的股票。原始股与新股发行的具体条件、目的和价格都有区别，但是同类股票的股东权利和义务是相同的。

（4）股票按发行的对象和上市地区分类，可以分为A股、B股、H股、N股、L股、F股等。A股是供我国个人或法人买卖的，以人民币标明面值并以人民币认购和交易的股票；B股和H股是供外国和我国港澳台同胞投资者购买的，以人民币标明面值但是以外币认购和交易的股票。A股和B股在我国深圳证券交易所和上海证券交易所上市交易，H股在我国香港联合交易所上市交易。N股是指在美国纽约证券交易所交易的股票，L股是指在英国伦敦证券交易所交易的股票，F股是指在德国法兰克福上市交易的股票。

2）股票的发行程序

股票发行包括设立发行和增资发行两种，设立发行又包括发起设立和公开募集设立两种情况。

（1）设立发行的主要流程是：发起人认购股份并交付出资；提出募集股份的申请；公告招股说明书；招募股份并收缴股款；召开创立大会；办理公司设立登记等。其中，发起设立是指发起人认购全部发行的股票设立股份公司，公开募集设立是指发起人认购一部分（一般不得低于35%）股票，其余部分向社会公开募集设立股份公司。

（2）增资发行新股的主要流程是：做出发行新股的决议案；提出发行新股的申请；公告招股说明书；招募股份，认缴股款，交割股票；改选董事、监事，办理变更登记。

3）股票的发行方法

股份公司应根据实际情况选择适合自己的股票发行方法，主要有有偿增资、股东无偿配股、有偿无偿并行增资三种方法。

（1）有偿增资，是指出资人按照股票面额或市价，用现金或实物购买股票，具体又可以分为公募发行、股东优先认购、第三方分摊等具体做法。

公募发行是指向社会公众公开发行募集股份的发行方法，又可以分为直接公募和间接公募两种。直接公募是指发行公司通过证券公司等中介机构，向社会公众发售股票，发行公司承担发行责任与风险，证券公司不承担风险而只收取手续费。间接公募是指发行公司通过投资银行发行或报销的方式，投资银行先将股票购入后再出售给社会公众，由于投资银行承担了发行风险，相应的发行费用较高。西方国家普遍都实行这样的发行方式。

股东优先认购是发行公司对现有原始股东按照一定比例分配新发行股票的认购权，准许其优先购买认购。在此种情况下，凡是发行新股时在股东名册上记载的股东，均有优先认购新股的权利。股东可以优先认购的新股股数与现持有旧股股数的比例相同，这样就不至于稀释其股份。如果股东不乐意认购，则可以转让其认购权。股东优先认购方法有利于维持股东在公司的原有地位，不会引起股权结构发生较大的变化，但是会相对降低公司股份的社会流通性。

第三方分摊是指股份公司在发行新股时，给予与本公司有特殊经济利益、重大关联的第三方新股认购权。

（2）股东无偿配股，是指股份公司不向原有股东收取现金或实物资产，无代价的将本公司发行的股票分配给股东。公司采用这样的做法目的不在于增资扩股，主要是调整资本结构需要，提升公司在社会投资者心中价值，增强股东信心。国际上惯例采用的具体方法是：无偿交付、股票派息、股票分割等。无偿交付是股份公司将资本公积金转增股本，按照现有股份比例无偿给股东新股票；股票派息是股份公司当年利润分配新股代替现金股利；股票分割是将大面额股票分割为若干小面额股票。

（3）有偿无偿并行增资，是指股份公司发行新股时，股东只需要交付一部分股款，其余部分由公司公积金抵充。这种方法兼有增加资本和调整资本结构的双重效果。

4）股票的销售方式

股份公司发行股票时，一般采取委托证券公司承销的方式进行，也有采取公司自销方式进行。我国公司法规定，公司向社会公众公开发行股票，不论是募集设立时首次公开发行（IPO），还是设立后再次发行新股，均应有依法设立的证券经营机构进行承销，承销的具体方式有包销和代销两种方法。

（1）包销，是指股份公司发行新股时，与证券公司签订承销协议，全权委托证券公司代理股票的发售业务。具体的形式又可以分为全额包销和余额包销两种。全额包销是指股份发行公司与证券公司签订承销协议，由证券公司买进股份公司公开发行的全部股票，然后将所购买的股票转销给社会上的投资者；余额包销是指股份发行公司与证券公司签订承销协议，先由证券公司将股票对社会上的投资者转销，如果在规定的募集期限内达不到预定发行的股份数，剩余部分由证券公司全部购买。

全额包销和余额包销相比，前者的全部风险转移给了证券公司，后者是部分风险转移给了证券公司。所以，全额包销的承销手续费要远大于余额包销。

（2）代销，是指股份公司发行新股时，与证券公司签订代理销售协议，证券公司只是代理股份公司公开销售股票，销售不足的部分返回股份公司，证券公司不承担责任，发行失败的风险完全由股份公司自行承担。

根据我国有关规定，股份公司拟公开发行股票的面值总额超过一定金额时，应当由承销团承销。承销团是由两个或两个以上承销机构组成，一般包括总承销商和其他承销商，总承销商由发行人按照公开公平竞争原则，通过竞标或协商确定。

5）股票发行定价

股票发行定价是指股份公司发行股票时，将股票销售给投资者所采用的价格，也就是投资者认购股票时所支付的价款。我国公司法规定股票定价的基本原则是"同股同权"，主要含义是：同次发行的股票，每股发行价格相同；任何单位和个人认购的股份，每股应当支付相同的价款；股票可以按照面值发行（等价发行），也可以超过面值发行（溢价发行），但是不得低于面值发行（折价发行）。

我国上市公司早期股票发行价格主要采用"市盈率法"确定，即股票发行价格＝预测每股税后利润×市盈率。在实际关注中，我国股票的发行市盈率一般在15～20倍之间。从2005年初开始，我国的新股定价实行"询价制"，从性质上看，属于累计订单方式，分为初步询价和投标询价两个阶段。初步询价阶段主要是确定发行价格区间以及相应的市盈率区间，投标询价阶段主要是根据询价区间确定最终的发行价格。

6）股票筹资的优缺点

股票筹资的优点是：没有固定的利息负担，没有固定的到期日，无须偿还，筹集的资金可以自行安排使用，筹资风险较小，发行股票可以增强公司的信誉，由于预期收益较高，股票筹资更加容易吸收社会资本。

股票筹资的缺点是：筹资成本高，增发股票会增加新股东，容易分散公司的控制权，可能导致股价下跌。

4.3 负债资金的筹集

4.3.1 银行借款

银行借款筹资是指通过银行等金融机构，或者向其他单位借入的各类借款，可以分为短期借款和长期借款两种。借入期限在1年以上的称为长期借款，借入期限在1年以下的称为短期借款，两种借款主要在于期限和用途不同，借款条件和信用条件方面都基本相同，一般以长期借款作为负债资金筹集的常见方式，短期借款则纳入营运资本管理。

1）银行借款的种类

（1）按照提供贷款机构分类，可以分为政策性银行贷款、商业性银行贷款和其他金融机构贷款。政策性银行贷款是指执行国家政策性贷款的银行（通常称为政策性银行）提供的贷款，通常是长期贷款。在我国，政策性银行主要是指中国农业发展银行、国家开发银行、中国进出口银行。

商业性银行贷款是指商业性银行提供的贷款，包括短期贷款和长期贷款。长期贷款一般有规定的借款利率和借款条件，采取分期偿还本息的方式。如我国的五大国有商业性银行：中国工商银行、中国农业银行、中国建设银行、中国银行、交通银行等。

其他金融机构贷款是指保险公司、证券公司、财务投资公司等其他金融机构经过中国人民银行批准后执行的贷款业务。与银行相比，其他金融机构贷款的期限可能更长，利率更高，对企业的信用条件和还款保证要求也会更高，一般会要求提供足额的担保。

（2）按照有无抵押品作担保，可以分为抵押贷款和信用贷款。抵押贷款是指以特定抵押品为担保的贷款。抵押品可以是不动产、机器设备等实物资产，也可以是股票、债券等有价证券。考虑到风险控制，一般来说，贷款的抵押品要求可以快速变现，如果贷款企业不能按期或不愿意偿还贷款时，银行可以取消企业对抵押品的赎回权，并有权变卖抵押品偿债。

信用贷款是指不以抵押品作为担保的贷款，凭企业信用或其保证人的信用而发放的贷款。由于没有抵押，所以贷款一般是发放给具有优质信用的企业，银行往往会附加一定的条件限制。

（3）按照贷款的用途，可以分为基本建设贷款、更新改造贷款、科研开发贷款、新产品试制贷款等。

2）银行借款的信用条件

银行借款往往会附加一些信用条件，主要有授信额度、周转信贷协定、补偿性余额三种。

（1）授信额度。授信额度是指借款人可以在规定的期限内向银行借入不高于这个额度的资金。例如，银行经过调查了解，某公司生产经营状况良好，规定借款人在2年内可以向银行借款总额不高于1 000万元的资金，则企业只要在2年内的借款不高于这个额度，银行都可以受理企业的借款申请。必须说明的是：授信额度是一种非正式的协议安排，银行并不承担保证借款的责任和义务。

（2）周转信贷协定。周转信贷协定是银行与企业签署的一种正式的具有法律效力的合同。在周转信贷协定下，银行与企业约定期限内负有按照协定借款的义务和责任，如果借款未达到协议金额，借款人要向银行支付一笔承诺费，承诺费一般是按照未使用的协定额度的一定比例计算。例如，银行与企业签署2 000万元的周转信用协定额度，协议期限为3年，贷款期限为半年，假定利率为6%，承诺费率为0.5%，如果企业只借款1 200万元，则半年后需要支付给银行利息为1 200×6%×1/2=36（万元），承诺费为（2 000-1 200）×0.5%×1/2=2（万元）。

（3）补偿性余额。补偿性余额是指借款时，银行要求借款人将贷款金额的一部分留存于银行。由于借款人的借款金额保存一部分于银行，借款人的实际借款金额减少，实际负担的利率将会大于名义利率。例如，假定企业向银行借款100万元，银行要求20%的补偿性余额，企业实际获得借款为100×（1-20%）=80（万元），假定银行约定的利率为6%，则实际利率是100×6%/80=7.5%。

3）银行借款的保护性条款

银行为了保证借款可以及时收回，一般会在借款合同中写明一些保护性条款，主要包括一般性保护条款、例行性保护条款、特殊性保护条款三种。

（1）一般性保护条款的主要内容是：规定借款公司必须保持最低的流动资金净额和最低的流动比率；限制包括支付现金股利等在内的现金流动；限制资本支出规模；限制公司举借其他长期债务等。

（2）例行性保护条款的主要内容是：借款公司定期向银行提交财务报表；正常情况下不准出售较多资产；如期纳税和清偿其他债务；避免以资产作为其他债务的担保或抵押；禁止贴现应收票据或出售应收账款；限制租赁固定资产的规模。

（3）特殊性保护条款主要是针对某些特殊情况而出现在部分合同中，主要内容是：贷款专款专用；不准公司投资于短期内不能收回资金的项目；限制公司高级职员的薪金和奖金总额；要求公司主要领导人在合同有效期间内担任领导职务；要求公司主要领导人购买人身保险等。

4）银行借款筹资的优缺点

银行借款筹资的优点是：筹资速度快；借款成本低；借款弹性大；可以发挥财务杠杆作用。其缺点是：筹资风险高；限制条款多；筹资数量有限。

4.3.2 发行公司债

公司债是经过相关管理部门的核准，准予在证券市场上发行公司债券的形式筹集资本金的一种方式，公司债属于债务性资本，负有按期偿还本金和利息的义务。

1）公司债的种类

公司债按照不同的分类标准，可以有以下不同的分类。

(1) 按照有无抵押担保品，可以分为信用债券和抵押债券。信用债券又称为无担保债券，没有特定资产作抵押品和担保，完全凭发行公司的信用状况发行。因此，只有信用状况优良的公司才可以发行，其利率一般高于担保债券。

抵押债券是指公司以某种资产作为担保抵押发行的债券。根据担保抵押品不同，可以分为不动产抵押债券、信托抵押债券和设备信托抵押债券。不动产抵押是指以土地、建筑物等不动产作为抵押；信托抵押是指以实际资产之外的证券类资产作为抵押担保品；设备信托抵押债券是指为购买大型设备而发行，借款人只有在偿还债务之后才能取得设备的所有权。

(2) 按照债券是否记名，可以分为记名债券和无记名债券。记名债券是指在债券上注明债权人姓名，同时在发行公司的债权人名册上登记的债券。记名债券转让时，除了要交付债券外，还需要在债券上背书，在公司债权人名册上更换债权人姓名。

无记名债券是指债券票面上未注明债权人姓名，也不用在债权人名册上登记债权人姓名的证券。无记名债券的转让可以立即生效，无须背书，便于交易。

(3) 按照是否可以赎回，可以分为可赎回债券和不可赎回债券。可赎回债券是指发行公司可以按照发行时规定的赎回条款，依一定的条件和价格在公司认为合适的时间收回的债券。一般而言，为了提升购买者乐意赎回的积极性，债券的赎回价格要高于债券面值，高出部分称为“赎回溢价”。

(4) 按照利率是否固定，可以分为固定利率债券和浮动利率债券。固定利率债券是指债券的利息率在债券期限内是固定的，大多数债券都是固定利率债券的形式。浮动利率债券的利息率在整个债券期限内，随着市场利率的变化而变化。浮动利率债券一般选择某一种具有代表性的利率作为标准利率，债券发行者规定债券利率随着标准利率的浮动而变化。

(5) 其他分类，如无息债券、收益债券、附认股权债券等。无息债券是指债券票面上不表明利率，发行时按折价发行，到期按照票面金额偿还本金的债券。无息债券的收益就是债券面值与发行价格的差额。

收益债券是指只有在公司盈利时才支付利息给投资人的债券。收益债券具有累积性质，即某一投资人在特定年度未支付的利息可以累积起来。如果公司确实盈利，必须在盈利范围内支付累积利息，但累计期限一般不超过 3 年。

附认股权债券是指在发行正常债券的同时，附有一份认股权证。认股权证给予债券投资人按照某一特定条件的价格购买一定数量普通股的选择权，它通常作为给予债券持有人的一种优惠，附带债券发行，以吸引潜在的长期价值投资者。

2) 债券的信用评级

公司公开发行债券，通常需要由专业的信用评级公司评定等级，信用评级的实质性含义是评价债券可以按期归还本息的可能性，债券的信用评级直接影响着公司债券发行的效果和投资者的投资选择。国际上最著名的三大信用评级公司是标准普尔、穆迪公司、惠誉国际，由于三大评级公司在全球具有良好的市场权威地位，因此三大评级公司的信用评级代表了债券质量的好坏。

以标准普尔为例，其信用评级的含义见表4-6。

表4-6 **信用等级含义**

信用级别	级别分类	表示符号	含义
一等	高质量	AAA	具有极高的还本付息能力，投资者没有风险
	高级	AA	还本付息能力很高，投资者的风险很小
	中上级	A	具有一定的还本付息能力，投资者风险较低
二等	中级	BBB	具有一定的还本付息能力，但通常需要一定的保护措施，投资者需要承受一定的风险
	中下级	BB	被判断为有投机性质的因素，还本付息能力低，投资者风险较大
	下级	B	不具备理想的投资条件，还本付息能力低，投资风险很大
三等	完全投机级	CCC	还本付息能力很低，有可能违约，投资风险极大
	最大投机级	CC	还本付息能力极低，投资风险最大
	最低等级	C	没有还本付息能力，投资者面临绝对风险

3）债券的发行方式

各国公司法都规定债券发行必须具备一定条件，和股票发行一样，债券发行也有公募和私募发行两种。公募发行是指发行债券公司通过承销团向社会公开发售债券，是世界通行模式和惯例，我国公司法要求采取公募发行，即由具有证券承销资格的证券公司承销发行。私募发行是指由发行公司直接将债券发售给投资者，这种方式受到限制较多，一般很少采用。

4）债券的发行价格

如果不考虑其他情况，由于债券的票面利率和市场实际利率不一定一致，债券的发行价格就会有平价发行、溢价发行和折价发行三种方式。平价发行是指发行价格等于债券的面值，又称之为面值发行；溢价发行是指发行价格高于债券面值；折价发行是指发行价格低于债券面值。

实际上，债券的发行价格除了受票面利率和实际利率影响外，还受到债券面值、期限、债券信用等级等各类因素影响。

5）债券筹资的优缺点

债券筹资的优点是：成本较低，债券利息可以在税前支付，具有抵税作用；债券具有财务杠杆的作用，当公司资本收益率高于债券利率时，可以为普通股股东带来更多收益；有利于主动合理地调整资本结构；可以保障股东的控制权，发行债券筹资不会稀释股票。

债券筹资的缺点是：筹资风险高，一旦不能按期支付本息，公司面临的财务风险非常大甚至可能破产；发行债券筹资限制条件多；筹资数量有限。

4.3.3 融资租赁

1）融资租赁的含义

融资租赁是租赁的一种特殊形式。租赁主要涉及到出租人和承租人两方，出租人一般是指拥有资产所有权的各种专业性租赁公司；承租人主要是指使用资产并支付租金的一方，即租赁并使用资产的各类企业。

租赁可以分为经营租赁和融资租赁两种形式。经营租赁是指由租赁公司向承租人提供租赁财产物资设备，并提供维修保养和人员培训等服务。经营租赁一般是为满足短期性的生产经营需要而采用，纳入营运资金管理的范畴。融资租赁是一种长期性的契约协议，一般由出租人支付设备的全部或绝大部分金额，或者租赁期限涵盖了租赁资产的全部或绝大部分使用寿命期间，在实质上相当于出租人向承租人提供了100%的长期信贷资产，具有借款性质。

2）融资租赁的特点

（1）融资租赁合约比较稳定，在合同有效期限内，租赁双方均无权单方面终止合同，除非租赁设备损坏或者已经实质性丧失了使用功能；

（2）一般由承租人提出租赁要求，然后由出租人融资购买设备并出租给承租人；

（3）租赁期限较长，大多数为租赁资产的有效使用寿命一半以上，一般要涵盖大部分使用期间；

（4）出租人不负责租赁资产的维修和保养，由承租人负责；

（5）租赁期满，以选择将租赁资产折价转让给承租人，或者由出租人收回或者延长租赁期间等。

3）融资租赁的特殊形式

（1）售后回租，是指租赁公司先将设备出售给出租人，然后再租回使用。这样的方式一方面可以使得承租公司出售设备取得现金收入，另一方面又可以继续使用该项设备，因此具有融资租赁的典型特征，而出租人也可以获得稳定的租金收入。

（2）杠杆租赁，是指出租人在购买价值高的租赁财产时，通常只需要支付20%～40%的价款，其余价款通过抵押方式，向金融机构贷款，然后将购进的设备出租给承租人的一种方式。在此种方式下，承租人支付的租金首先用于偿还贷款本息，剩余部分是出租人的投资报酬。如果出租人无力偿还贷款，则贷款银行享有租赁设备和租赁费用的要求权。

4）融资租赁的优缺点

融资租赁的优点是：能够快速地获取所需财产物资，增加了租赁的灵活性，可以避免设备陈旧过时的风险，租赁费用可以在税前扣除，有利于减轻公司所得税负担，提供一种新的资金来源，特别是不需要到期归还大量本金，可以适度降低公司不能偿付的风险。

融资租赁的缺点是：租赁成本高，一般租金总额要超过设备价值的 30% 左右，丧失了资产残值收入，租赁的资产改良限制条件多。

4.3.4 商业信用

1）商业信用的含义

商业信用是企业之间由于商品和货币在时间和空间上分离而形成的一种直接信用行为，典型的表现形式是应付账款、应付票据和预收账款等。由于商业信用是在商业交易中自然形成的，一般无须额外支付融资成本。在西方国家，商业信用直接与商品交易联系，手续简便易行，是短期筹资和管理的重点内容，发达国家的商业信用占短期筹资的比重约为 40%。

2）商业信用的成本

以应付账款（对方为应收账款）为例，一般情况下，债权人为了控制应收账款的规模和期限，往往会给债务人提供一些优惠信用条件。其中，最典型的条件是“现金折扣”，即为了鼓励债务人早日付款，给予债务人早日付款的优惠折扣条件。一般用如“2/10，N/30”表示，意思就是说，如果在 10 天内付款，将会享受到优惠 2% 的折扣；如果在 10 天之后付款，则不享受折扣待遇；30 天表示正常的信用期间。

【实践应用 4-5】假定某企业购买 100 000 元的商品，对方提供的信用条件是“2/10，N/30”。如果企业放弃这种折扣优惠，则平均每天的成本为：

100 000×2%/20＝100（元/天）

如果换算成资金成本，则有：

$$放弃现金折扣的成本=\frac{折扣率}{1-折扣率}\times\frac{360}{信用期-折扣期}$$

以本例计算，放弃折扣的成本＝［2%/（1-2%）］×［360/（30-10）］＝36.7%

上述放弃折扣的成本表明：除非在 10 天内可以找到投资报酬率为 36.7% 的项目；否则，放弃折扣是得不偿失的。

3）商业信用筹资的优缺点

商业信用筹资的优点是：使用方便，一般无须特别安排，成本低，限制少。其缺点是：一般时间较短，如果发生拖欠或者放弃现金折扣，机会成本非常高，若公司缺乏信用，容易造成互相拖欠，从而严重影响资金运作。

4.4 混合筹资

所谓混合筹资是指兼具权益资本和债务资本性质特点的筹资方式，主要有优先股、认股权证、可转换证券等。

4.4.1 发行优先股

优先股是具有某些权利优先的股份，与普通股相比，具有股权性质的特征，在股利支付方面，优先股一般优先支付股利，具有债权性质的特征。

1）优先股的种类

根据优先股的具体优先权利不同，可以将优先股分为不同种类。

（1）按照是否可以累积未分配股利，可以分为累积优先股和非累积优先股。累积优先股是指在任何营业年度内未支付的股利都可以累积起来，由以后年度的盈利一起支付股利的优先股；非累积优先股是指仅按照当年的利润分配股利而不累积支付。

（2）按是否可以参加公司剩余利润分配，可以分为参与优先股和非参与优先股。参与优先股是指优先股股东不仅可以获取固定股利，而且还有权与普通股一同参与公司剩余股利分配；非参与优先股是指只能领取固定股利，不能参与公司剩余利润分配。

（3）按照是否可以转换为普通股，可以分为可转换优先股和不可转换优先股。可转换优先股是指股东有权在一定条件和期限内，按照一定比例转换为普通股；不可转换优先股是指仅仅可以获取固定股利，不能转换为普通股。

（4）按照是否可以赎回，可以分为可赎回优先股和不可赎回优先股。可赎回优先股是指在发行股票后，股份公司有权按照事先规定的价格、条件、方式收回优先股；不可赎回优先股与之相反，不能收回。

（5）按照是否具有表决权，可以分为有表决权优先股和无表决权优先股。有表决权优先股是指优先股股东有权参与公司的管理，可以参加股东大会并选举董事。实际工作中这种股票不多见，有永久性表决权、临时性表决权和特别表决权之分。

（6）按照股利是否可以调整，可以分为可调整优先股和不可调整优先股。可调整优先股是指股利利率可以结合某种实际情况进行调整，股利不固定。

2）优先股筹资的优缺点

优先股筹资的优点是：一般股利支付是固定的，也可以暂时不支付股利；可以保持普通股的控制权；一般没有到期日，不用偿还本金；属于自有资本，可以适度增强公司的信用。

优先股筹资的缺点是：筹资成本较高，股利在税后支付，不能获得抵税的好处；发行优先股的限制条件很多；股利可能形成一项固定的财务负担。

4.4.2 发行可转换债券

可转换债券在现实中非常普遍，是指按照规定的条件可以转换为普通股。

1）可转换债券的特征

（1）期权性：可转换债券的期权性体现在给予投资者的选择权上。在规定的期限内，投资者可以选择是否转换为普通股，也可以选择放弃转换权利。

（2）可赎回性：可转换债券一般都有赎回条款，规定发行公司在可转换债券转换前，按照一定条件赎回。规定赎回条件的目的是迫使投资者将可转换债券转换为股票。

（3）双重性：可转换债券在转换前，属于债券性质。若投资者选择不转换，则发行公司到期必须无条件支付本金和利息。投资者如果按照约定条件转换为普通股，就成为公司股东。

2）转换价格

转换价格=债券面值÷转换比率

【实践应用4-6】某公司发行面值为1 000元的可转换债券，规定每张债券转换为20股普通股，即转换比率为20，则转换价格为：

1 000÷20=50（元）

3）可转换债券的优缺点

可转换债券的优点是：发行初期的资本成本较低；通过发行可转换债券为公司提供了一种以高于当期股价发行新股的可能性。其缺点是：如果公司股票价格大涨，会减少公司的筹资数量；一旦投资者选择转换为普通股，资金成本会丧失；当投资者选择转换后，每股收益将会稀释下降；一旦发行后股价没有上涨到吸引投资者转换股票的程度时，投资者不会转换，从而形成“呆滞债券”，增加公司财务风险。

4.4.3 发行认股权证

1）认股权证的概念

认股权证是以股票或其他某种类型证券为标的物的一种长期买进期权，是一种长期激励手段。其主要特征是：

（1）认股权证实质上是给予持有者的一种期权，持有者既可以在将来实施这种权利，也可以不实施这种权利。

（2）认股权证经常和公司的其他证券一起发行，用以增加发行证券对投资者的吸引力。

（3）可分离性：一般情况下，认股权证同原有的证券是分离的，发行以后可以脱离基础证券交易，且具有一定的市场价值。

（4）认股权证的持有者一般不参加公司股利分配，也没有对公司的控制权和投票权，对公司的资产和收入也没有要求权。

2）认股权证的作用

公司发行认股权证，主要是吸引投资者购买证券。由于认股权证赋予投资者的是一种选择权，可以有效刺激投资者的购买欲望，有利于筹集所需资金。另外，公司发行认股权证，还可以额外的筹集到一笔资金，增强公司的资本实力和运营能力。

本章小结

本章主要讲授筹资形式的分类和筹资渠道的配合关系，筹资原则和筹资数量预测需求方法，最后讲解了各类筹资方式的具体内容。

筹资形式可以按照筹资渠道不同分类，按照资本性质不同分为权益资本和债务资本；按照期限不同分为长期资本和短期资本；按照来源不同分为外部资本和内部资本；按照是否需要借助金融部门中介分为间接筹资和直接筹资。

企业筹资渠道主要是政府财政资金、银行信贷资金、非银行金融机构资金、其他法人资本、民间资本、企业内部资金和外商投资资本金等形式。筹资形式和渠道相互配合，往往某种类型的筹资渠道配合一定的筹资形式。

企业筹资必须遵循效益性、合理性、及时性、合法性等原则，要避免盲目筹资，需要预测资金需要使用量，常见的方法是因素分析法、销售百分比法。需要考虑的因素是企业经营规模、注册资本的法律要求和资本结构的需求等。

权益资金的筹集方式主要有吸收直接投资、发行股票两种。股票可以依据不同的标准进行分类，涉及面广，影响大，发行方式和要求复杂。负债资金的筹集方式主要是银行长短期借款、发行债券、融资租赁、商业信用等形式，其中发行债券的要求和影响大，债券的信用评级决定了债券的质量。混合型筹资主要有发行优先股、可转换债券、认股权证等形式，混合筹资兼具有权益性资金和负债资金的优点，是一种高级的筹资方式。

思考题

1. 分析说明各类筹资渠道和筹资方式的匹配关系及选择。
2. 分析股权筹资和债权筹资的区别和联系。
3. 说明销售百分比法预测筹资的方法。
4. 举例说明银行借款的各类条件应用。
5. 思考混合筹资的优缺点和应用前景。
6. 债权的种类有哪些？各有什么优缺点？
7. 为何债券的信用评级对市场影响巨大？
8. 股票的发行程序主要有哪些？各类销售方式有什么优缺点？

练习题

一、单项选择题

1. 按(　　)，可以将筹资分为直接筹资和间接筹资。

A. 企业所取得资金的权益特性不同　　B. 筹集资金的使用期限不同

C. 是否以金融机构为媒介　　D. 资金的来源范围不同

2. 下列各项中，吸收直接投资与债务筹资相比，其优点是(　　)。

A. 资本成本低　　B. 企业控制权集中

C. 财务风险低　　D. 有利于发挥财务杠杆作用

3. 相对于股权融资而言，长期银行借款筹资的优点是(　　)。

A. 财务风险小　　B. 筹资规模大　　C. 限制条款少　　D. 资本成本低

4. 出租人既出租某项资产，又以该项资产为担保借入资金的租赁方式是(　　)。

A. 直接租赁　　B. 售后回租　　C. 杠杆租赁　　D. 经营租赁

5. 某企业计划发行面值为 1 000 元的可转换债券，如果确定的转换价格越高，债券能转换为普通股的股数(　　)。

A. 越多　　B. 越少　　C. 不变　　D. 不确定

6. 下列有关可转换债券筹资的特点，表述不正确的是(　　)。

A. 可节约利息支出　　B. 筹资效率高

C. 存在不转换的财务压力　　D. 股价大幅度上扬时，可增加筹资数量

7. 下列关于认股权证的特点，表述错误的是(　　)。

A. 认股权证是一种融资促进工具

B. 认股权证有助于改善上市公司的治理结构

C. 作为激励机制的认股权证有利于推进上市公司的股权激励机制

D. 认股权证是一种拥有股权的证券

8. ABC 公司 2011 年资金平均占用额为 500 万元，经分析，其中不合理部分为 20 万元，预计 2012 年销售增长 8%，但资金周转下降 3%。则预测 2012 年资金需要量为(　　)万元。

A. 533.95　　B. 556.62　　C. 502.85　　D. 523.8

9. A 公司 2011 年的经营性资产为 680 万元，经营性负债为 260 万元，销售收入为 1 200 万元，经营性资产、经营性负债占销售收入的百分比不变，预计 2012 年销售增长率为 10%，销售净利率为 10%，股利支付率为 75%，则 2012 年需要从外部市场筹集的资金为(　　)万元。

A. 6　　B. 7　　C. 8　　D. 9

10. 某公司普通股目前的股价为 20 元/股，筹资费用率为 4%，刚刚支付的每股股利为 1 元，已知该股票的资本成本率为 9.42%，则该股票的股利年增长率为(　　)。

A. 4%　　B. 4.2%　　C. 4.42%　　D. 5%

二、多项选择题

1. 下列筹资方式中，不属于衍生工具筹资的有(　　)。

A. 商业信用　　B. 认股权证　　C. 可转换债券　　D. 融资租赁

2. 筹资管理应遵循的原则有(　　)。

A. 分析生产经营情况，正确预测资金需要量

B. 合理安排筹资时间，适时取得资金

C. 研究各种筹资方式，优化资本结构

D. 遵循国家法律法规，合法筹措资金

3. 下列各项中，属于吸收直接投资的有(　　)。

A. 吸收国家投资　　B. 吸收债权人投资

C. 吸收外商直接投资　　D. 吸收社会公众投资

4. 上市公司引入战略投资者的主要作用有(　　)。

A. 优化股权结构，健全公司法人治理

B. 提升公司形象，提高资本市场认同度

C. 降低资本成本，提高公司盈利能力

D. 加快实现公司上市融资的进程

5. 下列各项中，留存收益与普通股筹资方式相比，其特点有(　　)。

A. 筹资数额有限　　B. 筹资费用高

C. 不会稀释原有股东控制权　　D. 资金成本低

6. 银行借款按企业取得贷款用途划分，不包括(　　)。

A. 信用贷款　　B. 担保贷款　　C. 专项贷款　　D. 基本建设贷款

7. 相对于一次偿还债券来说，分批偿还债券的特点有(　　)。

A. 发行费较高　　B. 发行费较低

C. 便于发行　　D. 是最为常见的债券偿还方式

8. 相对于利用银行借款购买设备而言，通过融资租赁方式取得设备的主要优点有(　　)。

A. 延长资金融通的期限　　B. 限制条件较少

C. 免遭设备陈旧过时的风险　　D. 资本成本低

9. 采用销售百分比法预测资金需要量时，下列项目中被视为不随销售收入的变动而变动的有(　　)。

A. 现金　　B. 应付票据　　C. 短期借款　　D. 公司债券

10. 下列各项资金占用中，属于不变资金的有(　　)。

A. 直接构成产品实体的原材料　　B. 直接构成产品实体的外购件

C. 厂房、设备　　D. 原材料的保险储备

三、判断题

1. 企业进行筹资时，首先应利用内部筹资，然后再考虑外部筹资。　(　　)

2. 根据我国《公司法》等法律法规的规定，投资者可以采取货币资产和非货币资产两种形式出资，全体投资者的货币出资金额不得低于公司注册资本的30%。　(　　)

3. 《公司法》规定，投资者可以用实物、知识产权、设定担保的财产等非货币财产作价出资。　(　　)

4. 普通股股东依法享有公司重大决策参与权、优先认股权、优先分配剩余财产权、股份转让权等。　(　　)

5. 与普通股股票筹资相比，留存收益筹资的特点是财务风险小。　(　　)

6. 限制企业非经营性支出，如限制购入股票和职工加薪的数额规模，属于银行借款的一般性保护条款。　(　　)

7. 如果企业在发行债券的契约中明确规定了有关允许提前偿还的条款，则当预测利率上升时，一般应提前赎回债券。　(　　)

8. 可转换债券的票面利率一般会低于普通债券的票面利率，有时甚至还低于同期银行存款利率。　(　　)

9. 在财务管理中，以有关项目基期年度的平均资金需要量为基础，根据预测年度的生产经营任务和资金周转加速的要求，进行分析调整，来预测资金需要量的一种方法称为资金习性预测。（ ）

10. 销售百分比法的优点是能为筹资管理提供长期预计的财务报表，以适应外部筹资需要。（ ）

四、计算分析题

1. 某企业向银行借入一笔长期借款，借款年利率为 10%，借款手续费率为 2%，所得税率为 25%。试计算该银行借款成本。

2. 某公司留存收益 200 万元，上一年公司对外发行普通股的股利率为 14%，预计股利每年增长率为 5%。试计算该公司留存收益成本。

第5章

资金成本与资本结构

学习目标

理论目标：(1) 理解资金成本的概念与作用；(2) 掌握经营杠杆和财务杠杆理论；(3) 了解资本结构理论的主要理论观点。

实践目标：(1) 熟练掌握个别资本成本、综合资本成本的计算方法；(2) 熟练掌握经营杠杆、财务杠杆、复合杠杆的计算方法及其应用；(3) 掌握资本结构决策的主要方法及其应用。

5.1 资金成本

5.1.1 资金成本的含义和作用

资金成本指企业为筹集和使用资金而付出的代价，包括资金筹集费和资金使用费两部分。资金筹集费指在资金筹集过程中支付的各项费用，如向银行借款的手续费，发行股票、债券等证券的印刷费、资信评估费、公证费、宣传费等；资金使用费指在占用和使用资金过程中向资金提供者支付的有关报酬，如银行借款的利息、债券的利息、股票的股利等。一般而言，资金筹集费在企业筹集资金时一次性发生，而资金使用费则在企业使用资金的各个期间重复发生。

资金成本对于企业筹资管理、投资管理乃至整个经营管理都有重要意义。具体而言，资金成本的作用包括：

1）资金成本是企业选择资金来源、比较筹资方式的依据

企业的资金可以从不同的渠道、以不同的方式来筹集，而来源不同、筹资方式不同的资金，其资金成本是不同的，不同的筹资组合下，资金成本也不相同。尽管资金成本不是企业确定筹资方案的唯一依据，但从经济角度考虑，企业还是应当选择资本成本较低的方案，以减轻企业在投资阶段的压力，并提高投资净收益。

2）资金成本是评价投资项目、决定投资取舍的重要标准

一个投资项目只有在其投资收益率高于其资本成本率时，它在经济上才具有可行性。

3）资金成本是衡量整个企业经营业绩的重要尺度

企业可以将资金成本与运用资金所获取的经营收益相对比，如果所获收益大于资金成本，或相应的利润率大于资金成本率，说明企业经营业绩良好；反之，则说

明企业经营不利，业绩不佳，需要改善经营管理。

需要注意的是，资金成本有广义和狭义之分。广义的资金成本既包括短期资金的成本也包括长期资金的成本，狭义的资金成本仅指长期资金的成本。由于长期资金也被称为资本，所以长期资金成本也被称为资本成本。本章主要以长期资金成本为学习对象。

5.1.2 个别资本成本的计量

个别资本成本是指企业采用不同筹资方式时所确定的某种资本的成本，主要有借款资本成本、债券资本成本、优先股资本成本、普通股资本成本和留存收益资本成本。前两者可统称为负债资本成本，后三者可统称为权益资本成本。个别资本成本主要用于比较各种筹资方式的优劣。它们的计算方法如下：

1）借款资本成本

借款资本成本主要包括借款利息和手续费等筹资费用。借款利息应计入税前成本费用，可起到抵减所得税的作用，所以，应以税后的债务成本为依据来计算借款资本成本。公式为：

$$K_1=\frac{I_1\cdot\ (1-T)}{L\cdot\ (1-F_1)}=\frac{R_1\cdot L\cdot\ (1-T)}{L\cdot\ (1-F_1)}=\frac{R_1\cdot\ (1-T)}{(1-F_1)}$$

式中：K_1 为借款资本成本率；I_1 为借款年利息额；F_1 为借款的筹资费用率；R_1 为借款年利息率；L 为借款本金；T 为所得税率。

当借款的筹资费用（主要是借款的手续费）很少时，也可以忽略不计。

则上列公式可表示为：$K_1=R_1\cdot\ (1-T)$

【实践应用 5-1】某企业取得长期借款 500 万元，年利率 10%，期限 5 年，每年付息一次，到期一次还本。筹措该笔资金的费用率为 0.5%，企业所得税率为 25%。则该笔资金的成本率为：

$$\frac{500\times10\%\times\ (1-25\%)}{500\times\ (1-0.5\%)}=\frac{10\%\times\ (1-25\%)}{(1-0.5\%)}\approx7.54\%$$

需要说明的是，上述计算借款资本成本的方法比较简单，但由于没有考虑资金的时间价值，计算结果不是十分精确。所以，如果对资本成本计算结果的精度要求比较高，可采用考虑时间价值的公式计算，根据相关的现金流量情况来计算长期借款资本成本。其公式为：

$$L\ (1-F_1)\ =\ \sum_{t=1}^{n}\frac{I_t}{(1+K)^t}+\frac{L}{(1+K)^n}$$

$$K_1=K\cdot\ (1-T)$$

式中：K 为所得税前借款成本率；K_1 为所得税后借款成本率。

【实践应用 5-2】沿用实践应用 5-1 资料，若考虑资金的时间价值，则该项借款的资本成本率计算如下：

首先计算税前借款资本成本率：

$$L(1-F_1)=\sum_{t=1}^{n}\frac{I_t}{(1+K)^t}+\frac{L}{(1+K)^n}$$

$$500\times(1-0.5\%)=\sum_{t=1}^{5}\frac{500\times10\%}{(1+K)^t}+\frac{500}{(1+K)^5}$$

$$497.5=50\times(P/A,K,5)+500\times(P/F,K,5)$$

通过逐步测试得，

当 $K=10\%$ 时，$50\times(P/A,K,5)+500\times(P/F,K,5)=499.99$

当 $K=11\%$ 时，$50\times(P/A,K,5)+500\times(P/F,K,5)=481.545$

运用插值法得，

$$K=10\%+\frac{499.99-497.5}{499.99-481.545}\times(11\%-10\%)\approx10.135\%$$

然后计算税后借款资本成本率：

$$K_1=10.135\%\times(1-25\%)\approx7.60\%$$

2）债券资本成本

债券资本成本主要包括债券利息和筹资费用。类似于借款利息，债券利息应计入税前成本费用，可起到抵减所得税的作用，所以，应以税后成本为依据来计算债券资本成本。公式为：

$$K_b=\frac{I_b\cdot(1-T)}{B_0\cdot(1-F_b)}=\frac{B\cdot i\cdot(1-T)}{B_0\cdot(1-F_b)}$$

式中：K_b 为债券资本成本率；I_b 为债券年利息额；F_b 为债券的筹资费用率；B_0 为债券筹资额；B 为债券面值；i 为债券的票面年利息率；T 为所得税率。

【实践应用 5-3】某公司发行总面额为 1 000 万元 10 年期的债券，票面利率 10%，发行费用率为 5%，所得税率为 25%，债券发行价格为 1 200 万元。则该债券成本率为：

$$K_b=\frac{1\,000\times10\%\times(1-25\%)}{1\,200\times(1-5\%)}\approx6.58\%$$

说明：若将资金时间价值考虑在内，债券资本成本率与长期借款资本成本率一样，需要结合逐步测试法和插值法进行计算。

3）优先股资本成本

优先股发行时要支付发行费用，其股息是固定的，且股息由税后净利润支付，不具有抵减所得税的作用。根据股息固定的股票价格公式，优先股资本成本率的计算公式为：

$$K_p=\frac{D_p}{P_p\cdot(1-F_p)}$$

式中：K_p 为优先股资本成本率；D_p 为年优先股股利；P_p 为优先股股票价格；F_p 为优先股发行费率。

【实践应用 5-4】某公司发行优先股，每股发行价格为 110 元，面值为 100 元，年股息率为 12%，发行费率为发行价格的 2.5%。则该优先股资本成本率为：

$$K_p=\frac{100\times12\%}{110\times(1-2.5\%)}\approx11.19\%$$

4）普通股资本成本

普通股资本成本的确定与优先股基本相同，所不同的是：普通股股利受到企业经营各方面直接或间接的影响，它一般是不固定的，甚至变化很大，这样预期确定的资本成本只可能是一个估计值。其测算方法一般有三种：股利折现模型、资本资产定价模型、风险溢价法。

（1）股利折现模型

股利折现模型的基本形式是：

$$P_c-F_c=P_c\cdot(1-f_c)=\sum_{t=1}^{\infty}\frac{D_t}{(1+K_c)^t}$$

式中：P_c 为普通股发行价格；F_c 为普通股每股发行费用；f_c 为普通股筹资费用率；D_t 为普通股第 t 年的股利；K_c 为普通股资本成本率(即必要报酬率)。

运用上述模型测算普通股资本成本率，在不同的股利政策下，其具体计算有所不同：

①固定股利政策下普通股资本成本的计算

假设每年分派的现金股利为 D 元，则普通股资本成本率为：

$$K_c=\frac{D}{P_c-F_c}=\frac{D}{P_c\cdot(1-f_c)}$$

【实践应用 5-5】某公司拟发行一批普通股，发行价格 12 元，每股发行费用 2 元，预定每年分派现金股利 1.5 元/股。则普通股资本成本率为：

$$K_c=\frac{1.5}{12-2}=15\%$$

②固定增长股利政策下普通股资本成本的计算

$$K_c=\frac{D_1}{P_c-F_c}+g=\frac{D_1}{P_c\cdot(1-f_c)}+g$$

式中：D_1 为第 1 年股利；g 为股利固定增长率。

【实践应用 5-6】某公司准备增发普通股，每股发行价格为 13 元，发行费用 3 元，预定第 1 年分派现金股利为 1.5 元/股，以后每年股利增长 4%。则普通股资本成本率为：

$$K_c=\frac{1.5}{13-3}+4\%=19\%$$

（2）资本资产定价模型

资本资产定价模型可简单地描述为，普通股投资的必要报酬率等于无风险报酬率加上风险报酬率。其计算公式为：

$$K_c=R_f+\beta\cdot(R_m-R_f)$$

式中：R_f 为无风险报酬率；R_m 为市场报酬率；β 为该种股票的贝塔系数。

【实践应用 5-7】已知某股票的 β 值为 1.5，市场报酬率为 12%，无风险报酬率为 7%。则该股票的资本成本率为：

$$K_c=7\%+1.5\times(12\%-7\%)=14.5\%$$

(3) 风险溢价法

一般而言，普通股股东的投资风险大于债券投资者，根据投资领域“风险越大，要求的报酬率越高”这一原理，普通股股东要求的报酬率可以通过在债券投资者要求的收益率的基础上加上一定的风险溢价得出。其计算公式为：

$$K_c = K_b + RP_c$$

式中：K_b为债券资本成本率；RP_c为股东所要求的风险溢价。

上式中的K_b可以按前文介绍的方法得出，而RP_c并无直接的计算方法，通常是采用经验数据。资本市场经验数据表明，公司普通股的风险溢价对公司自己的债券来讲，大部分在3%～5%之间。

风险溢价法与资本资产定价模型非常相似，两者都考虑股东要求的风险报酬，只是采用的起点不同：资本资产定价法以无风险报酬率为起点，而风险溢价法以债券投资者要求的收益率为起点。它们在估计风险溢价时都带有一定的主观性，但资本资产定价模型的理论基础比较完善，而风险溢价法则具有应用简便的优点。

5) 留存收益资本成本

留存收益的实质是企业所有者向企业追加的投资。企业利用留存收益筹资无须发生筹资费用，但企业利用留存收益筹资仍然是有成本的，这种成本表现为股东追加投资要求的报酬率。如果企业运用留存收益进行再投资所获得的收益率低于股东自己进行一项相似的项目投资所获得的收益率，企业就应该将其分配给股东，而不是留在企业。因此，留存收益资本成本的计算可采用与计算普通股资本成本相同的方法，只是在计算时不用考虑筹资费用。

5.1.3 加权平均资本成本的计量

1) 加权平均资本成本的概念及其计算

加权平均资本成本又称综合资本成本，是企业全部长期资金的个别资本成本以各种资金占全部资金的比重为权数进行加权平均得到的企业全部长期资金的总成本。它通常用于资本结构的决策。其计算公式为：

$$K_w = \sum_{j=1}^{n} K_j W_j$$

式中：K_w为加权平均资本成本；K_j为第j种个别资本成本；W_j为第j种企业个别资本占全部资本的比重。

2) 权数的选择

在计算上述公式中的个别资本占全部资本的比重时，可以分别选择账面价值、市场价值、目标价值来计算，所得到的权数可以依次称为账面价值权数、市场价值权数、目标价值权数。

选用账面价值计算权数的优点是资料容易获取，但据此计算出来的加权平均资本成本可能与实际有较大差异，从而易误导筹资决策，在股票、债券的市场价格发生较大变动时尤其如此。

以市场价值权数为基础计算得到的加权平均资本成本能反映企业当前的实际情况。同时，为弥补证券市场价格变动频繁的不便，也可以选用平均价格。

目标价值权数是指债券、股票以预计的未来的目标市场价格为基础确定的权数。这种权数能体现期望的资本结构，而不是像账面价值权数和市场价值权数那样仅反映过去和现在的资本结构，所以，按目标价值权数计算的加权平均资本成本更适用于企业筹措新资金。但由于企业很难客观合理地确定证券的目标价值，所以这种计算方法不宜推广。

【实践应用5-8】某公司的长期资金共1 000万元，其中长期借款150万元，长期债券250万元，普通股500万元，保留盈余100万元；其个别资本成本分别为6.5%、7.2%、12.31%、10.65%。该企业的加权平均资本成本为：

$$K_w = 6.5\% \times \frac{150}{1\ 000} + 7.2\% \times \frac{250}{1\ 000} + 12.31\% \times \frac{500}{1\ 000} + 10.65\% \times \frac{100}{1\ 000} = 9.995\%$$

在实际工作中，企业不可能只采用某种单一的筹资方式，而是通过多种筹资方式的组合来满足其资金需求。在确定最佳筹资方案的过程中，往往需要比较不同方案的加权平均资本成本，并选择其中综合资本成本最低的方案。

5.2 杠杆原理

5.2.1 杠杆效应的基本原理

企业在确定最优资本结构时，不仅要考虑资本成本，还要考虑筹资风险。杠杆原理就是用以帮助确定筹资风险的一种理论。财务管理中的杠杆效应表现为：由于特定的固定性费用的存在而导致的，当某一财务变量以较小幅度变动时，另一相关变量会以较大幅度变动。所谓特定的固定性费用，一般包括两类：一类是固定性生产经营成本；另一类是固定的财务费用。

由此，财务管理中有两种最基本的杠杆：一种是由固定性生产经营成本而产生的经营杠杆；另一种是由固定的财务费用而引起的财务杠杆。杠杆效应的存在，使得企业有可能通过利用固定费用来增加获利能力。下面我们首先熟悉相关概念，然后分别学习经营杠杆、财务杠杆和复合杠杆。

5.2.2 成本习性及相关指标

1）成本习性

所谓成本习性，是指成本总额与业务量之间在数量上的依存关系。按成本习性可把企业的全部成本划分为三类：固定成本、变动成本和混合成本。

需要强调的是，实际工作中的“业务量”既可以理解为“产量”又可以理解为“销量”。就某一具体的会计期间而言，其“产量”往往不等于“销量”，即存在着“产销不一致”的情况。但实际分析的过程中，为了简化，我们常常假设“产销一致”，即当期的产量与当期的销量相等。因此，本节将业务量表述为“产量”、“销量”或“产销量”，它们的内涵是相同的。

（1）固定成本。固定成本是指其总额在一定时期和一定业务量范围内不随业务量发生任何变动的那部分成本，例如管理人员工资、折旧费等。对于固定成本，需要注意两点：其一，固定成本中的“固定”是就成本总额而言的，若就单位产品成本而言，由于随着业务量的增加，固定成本将被分配给更多数量的产品，因而单位产品成本中的固定成本将逐渐减少；其二，固定成本必须和一定时期、一定业务量联系起来进行分析，没有绝对不变的固定成本。

（2）变动成本。变动成本是指在一定时间和一定业务量范围内其总额随着业务量成正比例变动的那部分成本，例如直接材料、直接人工等。对于变动成本，也需要注意两点：其一，变动成本中的“变动”是就成本总额而言，若就单位产品中的变动成本而言，则是不变的；其二，变动成本同业务量之间成正比例变动的关系是有一定范围的，超过一定范围，变动成本同业务量之间的比例关系可能会改变。

（3）混合成本。混合成本是指其总额虽然随业务量变动而变动，但其变动幅度并不同业务量的变动保持同比例关系的那部分成本。也就是说，混合成本兼有固定成本和变动成本两种特性。具体又有两类主要的混合成本：半变动成本和半固定成本。

①半变动成本。半变动成本通常有一个类似于固定成本的初始量，在这个初始量的基础上成本总额随业务量的增长而增长，此时成本总额的变动又类似于变动成本。

例如日常生活中的电话费，通常每个月都有一个基本电话费（指即使某月一次电话都没有打也需要交的那一部分固定的电话费），在这个基本电话费的基础上，每多打一分钟电话，就会多交一分钟的话费。此处的话费总额就是半变动成本。

半变动成本如图 5-1 所示。

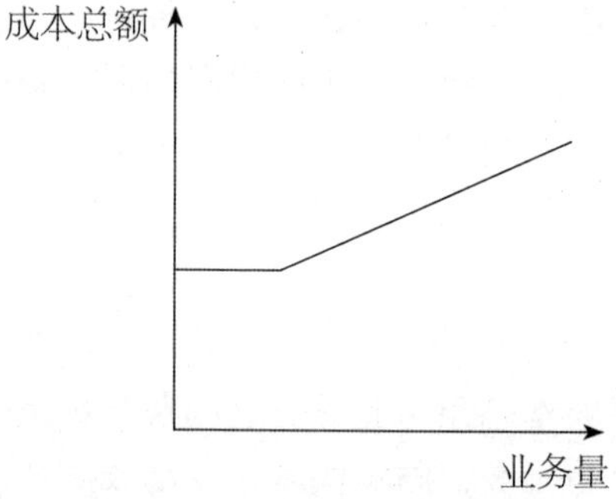

图 5-1　半变动成本示意图

②半固定成本。半固定成本的总额随业务量的变动而呈阶梯状增长，即当业务量在一定范围内，其成本总额保持不变，但当业务量增长到一定限度，成本总额就会发生变动。

例如企业质检员、保养工的工资一般都属于这种成本。假如质检员检查产品数量在1 000件以内工资是2 000元，一旦产品数量超出1 000件，在1 000～2 000件范围之内，工资增加200元，一旦产品数量超出2 000件，在2 000～3 000件范围之内，工资再增加200元或更多。

半固定成本如图5-2所示。

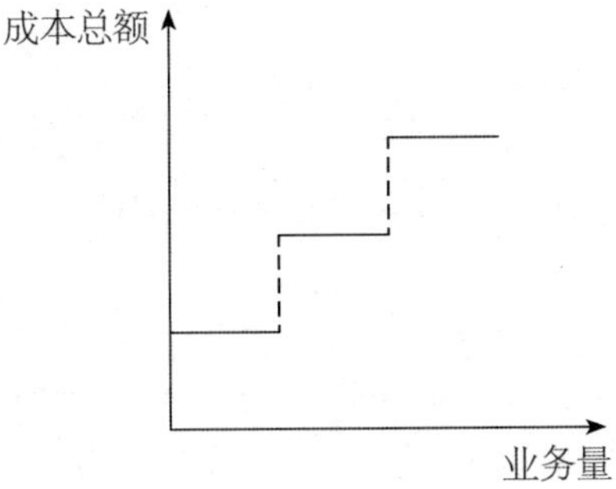

图5-2　半固定成本示意图

混合成本是一种过渡性的分类，最终总可以通过一定的方法分解为固定成本和变动成本两类。因此，企业的总成本都可以分成两部分，包括固定成本和变动成本。成本总额可以用如下直线方程式表示：

$$y=a+bx$$

式中：y为总成本；a为固定成本总额；b为单位变动成本；x为业务量。

2）边际贡献、边际贡献率、变动成本率

边际贡献是指销售收入减去变动成本后的差额，通常被称作“毛利”。其计算公式为：

$$M=S-V=p\cdot q-v\cdot q=(p-v)\cdot q=m\cdot q$$

式中：M为边际贡献总额；S为销售收入；V为变动成本；v为单位变动成本；p为销售单价；q为销售数量；m为单位边际贡献。

边际贡献率是指边际贡献在销售收入中所占的百分比。变动成本率是指变动成本在销售收入中所占的百分比。它们的计算公式如下：

$$m'=\frac{M}{S}\times100\%=\frac{m}{p}\times100\% \qquad v'=\frac{V}{S}\times100\%=\frac{v}{p}\times100\%$$

式中：m′为边际贡献率；v′为变动成本率。

显然，由于销售收入S可以被分为变动成本和边际贡献两部分，所以变动成本率和边际贡献率之间是一种互被的关系，则有：

边际贡献率+变动成本率=1

3）息税前利润

息税前利润是指企业支付利息和缴纳所得税之前的利润。

息税前利润=销售收入-成本总额=销售收入-变动成本-固定成本

其中，固定成本通常又可以分为经营性固定成本和财务费用。

所以，息税前利润的计算公式可表示如下：

$$EBIT=S-V-F=p\cdot q-v\cdot q-F=(p-v)\cdot q-F=m\cdot q-F=M-F$$

式中：EBIT 为息税前利润；F 为固定成本。

4）普通股每股收益

普通股每股收益又称每股盈余、每股税后利润，是指税后利润与普通股股数的比率，若有优先股，还应先从税后利润中减去优先股股利。普通股每股收益的计算公式为：

$$EPS=\frac{(EBIT-I)\times(1-T)-d}{N}$$

式中：EPS 为每股收益；I 为利息；d 为优先股股利；N 为普通股股数。

5.2.3 经营杠杆

1）经营风险

经营风险是指企业因经营上的原因而导致利润变动的风险，尤其是指在业务量下降的情况下，由于经营杠杆的存在而使息税前利润以更大幅度下降的风险。

经营杠杆又称营业杠杆，是指由于企业经营成本中存在固定成本而使得息税前利润变动幅度大于业务量变动幅度的现象。虽然经营风险的影响因素有市场需求、产品价格、产品成本、固定成本等诸多方面，但其中尤为值得注意的是固定成本因素。如果不存在固定成本，所有成本都是变动的，那么，边际贡献就是息税前利润，这将会使得息税前利润的变动率与业务量变动率完全一致。但实际上一般都会有固定成本存在。在其他条件不变的前提下，业务量的增加会降低单位产品的固定成本，从而提高单位产品的利润，使息税前利润增长率大于业务量的增长率；反之，业务量的减少会提高单位产品的固定成本，降低单位产品的利润，使息税前利润下降率大于业务量下降率。

2）经营杠杆系数

经营杠杆的大小一般用经营杠杆系数表示，它是企业息税前利润的变动率与业务量变动率之间的比率。其计算公式为：

$$DOL=\frac{\frac{\Delta EBIT}{EBIT}}{\frac{\Delta Q}{Q}}$$

式中：DOL 为经营杠杆系数；ΔEBIT 为息税前利润的变动额；ΔQ 为业务变动量。

为了便于计算，可将上述公式作如下变换：

$$\because EBIT=Q(p-v)-F$$

$$\Delta EBIT=\Delta Q(p-v)$$

$$\therefore DOL_Q=\frac{Q(p-v)}{Q(p-v)-F}$$

或 $DOL_S=\frac{S-V}{S-V-F}=\frac{S(1-v')}{S(1-v')-F}=\frac{M}{M-F}$

式中：DOL_Q 为按销售数量确定的经营杠杆系数；DOL_S 为按销售金额确定的

经营杠杆系数；Q 为销售数量；其他同前。

【实践应用 5-9】某企业的固定成本总额为 120 万元，变动成本率为 40%，当企业的销售金额分别为 400 万元、300 万元、200 万元时，企业的经营杠杆系数分别为：

（1）$DOL_1=\dfrac{400\times(1-40\%)}{400\times(1-40\%)-120}=2$

（2）$DOL_2=\dfrac{300\times(1-40\%)}{300\times(1-40\%)-120}=3$

（3）$DOL_3=\dfrac{200\times(1-40\%)}{200\times(1-40\%)-120}\to\infty$

上述（1）的计算结果表明，当销售金额为 400 万元时，息税前利润变动率是销售额变动率的 2 倍，例如，当销售额增（减）100% 时，息税前利润将增（减）200%；

上述（2）的计算结果表明，当销售金额为 300 万元时，息税前利润变动率是销售额变动率的 3 倍，例如，当销售额增（减）100% 时，息税前利润将增（减）300%；

上述（3）的计算结果表明，当销售金额为 200 万元时，企业不亏不盈（处于盈亏平衡点），此时的经营风险无穷大。

3）控制经营杠杆的途径

通过经营杠杆的计算及相关分析过程，不难看出：由于经营杠杆的存在，当企业业务量增长时，息税前利润增长得更快；反之，当企业业务量下降时，息税前利润下降得更快。前者表现为经营杠杆利益，后者表现为经营杠杆风险。一般而言，经营杠杆系数越大，企业的经营杠杆利益和风险就越高；经营杠杆系数越小，企业的经营杠杆利益和风险就越低。

企业应结合自身实际，适度控制经营风险。当其过高时，可以通过增加销售金额、降低单位产品的变动成本、降低固定成本等措施使经营杠杆系数下降，降低经营风险。

5.2.4 财务杠杆

1）财务风险

财务风险是指企业在经营活动中与筹资有关的风险，尤其是指在业务量下降的情况下，由于财务杠杆的存在而使股权资本所有者收益（通常用“普通股每股收益”衡量）比息税前利润以更快幅度下降，甚至可能导致企业破产的风险。

财务杠杆又称筹资杠杆，是指由于企业筹资成本中存在固定的利息费用而使得普通股每股收益的变动幅度大于息税前利润变动幅度的现象。企业的全部长期资本由股权资本和债权资本组成。股权资本成本是变动的，从企业所得税后的净利润中支付；而债权资本成本（主要指利息）通常是固定的，并在企业所得税前扣除。不管企业的息税前利润是多少，首先都要扣除利息等债权资本成本，然后才归属于股权资本。因而，在其他条件不变的前提下，如果息税前利润增加，普通股每股收益会以更大的幅度增加；反之，如果息税前利润减少，普通股每股收益会以更大的幅度减少。

2）财务杠杆系数

财务杠杆的大小一般用财务杠杆系数表示，它是企业普通股每股收益的变动率与息税前利润变动率之间的比率。其计算公式为：

$$DFL=\frac{\frac{\Delta EPS}{EPS}}{\frac{\Delta EBIT}{EBIT}}$$

式中：DFL 为财务杠杆系数；ΔEPS 为普通股每股收益的变动额。

为了便于计算，可将上述公式作如下变换：

$$\because EPS=\frac{(EBIT-I)\ (1-T)\ -d}{N}$$

$$\Delta EPS=\Delta EBIT\ \frac{(1-T)}{N}$$

$$\therefore DFL=\frac{EBIT}{EBIT-I}$$

式中：I 为债务年利息额；N 为流通在外普通股股数；T 为企业所得税税率。

【实践应用 5-10】某公司全部长期资本为 8 000 万元，债权资本比例为 40%，债务年利息率 10%。在息税前利润为 800 万元时，其财务杠杆系数计算如下：

$$DFL=\frac{800}{800-8\ 000\times 40\%\times 10\%}\approx 1.67$$

上述计算结果表明，普通股每股收益的变动幅度是息税前利润变动幅度的 1.67 倍。

3）控制财务杠杆的途径

通过财务杠杆系数的计算及相关分析过程，不难看出：由于财务杠杆的存在，当息税前利润增长时，每股收益增长得更快；反之，当息税前利润下降时，每股收益下降得更快。前者表现为财务杠杆利益，后者表现为财务杠杆风险。一般而言，财务杠杆系数越大，企业的财务杠杆利益和风险就越高；财务杠杆系数越小，企业的财务杠杆利益和风险就越低。

企业应结合自身实际，适度控制财务风险。当其过高时，可以通过降低资本结构中负债资金的比例来降低财务风险。

5.2.5 复合杠杆

1）复合杠杆的概念

从前述内容可知：在经营杠杆的作用下，息税前利润的变动幅度大于业务量的变动幅度；在财务杠杆的作用下，普通股每股收益的变动幅度大于息税前利润的变动幅度。如果两种杠杆共同作用，那么只要业务量稍有变动，普通股每股收益就会发生更大的变动，同时总的风险也会更高。这种由于固定性生产经营成本和固定性财务费用的共同存在而导致的普通股每股收益变动幅度大于业务量变动幅度的杠杆效应称为复合杠杆。它实质上是经营杠杆和财务杠杆综合作用所产生的一种效应。

2）复合杠杆系数

复合杠杆的大小可以通过复合杠杆系数来反映。复合杠杆系数是每股利润变动率相当于业务量变动率的倍数。它等于经营杠杆系数与财务杠杆系数的乘积。其计算公式为：

$$DTL = DOL \times DFL$$

$$= \frac{\Delta EPS/EPS}{\Delta Q/Q}$$

$$= \frac{Q\cdot(p-v)}{Q\cdot(p-v)-F-I} = \frac{M}{M-F-I} = \frac{M}{EBIT-I}$$

式中：DTL 为复合杠杆系数；其他同前。

【实践应用 5-11】某公司的经营杠杆系数为 1.5，同时财务杠杆系数为 2，则其复合杠杆系数为：

$$DTL = 1.5 \times 2 = 3$$

该计算结果表明：假设其他因素保持不变，当业务量增加（减少）100% 时，普通股每股收益增加（减少）300%。

3）复合杠杆与企业风险

通过复合杠杆系数的计算，可以看出经营杠杆与财务杠杆之间的关系及两者共同作用给企业带来的总风险。由于复合杠杆作用使普通股每股收益大幅度波动而造成的风险称为复合风险。在其他因素保持不变的情况下，复合杠杆系数越大，复合风险越大；复合杠杆系数越小，复合风险越小。

在实际工作中，企业可能通过经营杠杆与财务杠杆的适当组合，来将企业的复合杠杆系数和企业风险控制在理想的范围之内。例如，经营杠杆系数较大的公司可以在较低的程度上使用财务杠杆，经营杠杆系数较小的公司可以在较高的程度上使用财务杠杆。有时即使 DOL 和 DFL 的组合不同，却能产生相同的 DTL，这时需要企业综合考虑相关因素后再作出选择。这实质上是一个在杠杆利益与企业风险间权衡的过程。

5.3 资本结构

5.3.1 资本结构的含义

由于人们对“资本”的理解不同，因而对资本结构也有不同的解释。资本结构有广义和狭义之分。广义的资本结构泛指企业全部债务资金与股权资本的构成及比例关系。狭义的资本结构则不考虑短期负债，特指各种长期资本来源的构成和比例关系，而长期资本通常包括长期债务资本（长期借款、债券）和权益资本（股票、留存收益）。这是因为，短期资金的需要量和筹资是经常变化的，且在整个资金总量中所占的比重不稳定，故不将其列入资本结构管理范围，而作为营运资金管理。本章采用狭义资本结构概念，资本结构是指长期债务资本与权益资本的比例。

5.3.2 资本结构理论

人们对资本结构有着不同的认识，因而形成了不同的资本结构理论。资本结构理论是关于公司资本结构、资本成本与公司价值三者之间关系的理论。它是现代企业财务理论的重要内容，也是资本结构决策的理论基础。

从资本结构理论的产生和发展来看，主要有早期资本结构理论和现代资本结构理论。20 世纪 50 年代前的资本结构理论被归纳为“早期资本结构理论”，50 年代后以 MM 理论为代表的资本结构理论则被称为“现代资本结构理论”。

1）早期资本结构理论

（1）净收益理论。该理论认为，利用债务可以降低企业的综合资金成本。由于债权的投资报酬率固定，债权人有优先求偿权，所以债权投资的风险低于股权投资风险，负债资金成本率一般低于股权资金成本率。因此，负债程度越高，加权平均成本就越低。当负债比率达到 100%时，企业价值将达到最大。这种观点考虑了财务杠杆利益，但忽视了财务杠杆风险。显然，如果企业负债资金比例过高，企业财务风险就会很高，一旦企业偿债能力不足时，便会破产。因此，从总体上讲这是一种极端的资本结构理论观点。

（2）净营业收益理论。该理论认为，资本结构与企业价值无关，决定企业价值高低的关键要素是企业的净营业收益。如果企业增加成本较低的债务资金，即使债务成本本身不变，但由于债务资金增加会提高企业风险，企业权益资金成本会提高，这一升一降，相互抵消，企业的加权平均资本成本仍然保持不变。因此，不存在最佳资本结构。这种观点认识到了负债资金的运用会产生财务风险，也可能影响企业的股权资金成本率，但实际上企业的加权平均资本成本不可能是一个保持不变的量；同时，虽然公司净营业收益的确会影响公司价值，但公司价值不仅仅取决于公司净营业收益的多少。因此，这种观点也是一种极端的资本结构理论观点。

（3）传统理论。该理论认为，企业负债在一定程度以内时，股本和负债的风险都不会显著增加，权益资本成本率和负债资本成本率相对稳定，而负债一旦超过该限度，风险便会加大，权益资本成本和负债资本成本率都将上升。由此，存在某一负债比率低于 100%的资本结构，可使企业价值最大。这种观点承认确实存在一个可以使得企业价值最大的资本结构，并可以通过对财务杠杆的适度运用来获得。它实际上是对前述两种观点的一个折中。

2）现代资本结构理论

（1）MM 理论。MM 理论是莫迪格莱尼（Modigliani）和米勒（Miller）两位财务学者所开创的资本结构理论的简称。1958 年，美国的莫迪格莱尼和米勒两位教授合作发表了《资本成本、公司价值与投资理论》一文。该文深入探讨了公司资本结构与公司价值的关系，创立了 MM 资本结构理论，并开创了现代资本结构理论的研究，这两位作者也因此荣获诺贝尔经济学奖。自 MM 资本结构理论创立以来，迄今为止几乎所有的资本结构理论研究都是围绕它来进行的。MM 理论包括无公司税的 MM 理论和有公司税的 MM 理论。

无公司税的MM理论是指早期的MM理论。其理论假设包括无公司税、投资者对所有公司未来盈利及风险的预期相同、所有债务利率相同、公司为零增长型企业、公司无破产成本等诸多项。其结论包括两个命题：

其一，总价值命题。只要息税前利润相等，处于同一风险等级的任何企业，无论是负债还是无负债，它们的总价值相同，即企业的价值均由其预期息税前收益按照其风险等级所对应的贴现率贴现后决定。根据这一命题可得出以下结论：在没有税收的情况下，企业的价值与其资本结构无关，企业的加权平均资本成本只由其风险等级所决定，与资本结构也无关。

其二，风险补偿命题。负债企业的权益资本成本等于同风险等级的无负债企业的权益资本成本加上一定数量的风险报酬；风险报酬的数值相当于无负债企业的权益资本成本减去债务成本后与负债企业的债务权益比的乘积。根据这一命题可得出以下结论：企业使用债务会提高其权益资本成本，从而抵消了债务成本较低所带来的好处，对企业的价值不产生影响。上述命题称为MM资本结构无关论。平衡理论强调，企业的投资政策和融资政策是相互独立的。在没有政府税收的情况下，增加债务并不能提高公司的价值，因为负债带来的好处完全被其同时带来的风险增加所抵消，因此公司资本结构与公司价值无关。

有公司税的MM理论是指经过修正之后的MM理论。莫迪格莱尼和米勒于1963年合作发表了另一篇论文——《公司所得税与资本成本：一项修正》。该文取消了无公司所得税的假设，对原资本结构理论进行了修正，也提出了两个命题：

其一，赋税节余命题。有负债企业的价值等于具有同等风险程度的无负债企业的价值加上因负债而产生的节税利益（该节税利益是企业负债额与所得税税率的乘积）。根据该命题，当公司举债后，债务利息可以计入财务费用，形成节税利益，由此可增加公司的净收益，从而提高公司的价值。随着公司债务比例的上升即财务杠杆系数的提高，公司的价值也会提高。

其二，风险报酬命题。有负债企业的权益资本成本等于具有同等风险程度的无负债企业的权益资本成本加上一定的风险补偿，该风险补偿的高低取决于债务的比例和所得税税率。根据该命题，随着公司负债比率的提高，公司的综合资本成本会降低，公司的价值则会提高。按照修正的MM资本结构理论，公司的资本结构与公司的价值不再是无关，而是大大相关，并且公司负债比率与公司价值为正相关关系。

（2）权衡理论。权衡理论是在MM理论的基础上，充分考虑负债经营给企业带来的财务危机成本和代理成本两个因素来研究资本结构的理论。其基本结论是，当负债的抵税利益与负债经营所带来的财务危机成本和代理成本相互平衡时，企业价值最大，此时的资本结构为最优资本结构。

财务危机成本是指企业陷入财务危机所产生的相关成本，包括直接成本和间接成本，而财务危机泛指企业从资本管理出现技术性失败到破产之间的全部状态。破产是财务危机的一种极端情况。

直接财务危机成本是指在财务危机期间发生的与危机直接相关的成本，例如在破产清算过程中支付的律师费、会计师费、庭审费，以及发生的因人力资源流失、固定资产损毁或过时等所产生的损失。

间接财务危机成本是指财务危机发生对企业产生的一些间接影响和机会成本，例如破产预期导致的企业销售利润下降、企业与债权人发生纠纷或冲突、企业管理人员采取短期行为，以及企业丧失投资良机、失去质优客户等。

代理成本是指为了正确处理股东与债权人之间、股东与经营管理人员之间的代理关系所发生的成本，例如设计和实施各种监督、约束、激励和惩罚措施的成本，包括负债的代理成本和股权的代理成本。

负债的代理成本是指在财务危机发生时股东和债权人之间利益冲突日益激化而导致的各项成本开支。股东可能作出损害债权人利益的行为，债权人为维护自身利益则可能会对企业提出更苛刻的条件，在贷款合同中加入一些保护性条款，使得企业经营的灵活性降低、效率下降，并且因加强监督所构成的代理成本也会增加，由此负债成本会提高，从而降低了负债给企业带来的增值。

股权的代理成本是在财务危机发生时股东与经营管理人员之间利益冲突激化而导致的各项开支。财务危机的发生可能导致企业经营管理人员失去其对企业的控制权。因此，对外负债可以起到向外部股东传达经营管理者良好预期及意图的作用，从而减少股权代理成本，但是随着负债比重的增加，负债的代理成本会不断提高。因此，企业的最佳资本结构能使得每增加一元负债所产生的负债代理成本正好等于其所减少的股权代理成本。

综合考虑负债的抵减所得税效应、财务危机成本和代理成本之后，权衡理论指出：负债在形成税负节约的同时，企业的财务危机成本和代理成本会随着负债比重的增加而提高，不断抵消税负节约。当税负节约大于财务危机成本现值和代理成本现值时，企业可继续增加负债比重，从而使企业的资本结构接近最佳；当税负节约小于财务危机成本现值和代理成本现值时，企业应降低负债比重，以使企业的资本结构接近最佳。当企业负债的税负节约等于财务危机成本现值和代理成本现值时，企业的资本结构达到最佳状态。

权衡理论为如何设置现实的企业资本结构提供了一个很好的思路，但由于它没有解决财务危机成本现值和代理成本现值的计量问题，所以尚不能确切地测定最佳资本结构。

（3）信号传递理论。在前述 MM 理论和权衡理论中，我们都假设信息是对称的，即投资者和经营者在获取企业信息方面的能力和条件都是相等的。但实际上，处于企业内部的经营者总是比企业投资者掌握更多的信息，即在信息灵通的经营者和信息闭塞的股东之间存在着信息不对称现象。基于这一前提，信号传递理论认为，公司可以通过调整资本结构来向外界传递有关企业获利能力和风险方面的信息，以及企业经营者对公司股票市价的看法。

基于该理论，公司所采取的资本结构可以被看作是一种经营者向处于企业外部的信息相对匮乏的股东传递信息的有效信号。在具有高价值的企业里，可以为经营者设计以激励为主的收益合约，从而引导其在资本结构中采用较多的负债杠杆；而低价值的企业则通常不愿意采用较多的负债，因为这样做会增加其破产的可能性，而且破产将导致经营者遭受到严厉的惩罚。因此，我们可以通过资本结构来判断企业价值的高低：一般而言，高价值的企业愿意采用较多的负债进行融资，而低价值的企业则更多地以股票融资。

也就是说，按照该理论，当公司价值被低估时，企业经营者会通过增加负债比例以向外界传递利好信息，增强投资者信心；而当公司价值被高估时，企业经营者通常会增加股权资本比重，以适度降低企业风险。当然，公司的融资行为并不一定完全如此。例如，有些低价值的公司出于特定的目的，可能暂时并不希望通过融资行为告知公众公司的价值实际上被高估了这一信息，因而其经营者可能不会以股票融资，反而会增加企业负债的比重。

（4）啄序理论。啄序理论也被称为优序理论。该理论以信息不对称理论为基础，并考虑交易成本的存在，认为权益融资会传递企业经营方面的负面信息，并且外部融资要多支付各种相关成本，因而企业融资一般会遵循内源融资、负债融资、权益融资这样的先后顺序。

内源融资的资金主要来源于企业以留存收益等方式积累下来的现金流。由于内源融资不需要与投资者签订协议，所受限制少，也不需要支付额外的各种费用，因而是企业首选的融资方式。若的确需要从外部融资，企业首先考虑的是低风险的债券等负债融资，因为其信息不对称所带来的成本相对较低，其次才是风险较高的债券，最后才是发行股票。这是因为，投资者会意识到信息不对称问题，因此当企业宣布发行股票时，投资者会降低其对现有股票和新发股票的估价，导致企业股价下跌、公司市场价值降低。

上述各种资本结构理论为企业融资决策提供了有价值的参考。但由于经营环境的复杂多变及融资活动本身的复杂性，实际的融资决策活动在很大程度上依赖于决策人员的经验和主观判断。

5.3.3 最佳资本结构决策

所谓最佳资本结构，是指在适度负债经营的前提下，使得企业预期的综合资本成本最低、企业价值最大的资本结构。它应该作为企业的目标资本结构。确定最佳资本结构的方法通常有：资本成本比较法、每股收益分析法和公司价值比较法。

1）资本成本比较法

资本成本比较法是通过计算不同资本结构下的企业综合资本成本，并从中选择综合资本成本最低的资本结构作为最佳资本结构。

其基本程序如下：（1）确定各备选筹资方案的资本结构，计算各种筹资额占筹资总额的比重；（2）确定各备选方案下不同筹资方式的个别资本成本；（3）计算不同方案的不同资本结构下的综合资本成本；（4）从中选择其综合资本成本最低的资本结构作为最佳资本结构。

【实践应用 5-12】某公司计划筹资 1 000 万元，有 3 个方案可供选择，其相关资料见表 5-1。

表 5-1　　某公司不同筹资方案的相关资料　　金额单位：万元

筹资方式	方案 1		方案 2		方案 3	
	筹资额	资本成本率	筹资额	资本成本率	筹资额	资本成本率
长期借款	80	6%	120	6.5%	150	8%
长期债券	320	10%	240	8%	250	9%
优先股	200	12%	80	12%	100	12%
普通股	400	15%	560	15%	500	15%
合计	1 000	—	1 000	—	1 000	—

方案 1 的综合资本成本

$$=6\%\times\frac{80}{1\ 000}+10\%\times\frac{320}{1\ 000}+12\%\times\frac{200}{1\ 000}+15\%\times\frac{400}{1\ 000}=12.08\%$$

方案 2 的综合资本成本

$$=6.5\%\times\frac{120}{1\ 000}+8\%\times\frac{240}{1\ 000}+12\%\times\frac{80}{1\ 000}+15\%\times\frac{560}{1\ 000}=12.06\%$$

方案 3 的综合资本成本

$$=8\%\times\frac{150}{1\ 000}+9\%\times\frac{250}{1\ 000}+12\%\times\frac{100}{1\ 000}+15\%\times\frac{500}{1\ 000}=12.15\%$$

计算结果表明，方案 2 的综合资本成本最低，因此方案 2 的资本结构最佳。

2）每股收益分析法

每股收益分析法是利用每股收益无差别点来进行资本结构决策的方法。所谓每股收益无差别点，是指两种或两种以上筹资方案下普通股每股收益相等时的息税前利润点，也被称为息税前利润平衡点、筹资无差别点。

运用该方法，可以分析判断在什么情况下运用负债筹资来安排和调整资本结构才是对企业有利的——凡是能够提高每股收益的资本结构调整是可取的；反之则不可取。通常，当企业预期的息税前利润超过计算所得的每股收益无差别点时，运用负债筹资可提高普通股每股收益。

每股收益无差别点可以通过下式来测算：

$$\frac{(\overline{EBIT}-I_1)(1-T)-d_1}{N_1}=\frac{(\overline{EBIT}-I_2)(1-T)-d_2}{N_2}$$

式中：$\overline{EBIT}$为无差别点的息税前利润；I_1，I_2 为两种不同筹资方式下的年利息额；d_1，d_2 为两种不同筹资方式下的优先股年股利；N_1，N_2 为两种不同筹资方式下的普通股股数。

【实践应用 5-13】某公司拥有长期负债资本 800 万元，年利率 12%；普通股权益资本 1 200 万元（普通股 120 万股，每股 10 元）。现准备追加筹资 600 万元，有两种筹资方案如下：

方案一：全部发行普通股，增发 60 万股，每股面值 10 元。

方案二：全部筹措长期债务，新增债务利率上升为 13%。

假设公司适用的所得税税率为 25%。要求计算该公司普通股每股收益无差别点的息税前利润，并进行简要分析。

由题意可得下式：

$$\frac{(\overline{EBIT}-800\times12\%)(1-25\%)}{120+60}=\frac{[\overline{EBIT}-(800\times12\%+600\times13\%)](1-25\%)}{120}$$

解得：$\overline{EBIT}=330$（万元）

上述计算结果表明：当公司息税前利润等于 330 万元时，两种方案下的每股收益相等，采取其中任意一个方案都可以；如果该公司息税前利润高于 330 万元，则应采用方案二，即全部筹措长期债务；反之，则应采用方案一，即全部发行普通股。

每股收益无差别分析如图 5-3 所示。

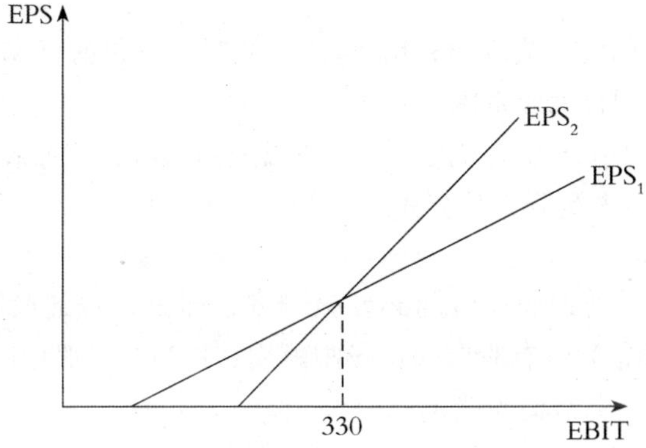

图 5-3　每股收益无差别分析示意图

3）公司价值比较法

公司价值比较法是在充分反映公司财务风险的前提下，以公司价值最大化为标准来确定公司最佳资本结构的方法。这一方法充分考虑了财务风险和资本成本等因素的影响，符合公司价值最大化的财务目标，但测算过程较为复杂，通常用于资本规模较大的上市公司。其测算过程可以分为以下三个阶段：

（1）公司价值的测算

关于公司价值的内容与测算方法，目前主要有三种观点：①公司价值等于其未来净收益（现金流量）的折现现值；②公司价值是其股票的现行市场价值；③公司价值等于其长期债务和股票的折现价值之和。其中观点③将股票的价值和长期债务的价值都视为公司价值的内容，比较合理，也比较现实。其测算思路可用公式表示如下：

$$V=B+S$$

式中：V 为公司的总价值，即公司总的折现价值；B 为公司长期债务的折现价值；S 为公司股票的折现价值。

为简化计算，通常假设上式中的长期债务（含长期借款和长期债券）的现值 B 等于其面值（或本金）。而股票的现值等于公司未来净收益的折现值，其计算公式为：

$$S=\frac{(EBIT-I)(1-T)-D_p}{K_s}$$

式中：S 为公司股票的折现价值；EBIT 为公司未来的年息税前利润；I 为公司长期债务年利息额；T 为公司所得税税率；D_p 为公司优先股年股利；K_s 为公司普通股资本成本率。

（2）公司资本成本率的测算

公司的资本成本率通常是在公司价值测算的基础上采用加权平均的方法求得的。如果公司的全部长期资本由长期债务和普通股组成，则公司的全部资本成本率可按下列公式测算：

$$K_w=K_B\left(\frac{B}{V}\right)(1-T)+K_S\left(\frac{S}{V}\right)$$

式中：K_w 为公司资本成本率；K_B 为公司长期债务税前资本成本率，可按其年利率计算；K_S 为公司普通股资本成本率。

在上列计算公式中，为了考虑公司筹资风险的影响，普通股资本成本率通常运用资本资产定价模型来测算，其公式为：

$$K_S=R_F+\beta(R_M-R_F)$$

式中：K_S 为公司普通股投资的必要报酬率，即公司普通股的资本成本率；R_F 为无风险报酬率；R_M 为所有股票的市场报酬率；β 为公司股票的贝塔系数。

（3）公司最佳资本结构的确定

在测算出公司总价值和综合资本成本率的基础上，以公司价值最大化为标准确定公司的最佳资本结构。下面举例说明：

【实践应用 5-14】X 公司年息税前盈余为 500 万元，资本全部由普通股资本组成，股票账面价值为 2 000 万元，所得税税率为 25%。该公司认为目前的资本结构不够合理，准备用发行债券购回部分股票的办法予以调整。经咨询调查，目前的债务利率和权益资本的成本情况见表 5-2。

表 5-2　X 公司在不同债务规模下的普通股资本成本率和债务资本成本率

B/万元	K_B	β	R_F	R_M	K_S
0	—	1.20	10%	15%	16%
200	10%	1.25	10%	15%	16.25%
400	10%	1.30	10%	15%	16.5%
600	12%	1.40	10%	15%	17%
800	14%	1.55	10%	15%	17.75%
1 000	16%	2.10	10%	15%	20.5%

在表 5-2 中，当 B=400 万元，$\beta=1.30$，$R_F=10\%$，$R_M=15\%$ 时，

$K_S=10\%+1.30\times(15\%-10\%)=16.5\%$

其余各行 K_S 的计算同理。

根据表 5-2 的资料，运用前述公司价值和公司资本成本率的计算方法，可得到公司在不同债务规模下的公司价值和公司资本成本率（见表 5-3）。

表 5-3　　X 公司在不同债务规模下的公司价值和公司资本成本率

B/万元	S/万元	V/万元	K_B	K_S	K_W
0	2 343.75	2 343.75	—	16%	16%
200	2 215.38	2 415.38	10%	16.25%	15.53%
400	2 090.91	2 490.91	10%	16.5%	15.05%
600	1 888.24	2 488.24	12%	17%	15.07%
800	1 639.44	2 439.44	14%	17.75%	15.37%
1 000	1 243.90	2 243.90	16%	20.5%	16.71%

在表 5-3 中，当 B=400 万元，$K_B=10\%$，$K_S=16.5\%$，并且 EBIT=500 万元时，

$$S=\frac{(500-400\times10\%)(1-25\%)}{16.5\%}=2\ 090.91\text{（万元）}$$

$$V=400+2\ 090.91=2\ 490.91\text{（万元）}$$

$$K_W=10\%\times(1-25\%)\times\frac{400}{2\ 490.91}+16.5\%\times\frac{2\ 090.91}{2\ 490.91}=15.0547\%$$

其余各行 S、V、K_W 的计算同理。

由表 5-3 可以看出，当公司长期负债资本为 400 万元时，公司的价值最大(2 490.91万元)，同时公司的资本成本率最低（15.05%），此时的资本结构为最佳资本结构。此时，X 公司的长期资本价值总额为 2 490.91 万元，其中普通股资本价值 2 090.91万元，占公司总资本价值的比例为 84%（即 2 090.91/2 490.91）；长期负债资本的价值为 400 万元，占公司总资本价值的比例为 16%（即 400/2 490.91）。

需要说明的是，前面介绍的资本结构决策的三种方法均为定量分析方法。在实际工作中，可以将它们与定性分析方法结合起来运用。定性分析时通常考虑的因素包括：企业财务目标、投资者动机、债权人态度、经营者行为倾向、企业的财务现状、企业的销售状况和业务发展能力、国家的税收政策、所处行业的特点及该行业资本结构的一般水平等。

本章小结

本章所述资金成本是指狭义的资金成本，即长期资金的成本，又称为资本成本。资本成本对企业的筹资决策、投资决策和经营业绩评价等方面都具有重大意义。

个别资本成本是指企业采用不同筹资方式时所确定的某种资本的成本，主要有借款资本成本、债券资本成本、优先股资本成本、普通股资本成本和留存收益资本成本。前两者可统称为负债资本成本，后三者可统称为权益资本成本。个别资本成本主要用于比较各种筹资方式的优劣。

加权平均资本成本又称综合资本成本，是企业全部长期资金的个别资本成本以各种资金占全部资金的比重为权数进行加权平均得到的企业全部长期资金的总成本。它通常用于资本结构的决策。

经营杠杆又称营业杠杆，是指由于企业经营成本中存在固定成本而使得息税前利润变动幅度大于业务量变动幅度的现象。经营杠杆的大小一般用经营杠杆系数表示，它是企业息税前利润的变动率与业务量变动率之间的比率。

财务杠杆又称筹资杠杆，是指由于企业筹资成本中存在固定的利息费用而使得普通股每股收益的变动幅度大于息税前利润变动幅度的现象。财务杠杆的大小一般用财务杠杆系数表示，它是企业普通股每股收益的变动率与息税前利润变动率之间的比率。

如果经营杠杆和财务杠杆共同作用，那么只要业务量稍有变动，普通股每股收益就会发生更大的变动，同时总的风险也会更高。这种杠杆效应称为复合杠杆。

复合杠杆是经营杠杆和财务杠杆综合作用所产生的一种效应，是指由于固定性生产经营成本和固定性财务费用的共同存在而导致的普通股每股收益变动幅度大于业务量变动幅度的现象。复合杠杆的大小可以通过复合杠杆系数来反映。复合杠杆系数是每股利润变动率相当于业务量变动率的倍数。它等于经营杠杆系数与财务杠杆系数的乘积。

资本结构是指长期债务资本与权益资本的比例。资本结构理论是关于公司资本结构、资本成本与公司价值三者之间关系的理论。从资本结构理论的产生和发展来看，主要有早期资本结构理论和现代资本结构理论：20 世纪 50 年代前的资本结构理论被归纳为“早期资本结构理论”，包括净收益理论、净营业收益理论和传统理论；50 年代后以 MM 理论为代表的资本结构理论则被称为“现代资本结构理论”，主要有 MM 理论、权衡理论、信号传递理论和啄序理论。

最佳资本结构，是指在适度负债经营的前提下，使得企业预期的综合资本成本最低、企业价值最大的资本结构。确定最佳资本结构的定量方法通常有：资本成本比较法、每股收益分析法和公司价值比较法。在实际工作中，可以将它们与定性分析方法结合起来运用。

? 思考题

1. 资金成本的含义及作用各是什么？
2. 企业经营风险和财务风险的含义是什么？它们各自如何测算？
3. 什么是资本结构？关于资本结构的代表性理论有哪些？
4. 如何理解“最佳资本结构”这一概念？

5. 如何运用资本成本比较法、每股收益分析法及公司价值比较法来确定企业的最佳资本结构?

6. 在进行最佳资本结构的定性分析时，应考虑哪些相关因素?

练习题

一、单项选择题

1. 企业在进行资本结构决策时，一般使用(　　)。

A. 个别资本成本　　B. 综合资本成本

C. 边际资本成本　　D. 平均资本成本

2. 下列筹资方式中，个别资本成本最低的是(　　)。

A. 长期债券　　B. 长期借款　　C. 优先股　　D. 普通股

3. (　　)是指由于企业经营成本中存在固定成本而使得息税前利润变动幅度大于业务量变动幅度的现象。

A. 经营杠杆　　B. 财务杠杆　　C. 综合杠杆　　D. 总杠杆

4. 在利息费用固定不变的情况下，下列表述正确的是(　　)。

A. 财务风险与财务杠杆系数成反比例关系

B. 财务风险与财务杠杆系数无关

C. 普通股每股收益的变动幅度小于息税前利润变动幅度

D. 普通股每股收益的变动幅度大于息税前利润变动幅度

5. 以(　　)计算的加权平均资金成本更能反映企业当前的实际情况。

A. 账面价值权数　　B. 市场价值权数

C. 目标价值权数　　D. 可变现净值权数

6. 某企业生产A产品，该产品的变动成本率为40%，企业平均每月发生固定性费用20万元，当企业年销售额达到800万元时，经营杠杆系数等于(　　)。

A. 1.04　　B. 1.07　　C. 2　　D. 4

7. 某企业生产B产品，该产品的边际贡献率为40%，企业年固定成本为120万元，当企业年销售额达到800万元时，经营杠杆系数等于(　　)。

A. 1.33　　B. 1.67　　C. 1.6　　D. 3.2

8. 企业的产品销售单价越小，经营杠杆系数(　　)。

A. 越小　　B. 越大　　C. 保持不变　　D. 不确定

9. (　　)反映了每股利润变动率相当于业务量变动率的倍数。

A. 经营杠杆系数　　B. 财务杠杆系数　　C. 复合杠杆系数　　D. 权变系数

10. 早期资本结构理论中的净营业收益理论认为，负债对企业价值的影响是(　　)。

A. 提高　　B. 降低　　C. 不确定　　D. 无影响

二、多项选择题

1. 降低企业经营风险的方法可以是(　　)。

A. 降低固定成本的比重　　　　　　　B. 增加固定成本的比重
C. 增加销售额　　　　　　　　　　　D. 降低产品的单位变动成本

2. 降低企业总体风险的方法可能是(　　)。
A. 降低负债资本的比重　　　　　　　B. 增加负债资本的比重
C. 降低固定成本的比重　　　　　　　D. 增加固定成本的比重

3. 下列各项中属于权益资本成本的是(　　)。
A. 银行借款成本　B. 债券成本　　　C. 普通股成本　　D. 留存收益成本

4. 下列各项属于资金成本中资金筹集费用的有(　　)。
A. 银行借款利息　　　　　　　　　　B. 银行借款手续费
C. 股票的股息　　　　　　　　　　　D. 发行股票的广告费

5. 公司资本结构最佳时，应该(　　)。
A. 资本成本最低　B. 财务风险最小　C. 公司价值最大　D. 债务资本最少

三、计算分析题

1. 某企业年销售净额为280万元，息税前利润为80万元，固定成本为32万元，变动成本率为60%；资本总额为200万元，债权资本比率为40%，债务利率为12%。

要求：分别计算该企业的营业杠杆系数、财务杠杆系数和复合杠杆系数。

2. 某公司在初创时拟筹资500万元，现有甲、乙两个备选筹资方案。其有关资料见表5-4，假设甲、乙方案除表中所示资料不同之外其他有关情况均相同。

要求：计算比较该公司甲、乙两个筹资方案的综合资本成本并据此选择筹资方案。

表5-4

筹资方式	筹资方案甲		筹资方案乙	
	筹资额（万元）	个别资本成本率	筹资额（万元）	个别资本成本率
长期借款	80	7.0%	110	7.5%
公司债券	120	8.5%	40	8.0%
普通股	300	14.0%	350	14.0%
合　计	500	—	500	—

第6章

投资管理

学习目标

理论目标：(1) 了解企业投资的概念及分类，理解投资管理的重要性；(2) 掌握投资决策的基本原理与思路；(3) 掌握各类投资决策的基本方法。

实践目标：(1) 理解现金流量的估算方法；(2) 掌握项目投资评价指标的计算方法及其在投资决策过程中的应用；(3) 掌握证券投资收益率的计算及其投资决策方法。

6.1 投资管理概述

6.1.1 投资的概念与分类

1）投资的概念

投资是现代经济生活中非常重要的内容，每个参与经济活动的主体都必须掌握一定的投资分析与决策方法。实际上，在市场经济越来越发达的今天，每个经济主体（政府、企业和个人）都在不同程度上以不同的方式直接或间接地参与投资活动。

投资是一个非常容易理解的词语，其本意是通过投入资本获得或创造生产资源的经济活动，即投资主体通过投入资本获得生产能力并在将来获得经济回报。随着时间的推移，投资的含义和范围已经发生了变化，投资不一定要与生产能力有关，甚至可以不是一种经济活动，如感情投资。因此，从广义的定义看，投资是指为了获取将来的某种利益而在现在所作出的一种付出行为。不过，一般情况下，投资是一种经济范畴的行为，主要指为了在未来获取某种经济利益而在现在投入资本或经济资源的行为。

2）投资的分类

由于投资的含义和范围越来越广，因此，为了更好地探讨投资的特点，了解不同领域投资的规律，需要按照不同的标准对投资加以分类。

(1) 按照投资主体的不同，可分为政府投资、企业投资和个人投资。政府投资是指政府为了履行其职能，满足社会公共需要，实现经济和社会发展战略所进行的投资行为，如修建城市道路、兴修水利工程等；企业投资是指企业为了实现其经营目标，获取经济效益，满足政府合理要求所进行的投资行为，如收购其他企业、购建生产线、建设环保设施等；个人投资是指社会公民为了自身或子女将来的发展，提高生活质量而进行的投资行为，如支付学费、购买股票、购买健身卡等。

（2）按照投资地域的不同，可分为国际投资和国内投资。国际投资亦称“对外投资”或“海外投资”，指投资主体向国外进行经营资本输出的行为，这种输出可以是个人资本、企业资本也可以是国家资本，但不包括政府及其所属机构对外的赠予、赔偿，以及各种涉外贷款活动；国内投资是指投资主体在本国境内所进行的投资行为。

（3）按照投资标的的不同，可分为实物投资和金融投资。实物投资是指投资者将资金用于建造购置固定资产和流动资产，直接用于生产经营的投资行为；金融投资，也叫证券投资，是指投资者投入资金获得金融资产的行为，投资者用自己的货币购买股票、公司债券或国债券等有价证券，然后由有价证券的发行者去进行实物投资。个人在银行的储蓄行为严格讲也是一种金融投资，其获得的存款凭证是一种有价证券。实物投资与证券投资的根本区别在于前者是直接创造社会财富；而后者只是一种间接的过程，投资者以最终获得金融资产为目的，至于这些资金怎样转化成实物形态则与投资者无关。

（4）按照经营目标的不同，可分为经营性投资和政策性投资。经营性投资又称盈利性投资，是指为了获取经济利益而进行的投资；政策性投资又称非营利性投资，是指用于保证社会发展和群众生活需要而进行的投资，其以获得社会效益为主要目的。政策性投资可能投向非生产经营项目，因而不存在盈利问题，也可能投向生产经营性项目，存在着潜在的盈利问题，但由于价格因素或某些客观条件的制约可能会发生亏损。

（5）按照投资是否纳入国家财政预算，可分为预算内投资和预算外投资。预算内投资是指纳入国家预算安排的投资，其中预算内基本建设投资包括中央财政直接安排的基本建设基金和地方财政中由国家统筹安排的基本建设投资，以及中央财政中的其他专项建设援款完成的投资，预算内更新改造投资包括中央财政和地方财政预算内更新改造投资；预算外投资是指各地区、各部门和企事业单位，运用自行支配的物力、财力、各种专项资金和其他自有资金以及向国内外金融机构借款所安排的投资。

现代经济学理论认为，企业本质上是“一种资源配置的机制”，而企业投资就是企业发挥资源配置作用的具体方式，因此本书主要讲解企业投资问题。企业投资可以根据不同的标准加以分类：

（1）按照投资行为的介入程度可分为直接投资和间接投资。直接投资是指企业直接将资金转移交付给被投资对象的投资行为，包括企业内部直接投资和对外直接投资。前者形成企业直接用于生产经营的各项资产，如各种货币资金、实物资产、无形资产等；后者形成企业拥有的各种股权性资产，如持有子公司或联营公司股份等。间接投资是指通过购买被投资对象发行的金融工具而将资金间接转移交付给被投资对象使用的投资行为，如企业购买投资对象发行的股票、债券、基金等。

（2）按照投入的领域可分为生产性投资和非生产性投资。生产性投资是指企业将资金投入物质生产领域中，并能够形成生产能力或可以产出生产资料的一种投资。这种投资的最终成果是形成各种生产性资产，包括固定资产、无形资产、其他资产和流动资金等。非生产性投资是指将资金投入非物质生产领域中，不能形成生产能力，但能形成社会消费或服务能力，满足人民的物质文化生活需要的一种投资。这种投资的最终成果是形成各种非生产性资产，如修建老职工健康活动中心、幼儿园等。

(3) 按照投资的方向可分为对内投资和对外投资。对内投资是指企业将资金投放于生产经营过程的固定资产、无形资产和其他资产的一种投资行为。对外投资是指企业为购买国家及其他企业发行的有价证券或其他金融产品，或以货币资金、实物资产、无形资产向其他企业（如联营企业、子公司等）注入资金。

(4) 按照投资的内容可分为固定资产投资、无形资产投资、流动资金投资、房地产投资、有价证券投资、期货与期权投资、信托投资和保险投资等多种形式。

(5) 按照投资回收期限的长短可分为短期投资和长期投资。短期投资是指回收期在一年以内的投资，主要包括现金、应收款项、存货、短期有价证券等的投资。长期投资是指回收期在一年以上的投资，主要包括固定资产、无形资产等投资。

(6) 按照投资项目之间的相互关联可分为独立投资和互斥投资。独立投资是相容性投资，各个投资项目之间互不关联、互不影响、可以同时并存，独立投资项目决策考虑的是方案本身是否满足某种决策标准。互斥投资是非相容性投资，各个投资项目之间相互关联、相互替代、不能同时并存。互斥投资项目决策考虑的是各方案之间的排斥性，也许每个方案都是可行方案，但互斥决策需要从中选择最优方案。

6.1.2 企业投资的决策程序与可行性分析

1) 企业投资的决策程序

企业投资的决策程序与投资项目的性质和规模有关，对于新建的重大投资项目，其决策程序最为复杂，一般应该主要包括以下步骤：

(1) 投资项目的提出。新建的重大投资项目应该根据企业的长远发展战略、市场竞争状况和投资环境的变化由管理层提出。

(2) 投资方案的可行性分析。新建的重大投资项目提出后，管理层应该从宏观经济环境、政策法规、市场、技术和生产等几个方面进行可行性研究，在通过这些方面的可行性研究后，再对该项目的财务可行性进行分析与评价。

(3) 投资方案的比较与选择。在财务可行性评价的基础上，对可供选择的多个投资方案进行比较和选择。

(4) 投资方案的最终决策。新建的重大投资项目的决策一般应由企业董事会甚至股东大会做出。

(5) 投资方案的执行。即投资行为的具体实施。

(6) 投资方案的控制。在投资方案的执行过程中，应时刻检讨原来作出的投资决策是否合理、是否正确，同时关注各个方面因素的变化。一旦出现新的情况，就要随时根据变化的情况作出新的评价和调整。

【实践应用6-1】我国确立市场经济体制后，企业投资项目不再实行审批制，区别不同情况实行核准制和备案制。其中，政府仅对重大项目和限制类项目从维护社会公共利益角度进行核准，其他项目无论规模大小，均改为备案制。项目的市场前景、经济效益、资金来源和产品方案等均由企业自主决策，自担风险，并依法办理环境保护、土地使用、资源利用、安全生产、城市规划等许可手续和减免税确认手续。对于企业使用政府补助、转贷、贴息投资项目，政府只审批资金申请报告。

对于实行核准制的投资项目，投资者仅需要向政府提交项目申请报告，不再进行审批项目建议书、可行性研究报告和开工报告等程序。该类项目的核准程序如下：

(1) 提交项目申请报告。对于项目申请报告，国家规定有比较严格的标准，投资者应按所要求的内容提交报告。

(2) 政府职能部门（发改委或发改局）对投资者提交的项目申请报告进行核准。在投资者提出申请后，政府职能部门在规定的时间内对项目进行核实、论证。如果属于重大项目，政府职能部门还要委托有资质的中介咨询机构进行项目评估，若符合有关要求，给予核准。

(3) 办理相关手续。项目核准后，投资者可以此办理相关手续，包括环境保护、土地出让和城市规划等。当然，在办理环境保护手续前，要根据2003年9月1日开始实施的《中华人民共和国环境影响评价法》的要求，委托有资质的中介机构编制环境影响评价报告。

(4) 金融机构进行项目评估。如果企业需要贷款，金融机构在提供贷款之前，要按照贷款程序进行项目评估。

对于实行备案制的投资项目，除国家另外有规定外，由投资者按照属地原则向地方政府投资主管部门备案。

2）企业投资项目的可行性分析

投资项目的可行性分析是在投资决策前，对拟建投资项目是否符合国家政策法规、产业布局和发展方向，是否具有技术上和经济上的可行性而进行的全面分析论证。可行性研究是一个系统的评价过程，需要做出专业判断，一般包括政策法规分析、环境与市场分析、技术与生产分析和财务可行性评价等内容。

（1）政策法规分析。企业具有投资项目的自主决策权，但是这种自主权必须在国家政策和相关法律法规的制约之下，也就是投资项目不能违背国家的产业政策和法律法规。

（2）环境与市场分析。建设项目的环境，是指建设项目所在地的自然环境、社会环境和生态环境的统称。建设项目的环境影响评价属于否决性指标，凡未开展或没通过环境影响评价的建设项目，不论其经济可行性和财务可行性如何，一律不得上马。

市场分析是指在市场调查的基础上，通过预测未来市场的变化趋势，了解拟建项目产品的未来销路而开展的工作。市场分析要提供未来运营期不同阶段的产品年需求量和预测价格等预测数据，同时要综合考虑潜在或现实竞争产品的市场占有率和变动趋势，以及人们的购买力及消费心理的变化情况。这项工作通常由市场营销人员或委托的市场分析专家完成。

（3）技术与生产分析。广义的技术分析是指构成项目组成部分及发展阶段上所有与技术问题有关的分析论证与评价。它贯穿于可行性研究的项目确立、厂址选择、工程设计、设备选型和生产工艺确定等各项工作，是与财务可行性评价相区别的技术可行性评价的主要内容。狭义的技术分析是指对项目本身所采用工艺技术、技术装备的构成以及产品内在的技术含量等内容进行的分析研究与评价。技术可行性研究是一项十分复杂的工作，通常由专业工程师完成。

生产分析是指在确保能够通过项目对环境影响评价的前提下，所进行的厂址选择分析、资源条件分析、建设实施条件分析、投产后生产条件分析等一系列分析论证工作。厂址选择分析包括选点和定址两个方面的内容。前者主要是指建设地区的选择，主要考虑生产力布局对项目的约束；后者则指项目具体地理位置的确定。在厂址选择时，应通盘考虑自然因素（包括自然资源和自然条件）、经济技术因素、社会政治因素和运输及地理位置因素。生产分析涉及的因素多，问题复杂，需要组织各方面专家分工协作才能完成。

（4）财务可行性分析。财务可行性评价是指在已完成相关环境与市场分析、技术与生产分析的前提下，围绕已具备技术可行性的建设项目而开展的，有关该项目在财务方面是否具有投资可行性的一种专门分析评价。

目前我国企业投资项目可行性研究主要存在着可行性研究质量不高，深度不够，可行性分析内容不全面，缺乏客观性与公正性等问题。

【实践应用 6-2】

项目可行性分析报告的撰写

企业进行重大投资前一般应该撰写投资项目可行性分析报告，其具有以下作用：(1) 作为企业投资决策的主要决策依据；(2) 提交给投资主管部门，作为项目投资的备案材料；(3) 作为向金融机构申请贷款的支撑材料；(4) 作为企业寻求对外招商合作的重要文件。

项目可行性分析报告的基本结构如下：(1) 项目总论，概括性论述项目基本情况、主要技术经济指标和关键点；(2) 项目建设的必要性分析，从宏观和微观方面分析项目提出的背景情况和产业发展情况，用定性和定量的方法分析企业投资该项目的必要性；(3) 市场预测与建设规模；(4) 建设条件与厂址选择；(5) 工程技术方案；(6) 环境保护及安全卫生措施；(7) 企业劳动定员与培训计划；(8) 项目实施进度安排；(9) 投资估算与资金筹措；(10) 财务可行性分析；(11) 社会效益分析；(12) 风险分析；(13) 可行性研究结论与建议。

项目可行性分析报告的内容要求全面系统，语言要求简洁准确，结论要求客观慎重。

6.2 项目投资财务可行性评价基础

6.2.1 项目投资的概念与特点

1）项目投资的概念

项目投资是以特定项目为对象，直接与新建项目或更新改造项目有关的长期投资行为。它是企业直接的、生产性的对内实物投资，通常包括固定资产投资、无形资产投资和流动资产投资等内容。

2）项目投资的特点

（1）投资金额大。项目投资，尤其是工业新建项目投资，往往需要投入大量的现金。因此，项目投资对企业未来的财务状况和现金流量都会产生重大影响。

（2）投资回收期长。项目投资往往规模较大，回收期长，项目发挥作用时间也长，短则几年，长则几十年，是一种长期投资行为。

（3）变现能力差。项目投资以特定项目为投资对象，一般不会在一年或一个营业周期内变现，而是通过项目的长期收益回收投资。

（4）投资风险大。一方面是因为项目投资金额大、回收期长、变现能力差，另一方面是因为影响项目投资未来收益的不确定性因素多。

完整的项目投资管理包括项目的提出、评价、决策、实施等一系列的过程管理，其重点是项目的可行性评价和项目实施过程管理。其中，投资项目的财务可行性评价是一个非常重要的环节。对投资项目进行财务可行性分析与评价，首先应该确定项目的计算期、投资额，其次应该确定投资项目的现金流量，最后采用一定的财务评价方法加以评价。

6.2.2 项目计算期及投资额的确定

1）项目计算期的确定

项目计算期是指投资项目从投资建设开始到最终清理结束整个过程所需的时间，即该项目的有效持续期间，一般以年为计量单位。项目计算期包括建设期和生产经营期。建设期是指从项目投资建设开始到投产日之间的时间间隔。生产经营期是指从投产日开始到终结点之间的时间间隔，生产经营期包括试产期和达产期。

2）项目投资资金的确定

（1）原始总投资

原始总投资又称初始投资，是反映项目所需现实资金水平的价值指标。从项目投资的角度来看，原始总投资是企业为使项目完全达到设计生产能力、开展正常生产经营而投入的全部资金，包括建设投资和流动资金投资。

建设投资是指在建设期内按一定生产经营规模和建设对象进行的投资，包括固定资产投资、无形资产投资和开办费投资。固定资产投资与固定资产原值不同，是项目用于取得固定资产而发生的投资，不包括固定资产在建设期内的资本化利息。

无形资产投资是项目用于取得无形资产而发生的投资。开办费是组织项目投资的企业在筹建期间发生的不形成固定资产和无形资产价值的投资。

流动资金投资又称为营运资金投资，是项目投产前后一次或分次投放于流动资产项目的投资增加额。

原始总投资=建设投资+流动资金投资

=固定资产投资+无形资产投资+开办费投资+流动资金投资

(2) 投资总额

投资总额是反映项目投资总体规模的价值指标。可用下列公式计算：

投资总额=原始总投资+建设期资本化利息

其中，建设期资本化利息是指在建设期内发生的与购建项目所需的固定资产、无形资产等长期资产有关的借款利息。

3) 项目投资资金的投入方式

项目投资资金的投入方式有两种：一次投入和分次投入。一次投入方式是指投资行为集中一次发生，比如项目计算期的第一年年初或年末。而投资行为涉及到两个或两个以上的时点，则属于分次投入方式。

【实践应用6-3】某公司拟建一条生产线，预计使用寿命10年，在建设起点一次投入固定资产100万元，无形资产10万元，建设期1年，建设期资本化利息5万元，建设期末投入流动资金10万元。试确定该项目的计算期、原始总投资、投资总额。

根据上述资料，可以计算出：

该项目的计算期=1+10=11（年）

原始总投资=100+10+10=120（万元）

投资总额=120+5=125（万元）

6.2.3 投资项目现金流量的确定

1) 现金流量的概念

现金流量又称现金流动量，简称现金流。现金流量的确定以收付实现制为基础。在项目投资决策中，现金流量是指投资项目从筹建、设计、施工、正式投产使用至报废为止的整个期间内引起的现金收入和现金支出增加的数量。项目投资决策中涉及的“现金”概念，是指广义的现金，不仅包括各种货币资金，还包括项目需要投入企业所拥有的非货币资源的变现价值或重置成本。比如，一个投资项目需要使用原有的厂房、设备和材料，则相关的现金流量是指它们的变现价值，而不是其账面成本。

现金流量是项目投资决策中非常重要的基础性数据，现金流量估计的准确性会直接影响到项目投资决策的正确性。现金流量的分析与确定，涉及的因素很多，通常需要财务部门协调多个部门共同完成。比如，项目投产后产量的预测一般由企业市场部门完成，生产设备的投资额需要技术部分和采购部门提供相关信息，而投资项目的经营活动现金流量的预测则需要生产、销售等部门的协助。

2）现金流量的构成

从现金流量的内容来看，现金流量包括现金流入量和现金流出量。具体来说，现金流量涉及现金流入量、现金流出量和净现金流量三个概念。

（1）现金流入量。与项目有关的企业现金收入增加额，简称现金流入，一般用 CI 表示。

（2）现金流出量。与项目有关的企业现金支出增加额，简称现金流出，一般用 CO 表示。

（3）净现金流量。项目计算期内每年现金流入量与同年现金流出量之间的差额，又称现金净流量，用 NCF 表示，即 NCF=CI-CO。

从现金流量的产生时间看，现金流量包括建设期现金流量、营业期现金流量和终结期现金流量。

（1）建设期现金流量。建设期现金流量是指项目建设期间发生的相关现金流量，主要是项目的投资支出。一般包括：①建设投资；②流动资金投资；③原有固定资产变价收入和清理费用。

（2）经营期现金流量。经营期现金流量是指项目投入运行后，在寿命期间内因生产经营活动而产生的现金流量。这些现金流量通常按照会计年度计算，主要包括：①产品销售或服务所得到的营业收入；②经营成本；③各项税款。

（3）终结期现金流量。终结期现金流量是指投资项目终结期发生的相关现金流量。主要包括：①固定资产的回收余值；②垫支流动资金的收回额；③停用土地的变价收入。

3）完整投资项目现金流量的确定

（1）现金流入量的构成

①增加的营业收入。指项目投产后，每年实现的全部销售收入或业务收入。

②回收固定资产余值。指项目的主要固定资产在终结点报废清理时或中途变价转让处理时所回收的价值。

③回收流动资金。主要指项目计算期收回的原垫付的全部流动资金。

（2）现金流出量的构成

①建设投资。在建设期内发生的固定资产、无形资产和开办费等投资，它是建设期内发生的主要现金流出量。

②流动资金投资。在完整工业项目投资中，用于生产经营及周转使用的流动资金投资，又称垫支流动资金。

③经营成本。指项目投产后为满足正常生产经营而动用现金支付的成本费用，简称付现成本。

④各项税款。指项目投产后，依法缴纳、单独列示的各项税款。

⑤其他现金流出量。指以上四项外的现金流出量。

4）现金流量分析应注意的问题

（1）只有增量现金流量才是项目相关的现金流量。所谓增量现金流量是指因接受或拒绝某个方案后现金流量所发生的改变量，即只有那些因接受某个投资方案引起的现金支出的增加额，才是该项目的现金流出量；只有那些因接受某个投资方案引起的现金收入的增加额，才是该项目的现金流入量。

（2）不能考虑沉没成本。所谓沉没成本是指已经发生不能收回的成本，在项目决策中，属于无关成本，其数额大小不影响投资决策的结果。例如，企业在某项目启动的前几年请有关专家对该项目进行过论证，发生费用20 000元，后来该项目被搁置起来。现在重新讨论该项目时，20 000元就是沉没成本，不能作为本项目的现金流出量。

（3）关注机会成本。在经济生活中，很多情况下选择意味着放弃。机会成本是指由于选择某个方案而放弃其他方案所丧失的最大的潜在收益。在企业的项目投资决策中，机会成本虽然不形成企业真正的现金流出，也无须作为会计账面成本，但必须作为所选项目的成本加以考虑。

（4）考虑项目投产后对企业其他产品的影响。当企业新建一个项目后，很可能对企业原有产品产生不利或有利的影响。在进行投资决策时，应将这些影响视为项目的成本或收入，以正确评价该项目对企业的影响。比如，企业开发的新产品如果是原有产品的替代品，则可能会减少原有产品的销售量，但如果新产品是原有产品的互补品，则可能会增加原有产品的销售量。

为了便于对投资项目进行财务评价，一般应该在确定投资项目各期现金净流量后编制投资项目的现金净流量表。

【实践应用6-4】家安科技公司准备引进生产一种家庭智能式防盗系统，公司组织有关部门对该项目的相关信息进行了研究，基本信息和研究结论如下：

该产品引进需一次性缴纳专利费100万元，该产品生产线建设投资1 250万元，建设时间1年，有效生产周期10年，固定资产按直线法计提折旧，期满有净残值50万元，专利费按5年摊销完毕。建成投产运营时，需投入流动资金50万元，项目结束后收回。

市场部预测：该系统单价可定为3 000元，年销售量可达2万套。

生产部和财务部预测：该产品年总经营成本为5 000万元。

该公司适用所得税税率25%，其他税费忽略不计。试分析该项目的项目计算期、原始投资和现金流量。

根据上述资料，该项目建设期1年，经营期10年，因此项目计算期为11年。

原始投资额＝100+1 250+50＝1 400（万元）

年折旧额＝（1 250−50）÷10＝120（万元）

每年摊销额＝100÷5＝20（万元）

经营期前5年每年净利润＝（3 000×2−5 000−120−20）×（1−25%）＝645（万元）

经营期后5年每年净利润＝（3 000×2−5 000−120）×（1−25%）＝660（万元）

该项目相关的现金流入量如下：

NCF_0＝−100−1 250＝−1 350（万元）

$NCF_1=-50$（万元）

$NCF_{2\sim6}=645+120+20=785$（万元）

$NCF_{7\sim11}=660+120=780$（万元）

该投资项目的现金净流量表见表6-1。

表6-1　　该投资项目现金净流量表　　单位：万元

期数	0	1	2	3	4	5	6	7	8	9	10	11
NCF_i	-1 350	-50	785	785	785	785	785	780	780	780	780	780

【实践应用6-5】长江有限公司准备投资一新项目，该项目需要投资固定资产100万元，使用寿命5年，采用直线法折旧，期满无残值。该项目建设期1年，投产后，每年可实现销售收入80万元，每年付现成本40万元。假定所得税率为25%，试计算该项目的现金流量。

（1）该项目每年的折旧额＝100÷5＝20（万元）

（2）该项目的经营现金流量计算见表6-2。

表6-2　　经营期现金流量计算表　　单位：万元

项目 \ 年度	1	2	3	4	5
销售收入	80	80	80	80	80
付现成本	40	40	40	40	40
折　　旧	20	20	20	20	20
税前利润	20	20	20	20	20
所得税	5	5	5	5	5
净利润	15	15	15	15	15
营业现金流量	35	35	35	35	35

（3）该项目的现金净流量计算见表6-3。

表6-3　　项目现金净流量计算表　　单位：万元

项目 \ 年度	建设期		经营期				
	0	1	2	3	4	5	6
固定资产投入	-100	0	0	0	0	0	0
经营现金流量	0	0	35	35	35	35	35
NCF_i	-100	0	35	35	35	35	35

6.3 项目投资财务可行性评价常用方法

6.3.1 项目投资财务可行性评价常用方法分类

投资项目的财务可行性评价主要是通过计算财务评价指标后加以判断的，财务评价指标是衡量投资项目投入产出关系、财务效益大小的一系列量化指标。

财务可行性评价指标很多，本书主要介绍投资回收期、总投资收益率、净现值、净现值率、现值指数、内部收益率等指标。

上述评价指标可以按以下标准进行分类：

（1）按照是否考虑资金时间价值分类，可分为静态评价指标和动态评价指标。前者是指在计算过程中不考虑资金时间价值因素的指标，简称为静态指标，包括总投资收益率和投资回收期；后者是指考虑资金时间价值因素的指标，如净现值、内部收益率等。

（2）按照指标值与决策方向的不同，可分为正指标和反指标两大类。正指标是指指标值越大，投资方案越可行的指标，如总投资收益率、净现值等；反指标是指指标值越小，投资方案越可行的指标，如投资回收期等。

（3）按照指标在决策中的重要性分类，可分为主要指标、次要指标和辅助指标。净现值、内部收益率等为主要指标；投资回收期为次要指标；总投资收益率为辅助指标。

（4）按照指标表现形式，可分为绝对指标和相对指标。绝对指标是用绝对数表达的财务指标，如净现值；相对指标是用相对数表达的财务指标，如净现值率、内含报酬率等。

6.3.2 常用财务可行性评价的指标

1）投资回收期

（1）投资回收期的概念及其计算

投资回收期是指投资项目在不考虑资金时间价值的情况下累计现金净流量为零所需要的时间，它表示收回全部投资所需的时间。从投资者的角度看，投资回收期越短，未来不能收回投资的风险越小，因此，投资回收期越短越好。

投资回收期通常以“年”为单位，有两种形式：包括建设期的投资回收期（记作 pp）和不包括建设期的投资回收期（记作 pp′）。当建设期为 s 时，$pp=pp'+s$。

投资回收期的计算公式为：

$$\sum_{n=0}^{pp} NCF_n=0$$

上述表明，当项目现金流量表中的“累计净现金流量”为 0 时所用的时间就是包括建设期的投资回收期。如果将各年现金净流量先贴现再计算投资回收期，则可称为贴现投资回收期或动态投资回收期。

投资回收期法的决策原则：投资回收期是一个静态反指标，对一个项目而言，投资回收期越短越好。采用这种方法对方案进行评价时，应先确定一个基准投资回收期。

当投资回收期≤基准投资回收期，接受；否则，拒绝。

(2) 投资回收期的优缺点

优点：①计算简单，能直观地反映原始投资的返本时间，容易理解；②有助于投资者控制风险。

缺点：①未考虑资金时间价值，在时间较长的投资项目决策时可能得出错误的结论；②未考虑回收期满后的现金净流量变化对项目的影响，不利于对项目整体情况的把握。

2) 总投资收益率

(1) 总投资收益率的概念及其计算

总投资收益率，又称投资报酬率（记作 ROI），是指运营期年均息税前利润与项目总投资的比值。

$$总投资收益率（ROI）=\frac{年均息税前利润}{项目总投资}\times 100\%$$

总投资收益率是一个静态正指标，对一个项目而言，该指标越大越好。采用这种方法对方案进行评价时，应先确定一个基准投资利润率。

当投资利润率≥基准投资利润率，接受；否则，拒绝。如果有两个以上可接受方案，则接受投资利润率较高的方案。

(2) 总投资收益率的优缺点

优点：①计算简单，不需要计算项目的现金净流量；②属于会计术语，容易理解。

缺点：①没有考虑资金时间价值因素；②分子、分母的计算口径的可比性差，无法直接利用净现金流量信息。

3) 净现值

(1) 净现值的概念及其计算

净现值（Net Present Value，简称 NPV）是指将项目计算期内各期现金净流量按一定的折现率折现后相加的总和。根据净现值的概念，可以得到计算净现值的基本公式：

$$NPV=\sum_{t=0}^{n}\frac{NCF_t}{(1+i)^t}=\sum_{t=0}^{n}NCF_t\times(P/F, i, n)=报酬总现值-投资总现值$$

式中：i 表示项目折现率；报酬总现值是指项目经营期现金净流量的折现值之和。

净现值是一个动态正指标，对一个项目而言，该指标越大越好。采用这种方法对方案进行评价时，应确定一个恰当的项目折现率。项目折现率可以用下列方法确定：以投资项目的资金成本作为折现率；以投资项目的机会成本作为折现率；以行业基准收益率作为折现率；以企业要求的必要收益率作为折现率。如果选择的折现率过低，可能会使企业选择不恰当的项目；如果选择的折现率过高，则可能会使企业失去好的投资机会。

根据净现值计算的原理可知，采用该方法评价独立项目的可行性原则为：

当 NPV≥0，接受；否则，拒绝。

一般来说，净现值越大，说明项目投资回报越多，可行性越强。对于投资额相近的替代投资项目来说，应该选择净现值较大的项目。但是，当投资额差异加大时，只考虑净现值可能会使企业做出错误的选择。

（2）净现值法的优缺点

优点：①考虑了货币的时间价值，是项目评价指标中最重要的指标之一；②能够利用项目计算期内的全部净现金流量信息。

缺点：①无法直接反映投资项目的实际收益率水平；②在进行投资额不等的互斥项目投资评价时，有时难以做出选择。

4）净现值率法

（1）净现值率的概念及其计算

净现值率（Rate of Net Present Value，简称 NPVR）是指项目净现值占原始投资现值的比率，也就是单位原始投资现值所创造的净现值。根据净现值率的概念可知，净现值率的计算公式如下：

$$\text{NPVR}=\frac{\text{NPV}}{\text{投资总现值}}\times 100\%$$

净现值率指标与净现值指标有着密切的关系，其决策原则为：NPVR≥0，接受；否则，拒绝。一般来说，对于两个以上的互斥方案进行择优决策时，应该选择净现值率较大的方案。

（2）净现值率法的优缺点

优点：①考虑了资金时间价值；②能动态反映项目投资的资金投入与净产出之间的关系。

缺点：①无法直接反映投资项目的实际收益率水平；②计算较复杂。

5）获利指数法

（1）获利指数的概念及其计算

获利指数（Profitability Index，简称 PI）又称现值指数，是指报酬总现值与投资总现值之比。反映在考虑资金时间价值的情况下，单位投资所取得的报酬。获利指数的计算公式如下：

$$\text{PI}=\frac{\text{报酬总现值}}{\text{投资总现值}}=\text{NPVR}+1$$

净现值、净现值率与获利指数之间有密切的关系，其决策原则为：PI≥1，接受；否则，拒绝。一般来说，对于两个以上的互斥方案进行择优决策时，应该选择获利指数较大的方案。

（2）获利指数法的优缺点

优点：①可以动态反映项目投入与净产出之间的关系；②在互斥投资决策时可作为项目排序的依据。

缺点：①无法直接反映投资项目的实际收益率水平；②计算较为复杂。

6）内含报酬率法

（1）内含报酬率的概念及其计算

内含报酬率（Internal Rate of Return，简称 IRR）又称内部收益率或内部报酬率，指能使投资项目的净现值等于 0 的折现率，即投资项目实际可望达到的报酬率。根据内含报酬率的概念，其计算公式如下：

$$\sum_{t=0}^{n} \frac{NCF_t}{(1+IRR)^t} = \sum_{t=0}^{n} NCF_t \times (P/F, IRR, n) = 0$$

内含报酬率是一个动态正指标，对一个项目而言，该指标越大越好。利用内含报酬率法进行投资决策的企业，一般先确定一个行业基准收益率。其决策原则为：内含报酬率 IRR≥行业基准收益率 i_c，接受；否则，拒绝。

内含报酬率反映了项目本身的实际收益率，对于互斥性投资项目来说，应该选择内含报酬率较大的项目。

（2）内含报酬率法的优缺点

优点：①能动态反映投资项目的实际收益率水平；②计算过程不受行业基准收益率的影响，比较客观。

缺点：①计算过程比较复杂；②假设投资期间获得的现金净流量以内含报酬率取得回报，有可能得出不符合实际的结论；③在某些情况下，可能计算出两个以上的值。

内含报酬率可以分两种情况分别进行计算：

（1）当建设期为零，全部投资于建设起点一次性投入，经营期间各年现金净流量相等，可采用年金计算方法，此时可用 A 表示经营期间各年现金净流量。由内含报酬率的定义可知：

$$A \times (P/A, IRR, n) = -NCF_0$$

$$(P/A, IRR, n) = -NCF_0/A = \alpha$$

然后查年金现值系数表，求出内含报酬率。具体计算过程如下：

①计算年金现值系数。

$$(P/A, IRR, n) = -NCF_0/A = \alpha$$

②查年金现值系数表，如果在期数为 n 的行中恰好找到等于上述数值 α 的年金现值系数，则该系数所对应的贴现率即为所求的内含报酬率。

③如果在年金现值系数表中无法在期数为 n 的行中找到与 α 相等的年金现值系数，则可在期数为 n 的行中找出与 α 相邻的两个临界系数值 β_1 和 β_2，并找出与 β_1 和 β_2 对应两个贴现率 i_1 和 i_2，然后采用内插法近似计算该投资项目的内含报酬率。具体计算如下：

$$IRR = i_1 + \frac{\beta_1 - \alpha}{\beta_1 - \beta_2} \times (i_2 - i_1)$$

其中，要求 i_1、i_2 相差不能太大，否则误差就会较大。

（2）各年现金净流量不相等时，可用试误法逐次测试。

该方法的计算步骤如下：先估计一个贴现率，并用其计算投资项目的净现值。若净现值等于零，则该贴现率即为投资项目的内含报酬率，计算终止；若净现值大于零，即表明原先估计的贴现率低于该方案的内含报酬率，应提高贴现率，再进行测算（贴现率提高的幅度应该视已经计算出的净现值而定，即如果已经计算出的净现值越大，则贴现率提高的幅度就应该越大）；若净现值小于零，则表明原先估计的贴现率高于该项目的内含报酬率，应降低贴现率，再进行测算（贴现率降低的幅度也应该视计算出的净现值而定），经过若干次的重复，最终一定会找到使净现值由正到负的两个相差不是很大的贴现率。以 i_1、i_2 分别表示这两个贴现率，以 NPV_1 和 NPV_2 分别表示它们所对应的净现值。则该项目的内含报酬率可用以下公式计算：

$$IRR=i_1+\frac{NPV_1}{NPV_1-NPV_2}\times(i_2-i_1)$$

其中，一般要求 i_1 和 i_2 的差不能大于5%。

【实践应用6-6】项目A的现金流量见表6-4，计算该项目的回收期。

表6-4　　**项目A现金流量表**　　单位：万元

时期	0	1	2	3	4	5	6	7	8
现金净流量	-800	100	250	300	300	200	200	200	300
累计现金净流量	-800	-700	-450	-150	150	350	……		

从表6-4可以看出，该项目的累计现金净流量由负转正的时点是第3年到第4年之间，在第3年末还有150万元现金没有收回，而第4年共收回现金300万元，相当于到第3.5年时，项目资金被全部收回，因此该项目的投资回收期为3.5年，可用下式计算：

$$\text{项目A投资回收期}=3+\frac{|-150|}{300}=3.5\ (\text{年})$$

【实践应用6-7】项目B的现金流量见表6-5，计算该项目的回收期。

表6-5　　**项目B现金流量表**　　单位：万元

时期	0	1	2	3	4	5	6	7	8
现金净流量	-700	150	150	150	150	150	150	150	150
累计现金净流量	-700	-550	-400	-250	-100	50	……		

从表6-5可以看出，该项目的累计现金净流量由负转正的时点是第4年到第5年之间，可用下式计算：

$$\text{项目B投资回收期}=4+\frac{|-100|}{150}=4.67\ (\text{年})$$

由于该项目只有时期为0时点的现金净流量为负，且以后年度的现金净流量均相等，因此可用下式计算该项目的投资回收期：

$$\text{项目B投资回收期}=\frac{700}{150}=4.67\ (\text{年})$$

【实践应用6-8】某投资项目需要一次性投资600万元，运营期间各年的经营指标见表6-6。

表 6-6　　　　**投资项目经营指标**　　　　单位：万元

年份	1	2	3	4	5	6
经营收入	1 200	1 200	1 500	1 500	1 800	1 500
经营成本	800	800	1 000	1 000	1 200	1 000
折旧费用	100	100	100	100	100	100
利息	20	20	20	20	0	0
所得税	70	70	95	95	125	125
净利润	210	210	285	285	375	375

试计算该项目的总投资收益率，如果该企业的基准总投资收益率为30%，试评价该项目的可行性。

从以上资料可以看出，该投资项目运营期间各年的息税前利润分别为：300万元、300万元、400万元、400万元、500万元、500万元，年均息税前利润为400万元，因此该投资项目的总投资收益率为：

$$总投资收益率 = \frac{400}{600} \times 100\% = 66.67\%$$

因为66.7%>30%，所以从总投资收益率来看，该项目可行。

【实践应用6-9】某企业准备投资400万元引进一条生产线，该生产线有效期为8年，采用直线法折旧，期满无残值。该生产线当年投产，预计每年可实现净利润30万元。如果该项目的行业基准贴现率为8%，试计算其净现值并评价该项目的可行性。

$NCF_0 = 400$（万元）

每年折旧额 $= 400 \div 8 = 50$（万元）

则投产后各年相等的现金净流量（NCF_i）$= 30 + 50 = 80$（万元）

$NPV = -400 + 80 \times (P/A, 8\%, 8) = -400 + 80 \times 5.7466 = 59.728$（万元）

由于净现值大于0，说明该方案的报酬率超过8%，所以该项目可行。

【实践应用6-10】阳光公司拟投资一个新项目，现有甲、乙两个投资方案可供选择。

甲方案：投资总额500万元，建设期1年。投资分两次进行：第1年初投入300万元，第2年初投入200万元。第2年初建成投产，项目建成后可用5年，5年后固定资产的净残值忽略不计，投产后每年可获净利润50万元。

乙方案：投资总额600万元，建设期2年。投资分两次进行：第1年初和第2年初各投入300万元。项目建成后可用5年，5年后固定资产净残值为100万元。第2年初建成并投产，投产后该项目每年可获净利润分别为30万元、50万元、60万元、70万元和60万元。若该企业固定资产按直线法计提折旧，资金成本为10%，试采用净现值法进行方案选择。

甲方案每年的折旧 $= 500 \div 5 = 100$（万元）

乙方案每年的折旧=（600-100）÷5=100（万元）

甲方案的现金净流量见表6-7。

表6-7　**甲方案现金净流量**　单位：万元

时点	0	1	2	3	4	5	6
NCF_i	-300	-200	150	150	150	150	150

则根据净现值的计算公式有：

$NPV_{甲}$=150×（P/A，10%，5）×（P/F，10%，1）-200×（P/F，10%，1）-300

=（150×3.7908-200）×0.9091-300=35.11（万元）

乙方案的现金净流量见表6-8。

表6-8　**乙方案现金净流量**　单位：万元

时点	0	1	2	3	4	5	6
NCF_i	-300	-300	130	150	160	170	260

则根据净现值的计算公式有：

$NPV_{乙}$=130×（P/F，10%，2）+150×（P/F，10%，3）+160×（P/F，10%，4）+170×（P/F，10%，5）+260×（P/F，10%，6）-300×（P/A，10%，2）

=130×0.8264+150×0.7513+160×0.6830+170×0.6209+260×0.5645-300×1.7355

=61.08（万元）

因为$NPV_{乙}$>$NPV_{甲}$，所以乙方案较优。

【实践应用6-11】沿用实践应用6-10资料，分别计算甲、乙方案的净现值率，并做出投资评价。

根据实践应用6-10的资料，分别计算两方案的净现值率如下：

$$NPVR_{甲}=\frac{35.11}{200\times（P/F，10\%，1）+300}=0.073$$

$$NPVR_{乙}=\frac{61.08}{300\times（P/A，10\%，2）}=0.117$$

因为$NPVR_{乙}$>$NPVR_{甲}$，所以应该选择乙方案。

【实践应用6-12】沿用实践应用6-10资料，分别计算甲、乙方案的获利指数。

根据实践应用6-10确定的甲、乙方案的现金净流量，分别计算两方案的获利指数如下：

$$PI_{甲}=\frac{150\times（P/A，10\%，5）\times（P/F，10\%，1）}{200\times（P/F，10\%，1）+300}=1.073$$

$$PI_{乙}=\frac{130\times(P/F,10\%,2)+150\times(P/F,10\%,3)+160\times(P/F,10\%,4)+170\times(P/F,10\%,5)+260\times(P/F,10\%,6)}{300\times(P/A,10\%,2)}$$

$$=1.117$$

在已经计算出方案的净现值率或获利指数的情况下，则可以通过净现值率与获利指数的关系直接换算出另外一个。

【实践应用6-13】某投资项目的现金流量表见表6-9。

表 6-9　　　　　　　　　　**投资项目现金流量表**　　　　　　　　　　单位：万元

	0	1	2	3	4	5
NCF_i	-500	200	200	200	200	200

如果该项目的资金成本为12%，试用内含报酬率法判断该项目投资的可行性。

从投资项目的现金流量表可知，各年的营业现金净流量均相等，可以采用年金方法计算该项目的内含报酬率：

(P/A，IRR，5) = 500÷200 = 2.5

查表得：当 i_1 = 25%时，(P/A，25%，5) = 2.6893；当 i_2 = 30%时，(P/A，30%，5) = 2.4356。根据相关公式有：

$$IRR = 25\% + \frac{2.6893-2.5}{2.6893-2.4356} \times (30\% - 25\%) = 28.73\%$$

通过计算可知，IRR = 28.73% >12%，所以该投资项目可行。

【实践应用 6-14】某投资项目需要固定资产投资 24 000 元，使用寿命为 5 年，5 年后有净残值收入 4 000 元，采用直线法计提折旧，以后随着设备的陈旧，逐年将增加修理费 200 元，另需垫支流动资金 3 000 元，项目结束后收回。假定所得税率为 30%，该项目的资金成本率为 15%，试用内含报酬率法评价该投资项目的可行性。

根据上述资料，首先确定该投资项目的现金流量见表 6-10。

表 6-10　　　　　　　　　　**投资项目现金流量表**　　　　　　　　　　单位：万元

	0	1	2	3	4	5
NCF_i	-27 000	8 900	8 760	8 620	8 480	15 340

从现金流量表可知，该投资项目可采用试误法计算其内含报酬率，具体计算过程如下（见表 6-11）：

表 6-11　　　　　　　　　**投资项目现金流量现值计算表**　　　　　　　　　金额单位：万元

年度	每年 NCF	测试（16%）		测试（22%）		测试（24%）	
		复利现值系数	现值	复利现值系数	现值	复利现值系数	现值
0	-27 000	1.00	-27 000	1.00	-27 000	1.00	-27 000
1	8 900	0.862	7 671.8	0.820	7 298	0.806	7 173.4
2	8 760	0.743	6 508.68	0.672	5 886.72	0.650	5 694
3	8 620	0.641	5 525.42	0.551	4 749.62	0.524	4 516.88
4	8 480	0.552	4 680.95	0.451	3 824.48	0.423	3 587.04
5	15 340	0.476	7 301.84	0.370	5 675.8	0.341	5 230.94
净现值			4 688.69		434.62		-797.74

经过三次测算，找到了符合条件的两个分别使净现值为正和为负的贴现率，即

当贴现率为 22% 时，净现值为正，当贴现率为 24% 时，净现值为负，说明该投资项目的内含报酬率在 22% 和 24% 之间。即取 $i_1=22\%$，$NPV_1=434.62$（万元）；取 $i_2=24\%$，$NPV_2=-797.74$（万元）。根据相关公式有：

$$IRR=22\%+\frac{434.62-0}{434.62-(-797.74)}\times(24\%-22\%)=22.71\%$$

由于 IRR = 22.71% >15%，所以该投资项目可行。

6.3.3 互斥方案财务可行性评价决策

一般情况下，投资项目的方案分为两类：独立方案和互斥方案。所谓独立方案，就是一组互相分离、互不排斥的方案。也就是说，在独立方案中，选择一种方案并不排斥选择另一种方案。所谓互斥方案，就是在一组方案中，各个方案互相排斥，选择其中一个方案，就会自动排斥其他方案，下面主要讨论互斥方案的决策方法。

对一组互斥方案的比较决策过程如下：首先对每一个方案的财务可行性进行评价，选择完全具备财务可行性的项目作为备选方案；然后利用具体的评价指标和决策方法比较备选方案的优劣，最终选出一个最优方案。

为了确定互斥投资方案的评价方法，首先需要将互斥方案分为项目计算期相同与项目计算期不同这两种类型，其次需要将互斥方案分为投资额相同与投资额不同这两种类型，因此一共可以细分成四种情况。由于项目计算期不同时，无论投资额相同或不同，都可以采用年等额净回收额法，所以一般可以分成以下三种情况加以讨论：

1）项目计算期与投资额均相同

如果互斥投资项目的项目计算期与投资额均相同，此时最简单的方法是采用净现值法，选择净现值最大且大于零的方案为最优方案。

2）项目计算期相同，但投资额不同

如果互斥投资项目的项目计算期相同而投资额不同，可以选择净现值率法（或获利指数法）和差额内含报酬率法。下面主要介绍差额投资内含报酬率法。

差额投资内含报酬率法就是通过计算差额内含报酬率并与行业基准折现率进行比较来选择最优方案的方法。差额投资内含报酬率的计算方法与内含报酬率的计算方法相同，只是计算依据是差额净现金流量 ΔNCF。假设有方案 A 和方案 B，方案 A 的原始投资大于方案 B，计算差额净现金流量 $\Delta NCF=NCF_A-NCF_B$，利用 ΔNCF 计算得到的内含报酬率就是差额投资内含报酬率 ΔIRR。

如果差额投资内含报酬率大于或等于基准折现率，意味着方案 A 优于方案 B；如果差额投资内含报酬率小于基准折现率，意味着方案 B 优于方案 A。因此，当差额投资内含报酬率≥基准折现率时，应该选择投资额大的方案；否则，选择投资额小的方案。

3）项目计算期不同

当互斥方案的项目计算期不同时，可采用年等额净回收额法做出选择。

年等额净回收额法是通过比较所有投资方案的年等额净回收额指标的大小来选择最优方案的决策方法。在这种方法下，年等额净回收额最大的方案为最优方案。

如果某方案的净现值为NPV，行业基准折现率为 i_c，项目计算期为n，则年等额净回收额的计算公式如下：

$$年等额净回收额（NA）=\frac{净现值}{年金现值系数}=\frac{NPV}{(P/A,\ i_c,\ n)}$$

【实践应用6-15】某公司欲投资120万元新建一条生产线，有A、B、C三个互斥的备选方案可供选择。通过计算，这三个方案的净现值分别为：30.56万元，52.80万元和86.58万元。三个方案的项目计算期均为10年。要求：选择最优方案。

由于A、B、C三个方案的原始投资和项目计算期均相同，且 $NPV_C>NPV_B>NPV_A>0$，所以方案C为最优方案。

【实践应用6-16】项目A在建设起点投资120万元，以后8年每年的现金净流量为25万元；项目B在建设起点投资100万元，以后8年每年的现金净流量为20万元。假设行业基准折现率为10%。要求：假设项目A和项目B为互斥方案，试做出选择。

根据以上资料，两方案的项目计算期相同但投资额不同，可采用差额投资内含报酬率法进行比较决策。

首先，计算A-B的差额净现金流量ΔNCF：

$\Delta NCF_0=-120-(-100)=-20$（万元）

$\Delta NCF_{1\sim8}=25-20=5$（万元）

然后，计算差额内含报酬率ΔIRR：

$(P/A,\ \Delta IRR,\ 8)=20\div5=4$

查阅年金现值系数表，可知差额内含报酬率ΔIRR比18%高但比20%低，18%对应的年金现值系数为4.0776，20%对应的年金现值系数为3.8372，利用内插法计算如下：

$$\Delta IRR=18\%+\frac{4.0776-4}{4.0776-3.8372}\times(20\%-18\%)\approx18.65\%$$

因为ΔIRR>10%，所以方案A为较优方案。

【实践应用6-17】某公司欲投资新建一条生产线，有A、B两个互斥方案可供选择。方案A：引进国外生产线，原始投资2 200万元，项目计算期10年，净现值1 950万元；方案B：自行建设生产线，原始投资1 800万元，项目计算期9年，净现值1 600万元。假设行业基准折现率为12%。要求：对两方案进行比较决策。

根据以上资料，两个互斥方案原始投资额不同，项目计算期也不同，采用年等额净回收额法进行比较选择。

$$NA_A=\frac{1\ 950}{(P/A,\ 12\%,\ 10)}=345.12（万元）$$

$$NA_B=\frac{1\ 600}{(P/A,\ 12\%,\ 9)}=300.29（万元）$$

因为方案 A 年等额净回收额大于方案 B 年等额净回收额，因此方案 A 优于方案 B。

对于互斥性投资项目的选择，除了需要选择一个较为合理的评价方法外，还需要考虑不同方案的投资额与企业资金实力或计划投资额的匹配程度、投资项目的风险大小和企业的发展战略。对于无法确定项目收益但必须投资的互斥性投资项目，可以直接计算投资及运营成本的总现值或费用年值（投资及运营成本总现值除以年金现值系数），选择总现值或费用年值较小的投资方案。

6.3.4 利用 Excel 计算净现值和内含报酬率

在实际工作中，投资项目的计算期往往较长，现金净流量的影响因素较多，变化较频繁，因此投资项目的现金净流量常常会不断修正，采用手工计算评价指标会比较麻烦，但如果运用 Excel 进行现金流量表的编制和有关指标的计算就方便多了。利用 Excel 2003 计算净现值（NPV），实际上是通过调用 Excel 中的财务函数 NPV 实现的。

【知识链接】

财务函数 NPV

功能：通过使用折现率以及一系列未来现金流出（负值）和流入（正值），返回一项投资的净现值。

语法：NPV（rate，value1，value2，…）。

说明：rate 为项目折现率；value1，value2，…为 1 到 29 个参数，代表现金流出和流入，其中 value1，value2，…在时间上必须具有相等间隔，并且都发生在期末。

NPV 使用 value1，value2，…的顺序来解释现金流量的顺序。所以，务必保证支出和收入的数额按正确的顺序输入。

NPV 函数假定每一个现金流量均发生于各期期末。如果第一笔现金流量发生在第一期的期初，则第一笔现金必须添加到函数 NPV 的结果中，而不应包含在 values 参数中。

当建设起点没有现金流量时，净现值的计算公式为：

NPV = NPV（rate，value1，value2，…）

当建设起点有现金流量发生时，则应用下列公式计算净现值：

NPV = NPV（rate，value1，value2，…）+ NCF_0

6.3.5 利用 Excel 2003 计算内含报酬率

利用 Excel 2003 计算内含报酬率，实际上是通过调用 Excel 中的财务函数 IRR 实现的。

【知识链接】

财务函数 IRR

功能：返回由数值代表的一组现金流量的内含报酬率。这些现金流量不必为均衡的，但必须按固定的间隔产生，如按月或按年。

语法：IRR（values，guess）。

说明：values 为数组或单元格的引用，包含用来计算返回的内含报酬率的数字，values 必须包含至少一个正值和一个负值，以计算返回的内含报酬率；guess 为对函数 IRR 计算结果的估计值，在大多数情况下，并不需要为函数 IRR 的计算提供 guess 值，如果省略 guess，假设它为 0.1（10%）。

【实践应用 6-18】已知 A、B 两投资项目的现金净流量见表 6-12，折现率为 18%，运用 Excel 2003 计算其净现值。

表 6-12　　**A、B 投资项目的现金净流量表**　　单位：万元

时点	0	1	2	3	4	5	6	7	8	9	10	11
NCF_i（A）	0	-1 330	424	424	424	424	424	424	424	424	424	504
NCF_i（B）	-800	0	200	300	300	280	310	220	200	230	0	0

A 项目属于建设起点没有现金流量发生的情况，直接运用 NPV（rate，value1，value2，…）计算项目净现值。如图 6-1 所示，在单元格 D8 中输入 NPV 函数：NPV（18%，C6：M6），得到净现值 500.66 万元。

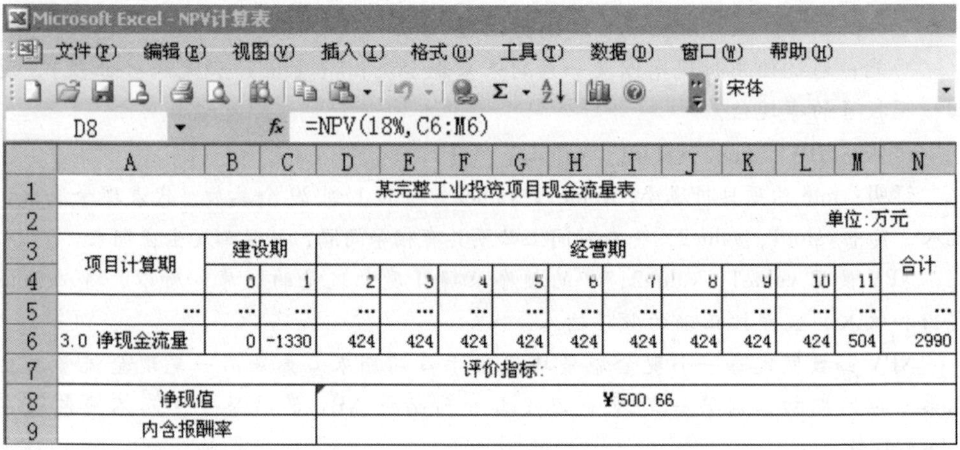

	A	B	C	D	E	F	G	H	I	J	K	L	M	N
1	某完整工业投资项目现金流量表													
2	单位:万元													
3	项目计算期	建设期		经营期										合计
4		0	1	2	3	4	5	6	7	8	9	10	11	
5	…	…	…	…	…	…	…	…	…	…	…	…	…	…
6	3.0 净现金流量	0	-1330	424	424	424	424	424	424	424	424	424	504	2990
7	评价指标:													
8	净现值			¥500.66										
9	内含报酬率													

图 6-1　项目净现值计算表

B 项目属于建设起点有现金流量发生的情况，应用下列公式计算：NPV = NPV（rate，value1，value2，…）+NCF_0。如图 6-2 所示，在单元格 D8 中输入 NPV 函数：NPV（18%，C6：K6）+B6，可计算得到净现值 92.31 万元。

【实践应用 6-19】沿用实践应用 6-18 资料，在 Excel 2003 中利用财务函数计算项目 B 的内含报酬率。

利用 Excel 2003 中的财务函数 IRR 计算内含报酬率非常方便。如图 6-3 所示，设计好表格，在 B6：K6 区域输入各期的现金流量，在单元格 D9 中输入财务函数 IRR（B6：K6），得到内含报酬率 21%。

需要说明的是，Excel 系统默认现金流量从第 1 期期末开始。因此，当 $NCF_0 \neq 0$ 时，利用财务函数计算 IRR 时各期的现金流量均往后顺延 1 年，这样得到的内含报酬率一定会小于项目的真实内部收益率，由于内含报酬率计算的特殊性，我们无

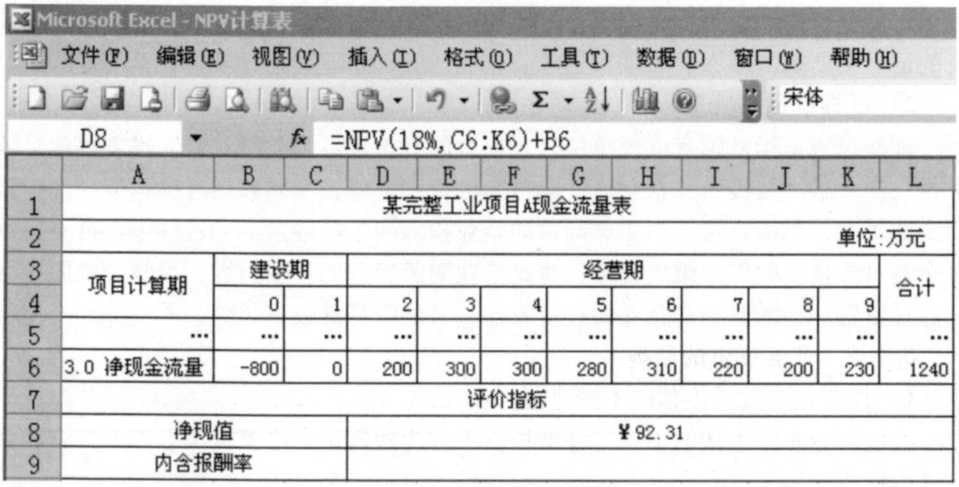

	A	B	C	D	E	F	G	H	I	J	K	L
1	某完整工业项目A现金流量表											
2												单位:万元
3	项目计算期	建设期		经营期								合计
4		0	1	2	3	4	5	6	7	8	9	
5	…	…	…	…	…	…	…	…	…	…	…	…
6	3.0 净现金流量	-800	0	200	300	300	280	310	220	200	230	1240
7	评价指标											
8	净现值			¥92.31								
9	内含报酬率											

图 6-2 项目净现值计算表

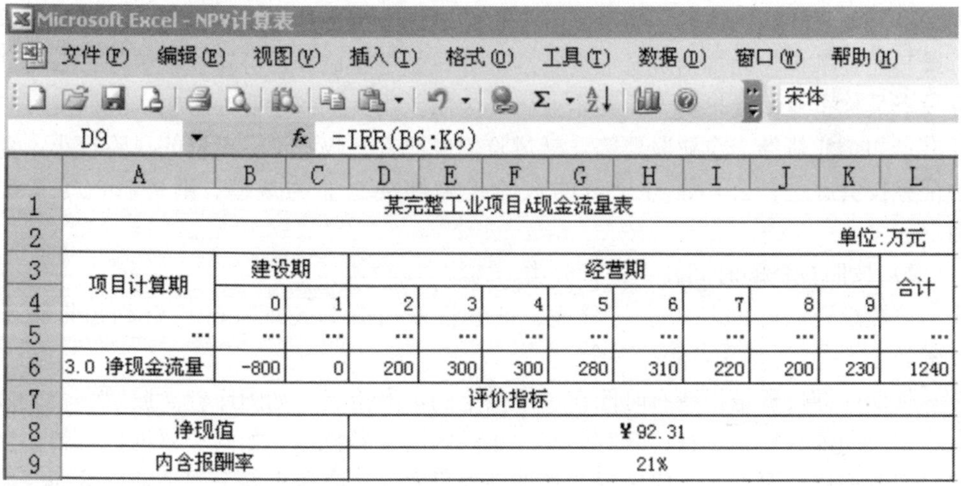

	A	B	C	D	E	F	G	H	I	J	K	L
1	某完整工业项目A现金流量表											
2												单位:万元
3	项目计算期	建设期		经营期								合计
4		0	1	2	3	4	5	6	7	8	9	
5	…	…	…	…	…	…	…	…	…	…	…	…
6	3.0 净现金流量	-800	0	200	300	300	280	310	220	200	230	1240
7	评价指标											
8	净现值			¥92.31								
9	内含报酬率			21%								

图 6-3 项目内含报酬率计算表

法将其调整为真实的内含报酬率。但在项目计算期不小于 2 年的情况下，误差通常会小于 1%，这种误差一般不会影响投资决策的正确性。

运用 Excel 进行项目现金流量表的编制及有关评价指标的计算非常简便，但是由于计算精度的原因，可能会导致计算结果与手上计算的稍有差异，但一般来说，这种误差在实际工作中可以忽略不计。

6.4 证券投资管理

6.4.1 证券投资的概念

1）证券的概念

证券是指票面载有一定金额、代表财产所有权和债权、可以有偿转让的凭证。在证券交易市场上证券的种类繁多，常见的有国库券、金融债券、企业债券、企业股票、商业票据、银行承兑汇票、可转让存单等。目前，在证券市场上可供企业投资的证券主要有国库券、短期融资券、企业债券、企业股票、可转让存单等。

2）证券投资的概念

证券投资是指以国家或外单位公开发行的有价证券为购买对象的投资行为。证券投资是一种间接投资，企业通过购买金融资产，将资金转移到直接从事生产经营的企业手中，再由直接从事生产经营的企业投入到生产经营活动过程中。证券投资是企业对外投资的重要组成部分，也是企业财务管理的重要内容。科学合理的进行证券投资管理，既能增加企业的投资收益，又能降低其投资风险。

6.4.2 证券投资的种类

1）按照证券发行主体的不同进行分类

按照证券发行主体的不同，证券投资可分为政府证券投资、金融证券投资和公司证券投资三种。

政府证券投资是指企业将资金用于购买中央政府或地方政府为筹集资金而发行的证券，如我国的国库券、特种债券等；金融证券投资是指企业将资金用于购买银行或其他金融机构为筹措资金而发行的证券，如金融债券、可转让存单等；公司证券投资又称企业证券投资，是指企业将资金用于购买工商企业为筹集资金而发行的证券，如企业债券、企业股票等。就风险程度而言，政府证券投资的风险较小，金融证券投资次之，公司证券投资的风险程度则视企业的规模、财务状况等情况而定。

2）按照投资的时间长短进行分类

按照投资的时间长短进行分类，证券投资可分为长期证券投资和短期证券投资。

长期证券投资是指持有时间在一年以上的证券投资，如国库券、股票、企业债券等；短期证券投资是指持有时间在一年以内的证券投资，如商业票据、可转让存单、商业承兑汇票等。一般来说，长期证券投资的风险较大，个别长期证券的变现能力差，投资报酬率相对较高；短期证券投资的风险比较小，变现能力强，投资报酬率相对较低。

3）按照收益状况的不同进行分类

按照收益状况的不同进行分类，证券投资可分为固定收益证券投资和变动收益证券投资。

固定收益证券投资是指购买的证券票面上规定有固定收益率的证券，如国库券的票面上规定有固定的利息率、商业票据的票面上规定有固定的贴现率、优先股的票面上规定有固定的股息率。变动收益证券投资是指购买的证券票面上不标有固定的收益率的证券，其投资的收益视企业的经营状况而变动，如普通股票的收益就是与发行企业的经营业绩相联系，经营业绩好，投资者的收益就高，反之，投资者的收益就低，如果发生亏损，投资者不但得不到投资收益，而且还要承担相应的亏损责任。一般而言，固定收益证券投资的风险较小，投资的报酬率较低；变动收益证券投资的风险较大，投资的报酬率也较高。

4）按照所体现的权益关系不同进行分类

按照所体现的权益关系不同进行分类，证券投资可分为所有权证券投资和债权证券投资两种。

所有权证券投资是指证券的持有人对发行单位具有一定管理权和控制权的证券投资，如股票投资。债权证券投资是指购买证券的持有人是发行单位的债权人的投资，这种证券的持有人一般对发行单位没有管理和控制权，如债券投资。

6.4.3 证券投资的风险与收益率

在市场经济条件下，企业进行投资的直接动因是要在未来取得预期的投资收益。企业经营存在经营风险，企业投资同样存在投资风险。一般而言，投资收益的大小与投资风险的大小成正相关关系，即投资风险程度越高，未来获得的收益就越大。

1）证券投资收益

企业进行证券投资的主要目的是获得投资收益。所谓证券投资收益是指投资者进行证券投资所获得的净收入，它主要包括债券利息、股利及资本利得等。

债券利息是指按债券面值、利率和期限计算的利息。投资者能否获得利息收入，取决于利息的支付方式和债券的持有时间。如果债券是到期时一次还本付息，则到期时债券持有者可得到全部利息；如果债券利息是分期支付，则只有利息支付期内持有债券的人才能获得当期的利息收益。债券利息收入的多少主要取决于债券利率的高低。

股利是股息和红利的总称，它是股份公司向股东分配的税后利润。股利支付的形式主要有现金股利和股票股利。现金股利是股份公司直接以现金向股东支付股利；股票股利则是股份公司通过增加股东的股份或给予股东优先购买权等方式分配的。

资本利得是指证券投资者进行证券买卖所得的价差收入，即证券出售价格减去证券购买价格和证券交易费用后的余额。

由于不同的证券有其不同的收益方式，因此，对证券投资收益的衡量需视不同的证券种类而异。证券投资的收益有两种表示方法，即绝对数和相对数。在财务管理中通常用相对数，即投资收益率来表示。

2）证券投资风险

企业进行证券投资时，在获得投资收益的同时，还必须承担一定的风险，收益和风险并存是证券投资的基本特征之一。所谓证券投资风险是指投资者在证券投资过程中遭受损失或达不到预期收益的可能性。证券投资风险一般可以分为系统性风险和非系统性风险。

（1）系统性风险。系统性风险又称为不可分散风险，它是某种因素给市场上所有的证券都会带来收益或损失的可能性。该风险主要来源于政治的、经济的和社会环境的变化等因素的影响，具体又可分为：①利率风险，由于市场利率水平的变化而引起损失的可能性；②市场风险，由于市场行情变化而引起损失的可能性；③购买力风险，由于通货膨胀而引起损失的可能性；④其他风险，如政治风险、经济风险、汇率风险等。

系统性风险会给证券市场上所有的证券都带来影响，它无法通过分散投资加以消除。系统性风险的大小用 β 系数来衡量，其表示该证券相对于整个证券市场的风险大小。当该证券的风险和整个证券市场的风险相同时，β 系数等于 1；当该证券的风险大于整个证券市场的风险时，β 系数大于 1；否则，小于 1。贝塔系数的计算比较复杂，单个证券的 β 系数由专业服务机构定期计算并对外公布。

（2）非系统性风险。非系统性风险是指某些因素对单个证券造成经济损失的可能性，它是只存在于个别行业或个别公司的风险。如某设备制造公司因其产品受市场需求的影响而引起销量大大下降，利润减少，最终导致它的股票价格下降。这种风险只影响了个别企业或个别行业，故它属于非系统性风险。非系统性风险具体可分为：①违约风险，证券发行公司不能按时向证券持有者支付利息和本金的可能性；②经营风险，因企业的决策与管理人员在经营管理过程中出现失误导致企业亏损、破产而使投资者遭受损失的可能性。

对于非系统性风险而言，投资者可以通过选择多品种的证券来抵消。因为在证券投资组合中，某些证券收益下降的同时可能会有另一些证券的收益上升，从而将风险抵消。因此，人们把非系统性风险又称为可分散风险。

6.4.4 债券投资决策

在进行债券投资之前，我们首先需要对债券的风险进行评估，在风险可承受的情况下，然后计算债券的投资收益率或估计其内在价值，并以此作为投资决策的依据。

1）债券投资收益率的计算

（1）持有时间较短，不考虑资金时间价值时，债券持有期收益率的计算

此时，债券持有期收益率主要考虑的因素是债券出售价格、债券买入价格和债券持有期限。计算公式为：

$$R=\frac{[(P_n-P_0)+D]/n}{P_0}\times 100\%$$

式中：R 表示债券投资收益率；P_n 表示债券卖出价；P_0 表示债券购买价格；D 表示持有期债券利息收入；n 表示债券持有年限。

【实践应用 6-20】小王于 2014 年 6 月 30 日以 105 元的价格购买面值为 100 元、票面利率为 4%、每年 1 月 1 日付息一次（单利）到期还本的 2010 年 1 月 1 日发行的 8 年期国库券，并计划持有到 2015 年 6 月 30 日以 110 元的价格卖出，计算债券持有期收益率为多少？

债券持有期内利息收入 $=100\times 4\%\times 1=4$（元）

$$\text{债券持有期间收益率}=\frac{(110-105)+4}{105}\times 100\%=8.57\%$$

即该债券持有期间的年收益率约为8.57%。

（2）持有时间较长，债券持有至到期收益率的计算

债券持有至到期收益率是指购进债券后一直持有至到期日可获得的收益率。这个收益率是指按复利计算的投资收益率，它实际上是指能使未来现金流入现值等于债券买入价格的贴现率，也就是使净现值等于零的贴现率。计算公式如下：

$$P=\frac{I_1}{(1+i)^1}+\frac{I_2}{(1+i)^2}+\cdots+\frac{I_n}{(1+i)^n}+\frac{F}{(1+i)^n}$$

式中：P表示债券目前价格；I表示每年的利息；i表示债券到期的收益率；n表示债券期数；F表示债券到期的本金。

【实践应用6-21】小刘2014年1月1日用平价购买长江实业刚发行的面值为1 000元、票面利率为5%、期限为3年的公司债券，每年1月1日支付一次利息，试计算该公司持有到期时的投资收益率。

根据以上资料，投资收益率i计算公式如下：

1 000=（1 000×5%）×（P/A，i，3）+1 000×（P/F，i，3）

采用试算法计算出该债券的投资收益率i为5%。

【实践应用6-22】长航公司2014年2月1日用1 105元购买一张面额为1 000元的债券，其票面利率为8%，每年2月1日计算并支付一次利息，并于5年后的1月31日到期，试计算该债券的到期收益率。

根据以上资料，投资收益率i计算公式如下：

1 105=80×（P/A，i，5）+1 000×（P/F，i，5）

采用试算法计算如下：

设i=6%，则有：

80×（P/A，6%，5）+1 000×（P/F，6%，5）

=80×4.2124+1 000×0.7473=336.99+747.3=1 084.29（元）

由于贴现结果大于1 000，但仍小于1 105，还应进一步降低贴现率，再用i=4%试算：

80×（P/A，4%，5）+1 000×（P/F，4%，5）

=80×4.4518+1 000×0.8219=356.14+821.9=1 178.04（元）

此时，贴现结果高于1 105，可以判断，收益率高于4%，因此该债券的到期收益率应该介于4%～6%之间。用插值法计算近似值：

$$R=4\%+\frac{1\ 178.04-1\ 105}{1\ 178.04-1\ 084.29}\times(6\%-4\%)=5.56\%$$

采用试算法比较麻烦，实际工作中也可通过下面的简便计算法求得近似的结果：

$$\text{到期收益率}=\frac{1+(F-P)/n}{(F+P)/2}\times100\%$$

式中：P表示债券价格；I表示每年的利息；n表示债券到期前的年数；F表示债券到期归还的本金。

以实践应用 6-22 数据为例代入，可得：

$$到期收益率=\frac{80+（1\ 000-1\ 105）/5}{（1\ 000+1\ 105）/2}\times 100\%=5.6\%$$

从上述计算可以看出，如果债券的市场价格与债券面值不相等，则债券的到期收益率与债券的票面利率就不同。

到期收益率是指导债券投资者是否选购债券的标准，它可以反映债券投资的真实收益率：当到期收益率高于投资者期望投资报酬率时，就可以购买；否则，就应放弃。

2）债券的估价

投资者进行债券投资，债券的价格是其关注的主要问题之一。而企业在发行债券时，是否合理地确定债券的发行价格，也直接影响到是否能够及时足额地筹集到所需资金。所以，我们必须掌握债券的估价方法。下面介绍几种常见的债券估价模型。

（1）一般情况下的债券估价模型

一般情况下的债券估价模型是指按年付息到期还本的债券估价模型，其计算公式为：

$$P=\sum_{t=1}^{n}\frac{i\times F}{(1+k)^{t}}+\frac{F}{(1+k)^{n}}=i\times F\ (P/A,\ K,\ n)\ +F\times\ (P/F,\ K,\ n)$$

式中：P 表示债券价格；i 表示债券票面利息率；F 表示债券面值；n 表示债券总期数；K 表示市场利率或投资者期望投资收益率。

【实践应用 6-23】某债券面值为 100 元，票面利率为 6%，期限为 5 年，当前的市场利率为 8%。如果该债券的价格为 93 元，小王能否购买该债券？

根据以上资料，该债券的估值为：

$$P=（100\times 6\%）\times（P/A，8\%，5）+100\times（P/F，8\%，5）=6\times 3.9927+100\times 0.6806$$
$$=92.02（元）$$

由计算可知，该债券的价格高于其估价 92.02 元，小王不应该购买。

（2）一次还本付息且不计复利的债券估价模型

一次还本付息不计复利的债券估价计算公式为：

$$P=（F+F\times i\times n）\times（P/F，k，n）$$

【实践应用 6-24】某债券面值为 100 元，票面利率为 5%，期限为 5 年，单利计息到期一次还本付息。小王要求的年期望投资报酬率为 8%，问该债券价格为多少时，他才能购买？

根据以上资料，该债券的估值为：

$$P=（100+100\times 5\%\times 5）\times（P/F，8\%，5）=125\times 0.6806=85.08（元）$$

即该债券价格低于 85.08 元时，小王才能购买。

（3）复利计息，到期一次性还本付息的债券估价模型

复利计息，到期一次性还本付息的债券估价计算公式如下：

$$P=F（F/P，i，n）\times（P/F，k，n）$$

【实践应用 6-25】某公司拟发行每张面值为 100 元，票面利率为 6%，期限为

3 年，到期还本付息的公司债券。如果当前的市场利率为 5%，试计算该债券的内在价值。

根据以上资料，该债券的内在价值为：

$$P=100\times(F/P,6\%,3)\times(P/F,5\%,3)=100\times1.191\times0.8638=102.88\text{（元）}$$

由计算可知，该债券的内在价值为 102.88 元。

3）债券投资的优缺点

债券投资的优点：（1）本金较安全。政府债券有国家财力作后盾，本金能收回，通常被视为无风险证券。企业进行破产清算时，债权人具有优先求偿权，优先于股东参加企业资产的分配或清算，收回本金也有一定保障。（2）收入较稳定。债券票面上一般都标有固定利息率，债券发行单位有义务按时支付利息，因此在正常经营情况下，利息收入比较稳定可靠。（3）流动性较好，变现能力较强。特别是政府及大企业发行的债券很容易流通和变现。

债券投资的缺点：（1）购买力风险较大。债券的面值和利息率在发行时就已经确定，由于利息率固定，如果投资期间的通货膨胀率比较高，本金和利息的购买力将不同程度地受到侵蚀，在通货膨胀率非常高时，投资者虽然名义上有收益，但实际上可能是潜在损失。（2）没有经营管理权。因债券投资是一种债权投资，无权参与债券发行单位的经营管理。

6.4.5　股票投资决策

企业进行股票投资的目的主要有两种：一种是作为一般的证券投资，获取股利收入及股票买卖价差；另一种是利用购买某一企业的大量股票达到控制该企业的目的。在第一种情况下，企业仅将某种股票作为证券组合的一个组成部分，不应冒险大量购买股票；而在第二种情况下，企业可能需要投资购买目标企业的股票，以达到控制的目的。下面我们主要讨论第一种情况的股票投资。和债券投资一样，此时，也是在考虑风险的情况下，计算股票投资收益率或对股票进行估价，并作为投资决策的重要依据。

1）股票投资收益的计算

投资者进行股票投资，一般不外乎三种情况：一种情况是短期持有、未来出售；另一种情况是长期持有、中途出售；第三种情况是永久持有。

（1）短期持有、未来出售的股票收益率的计算

短期股票投资收益率的计算和短期债券投资收益率的计算方法一样，不考虑资金时间价值，直接计算收益额与买入价的比率即可。其收益计算的基本公式如下：

$$i=\frac{[(P_n-P_0)+D]/n}{P_0}\times100\%$$

式中：i 表示股票投资收益率；P_n 表示股票卖出价；P_0 表示购买股票价格；D 表示持有期间的股利收入；n 表示股票持有年限。

（2）长期持有、中途出售的股票收益率的计算

长期持有、中途出售的股票投资收益率的计算，需考虑资金时间价值。企业进

行股票投资，一般情况下每年可获得股利，只是股利每年是经常变化的。股票出售时也可收回一定的资金，股票投资收益率是使各期股利及股票售价的复利现值等于股票买入价时的贴现率。股票投资收益率可按下式计算：

$$P=\sum_{t=1}^{n}\frac{D_t}{(1+i)^t}+\frac{F}{(1+i)^n}$$

式中：P 表示股票的购买价格；F 表示股票的出售价格；D_t 表示股票 t 的每股股利；n 表示投资期限；i 表示股票投资收益率。

（3）永久持有股票投资收益率的计算

如果投资者永久持有股票，每年只能获得股利收入，此股利收入可视为一个永续年金的现金流入问题。根据永续年金现值计算公式推知，永久持有股票投资收益率的计算公式为：

$$P=\sum_{t=1}^{\infty}\frac{D_t}{(1+i)^t}$$

该计算公式仅仅是一个理论计算公式，只有在特殊情况下，才能计算出股票投资收益率。例如，假设股利固定增长的情况下，可用下列公式计算其股票投资收益率：

$$i=\frac{D_1}{P}+g$$

式中：D_1 表示该股票第 1 年的每股股利；g 表示股利增长率；其他同上。

2）股票的估价

企业进行股票投资前可以对股票进行估价，并要分析其与股票市价之间的关系。如果股票估价高于股票价格，就可以考虑投资；否则，就不应该进行投资。

股票的估价方法基本上有两种模型：一是按股票的内在价值计算其投资价值；二是利用市盈率分析股票的公平价值。现就这两种模型估价方法介绍如下：

（1）内在价值模型

股票的内在价值为持有该股票后获得未来现金净流量的总现值，其基本模型为：

$$P=\sum_{t=1}^{\infty}\frac{D_t}{(1+i)^t}$$

①短期持有股票的估价。投资者不准备长期持有股票，而是要在合适的时候以 Pn 的价格出售，以赚取股市买卖差价，其估价计算公式为：

$$P=\sum_{t=1}^{n}\frac{D_t}{(1+i)^t}+\frac{P_t}{(1+i)^n}$$

②长期持有且股利固定增长的股票估价模型为：

$$P=\frac{D_1}{i-g}$$

（2）市盈率法估价模型

上述股票价格的计算方法，在理论上比较健全，但对未来股利的正确预计较为复杂，其要求比较高，对一般投资者而言，往往很难做到。在实践中，可用市盈率法粗略估算股票的公平价值。

市盈率是指股票的每股市价与每股收益的比率，它反映投资者愿意用每股盈余的多少倍的货币来购买这种股票。有关计算公式如下：

P＝行业平均市盈率×该股票每股收益

投资者可以根据证券机构提供的同类股票过去若干年的平均市盈率，乘以该股票的每股收益，计算出股票的公平价值，用公平价值与当前市价进行比较并作出投资决策。

3）股票投资的优缺点

股票投资的优点：（1）投资收益率高。普通股票的价格虽然变动频繁，但从长期来看，优质股票的价格总是上涨的居多，只要选择得当，都能取得较优厚的投资收益。（2）购买力风险低。普通股票的股利不固定，在通货膨胀率比较高时，由于物价普遍上涨，股份公司盈利增加，股利支付也随之增加，因此，与固定收益债券相比，普通股票能有效地降低购买力风险。（3）拥有经营管理（或控制）权。普通股股东是股份公司的所有者，股东有权监督和管理企业的生产经营，即有生产经营管理权，因此，如果想控制一个企业，最好是收购这个企业的股票，以达到拥有控制该企业的股权份额。

股票投资的缺点：（1）求偿权居后。普通股对企业资产和盈利的求偿权居于最后，若股份公司破产时，股东原来的投资可能得不到全额清偿，有的甚至一无所得。（2）价格不稳定。在证券交易市场，普通股票的价格很不稳定，政治因素、经济因素、投资者的心理因素、企业的盈利状况等都会直接或间接影响股票价格，这就使股票投资具有较高的风险。（3）股利收入不稳定。普通股股利分红的多少，视企业经营和财务状况而定，无法律上的保证，其收入的风险远远大于固定收益证券，具有较大的不确定性。

【实践应用 6-26】黄山公司于 2014 年 4 月 8 日购入 1 000 股每股市价为 40 元的股票。2014 年 6 月 5 日该公司每股获得现金股利 1 元，2014 年 10 月 8 日该公司以每股 42 元的价格售出该股票，试计算该股票的年投资收益率。

根据以上资料，黄山公司持有该股票的半年数，其持有期间的收益率为：

$$i=\frac{[(42-40)+1]/0.5}{40}\times 100\%=15\%$$

【实践应用 6-27】某公司于 2013 年 6 月 1 日投资 560 万元购买股票 100 万股，在 2014 年、2015 年的 5 月 31 日每股各分得现金股利 0.35 元和 0.50 元，并于 2015 年 6 月 1 日以每股 7 元的价格将股票全部出售，试计算该股票的年投资收益率是多少？

根据以上资料，可列出下列等式：

$$560=\frac{100\times 0.35}{(1+i)^{1}}+\frac{100\times 0.50}{(1+i)^{2}}+\frac{700}{(1+i)^{2}}$$

采用试算法计算如下：

①取 i＝18%，计算股票的内在价值：

$V_1=35\times 0.8475+50\times 0.7182+700\times 0.7182=568.31$（万元）

由于568.31万元大于560万元，说明估计的贴现率较低，需提高贴现率。

②取 $i=20\%$，计算股票的内在价值：

$$V_2=35\times0.8333+(50+700)\times0.6944=549.97\text{（万元）}$$

由于549.97万元小于560万元，说明该股票的投资收益率在18%～20%之间，采用插值法计算其收益率：

$$\frac{i-18\%}{20\%-18\%}=\frac{560-568.31}{549.97-568.31}$$

$$i=18.91\%$$

故该股票的年投资收益率为18.91%。

【实践应用6-28】王飞计划购买长林科技公司的股票，该公司去年的每股收益为0.2元，以后每年的股利增长率为5%，如果该公司目前的股价为10元，试计算其投资收益率。

根据以上资料，该公司的股票投资收益率为：

$$i=\frac{0.2\times(1+5\%)}{10}+5\%=7.1\%$$

【实践应用6-29】小李准备购买A公司的股票，并打算2年后以每股10元的价格转让出去，如果持有2年的每股现金股利分别为1元和1.5元，市场的资金成本为10%，那么小李应该在什么价位购买该股票比较有利？

根据以上资料，该股票的估价为：

$$P=\frac{1}{(1+10\%)}+\frac{1.5}{(1+10\%)^2}+\frac{10}{(1+10\%)^2}$$

$$=1\times0.9091+1.5\times0.8264+10\times0.8264=10.41\text{（元）}$$

通过计算可知，当该公司的股票价格低于10.41元时，小李可以考虑购买。

【实践应用6-30】某企业拟购买某公司的股票，该公司上年每股股票实际股利为2元，预计以后每年以5%的速度递增，企业期望年投资收益率为10%，试问该股票价格在多少元时才能购买？

$$P=\frac{2\times(1+5\%)}{10\%-5\%}=42\text{（元）}$$

通过计算可知，当该公司股票价格不超过42元时，企业可以考虑购买。

【实践应用6-31】某公司所在行业类似公司的平均市盈率为20倍，该公司的每股盈余为2元，试计算该公司股票的公平价值。

根据以上资料，该公司股票的公平价值为：

$$P=20\times2=40\text{（元）}$$

6.4.6 基金投资决策

投资基金19世纪始创于英国，20世纪发展于美国，后来很快在日本、德国、法国、中国香港和中国台湾等众多国家和地区得到普及。投资基金在全世界范围内的长足发展，已经成为继股票、债券之后又一个非常重要的投资工具。

1）投资基金的含义

投资基金是一种利益共享、风险共担的集合投资方式，它通过发行投资基金单位，集中投资者的资金，由投资基金托管人托管，由投资基金管理人对资金进行统一管理和运作，从事股票、债券等金融工具的投资，并将投资收益按基金投资者的投资比例进行分配的一种间接投资方式。

基金的称谓，不同的国家各有不同，如美国称之为“共同基金”，英国称之为“单位信托基金”，日本称之为“证券投资信托基金”，其他国家和地区有称之为“互助基金”、“投资基金”等。尽管称谓各异，但投资基金的组建框架及操作过程基本上都是相同的。

2）投资基金的种类

按照不同的分类方法可将投资基金分出若干种类，下面只介绍几种主要种类划分。

（1）根据变现方式不同，投资基金可分为封闭式基金和开放式基金。封闭式基金是指基金的发起人在设立基金时，限定了基金单位的发行总额，筹集到这个总额后，基金即宣告成立，并进行封闭，在一定时期内不再接受新的投资。基金单位的流通采取在交易所上市的办法，投资者以后要买卖基金单位都必须经过证券经纪商，在二级市场上进行竞价交易。开放式基金是指基金发起人在设立基金时，基金单位的总数是不固定的，可视经营策略和发展需要追加发行。投资者也可根据市场状况和各自的投资决策，或者要求发行机构按现期净资产值扣除手续费后赎回股份或受益凭证，或者再买入股份或受益凭证，增加基金单位份额的持有比例。

封闭式基金与开放式基金的区别主要表现在以下几个方面：①期限不同。封闭式基金通常有固定的封闭期，而开放式基金没有固定期限，投资者可随时向基金管理人赎回。②基金单位的发行规模要求不同。封闭式基金在招募说明中列明其基金规模，开放式基金没有发行规模限制。③基金单位转让方式不同。封闭式基金的基金单位在封闭期限内不能要求基金公司赎回，只能寻求在证券交易场所出售或柜台市场上出售给第三者。开放式基金的投资者则可以在首次发行结束一段时间后，随时向基金管理人或中介机构提出购买或赎回申请。④基金单位的交易价格计算标准不同。封闭式基金的买卖价格受市场供求关系的影响，并不必然反映公司的净资产值。开放式基金的交易价格则取决于基金的每单位资产净值的大小，其卖出价一般是基金单位资产净值加5%左右的首次购买费，买入价即赎回价是基金券所代表的资产净值减去一定的赎回费，基本不受市场供求影响。⑤投资策略不同。封闭式基金的基金单位数不变，资本不会减少，因此基金可进行长期投资，基金资产的投资组合能有效地在预定计划内进行。开放式基金因基金单位可随时赎回，为应付投资者随时赎回兑现，基金资产不能全部用来投资，更不能把全部资本用来进行长线投资，必须保持基金资产的流动性，在投资组合上需保留一部分现金和可随时兑现的金融商品。

（2）按照组织形式，投资基金可分为契约型基金和公司型基金。契约型基金又称为单位信托基金，是指把受益人（投资者）、管理人、托管人三者作为基金的当事人，由管理人与信托人通过签订信托契约的形式发行受益凭证而设立的一种基金。契约型基金是基于基金契约原理而组织起来的代理投资行为，通过信托契约来规范三方当事人的行为。基金管理人负责基金的管理操作；基金托管人作为基金资产的名义持有人，负责基金资产的保管和处置，对基金管理人的运作实行监督。公司型基金是按照《公司法》以公司形态组成的，该基金公司以发行股份的方式募集资金，一般投资者购买该公司的股份即为认购基金，也就成为该公司的股东，凭其持有的基金份额依法享有投资收益。公司型基金的特点：一是基金公司的设立程序类似于一般股份公司，基金公司本身依法注册为法人，但不同于一般股份公司的是，它是委托专业的基金管理公司来经营与管理；二是基金公司的组织结构与一般股份公司类似，设有董事会和持有人大会，基金资产由公司所有，投资者则是这家公司的股东，承担风险并通过持有人大会行使权力。

契约型基金与公司型基金的不同点主要体现在以下几个方面：①资金的性质不同。契约型基金的资金是信托财产，公司型基金的资金为公司法人的资本。②投资者的地位不同。契约型基金的投资者购买受益凭证后成为基金契约的当事人之一，即受益人。公司型基金的投资者购买基金公司的股票后成为该公司的股东，以股息或红利形式取得收益。因此，契约型基金的投资者没有管理基金资产的权力，而公司型基金的股东通过股东大会和董事会享有管理基金公司的权力。③基金的运营依据不同。契约型基金依据基金契约运营基金，公司型基金依据基金公司章程运营基金。

（3）按照投资对象不同，投资基金可分为股票基金、债券基金、货币基金、期货基金、期权基金、认股权证基金和专门基金。股票基金是所有基金品种中最为流行的一种类型，它是指投资于股票的投资基金，其投资对象通常包括普通股和优先股，其风险程度较个人投资股票市场要低得多，且具有较强的变现性和流动性，因此它也是一种比较受欢迎的基金类型。债券基金是指投资管理公司为稳健型投资者设计的，投资于政府债券、市政公债、企业债券等各类债券品种的投资基金。债券基金一般情况下定期派息，其风险和收益水平通常较股票基金低。货币基金是指由货币存款构成投资组合，协助投资者参与外汇市场投资，赚取较高利息的投资基金，其投资工具包括银行短期存款、国库券、政府公债、公司债券、银行承兑票据及商业票据等。这类基金的投资风险小，投资成本低，安全性和流动性较高，在整个基金市场上属于低风险的安全基金。期货基金是指投资于期货市场以获取较高投资回报的投资基金。由于期货市场具有高风险和高回报的特点，因此投资期货基金既可能获得较高的投资收益，同时投资者也面临着较大的投资风险。期权基金就是以期权作为主要投资对象的基金。期权是一种选择权，是买卖期货合约的选择权利。期权交易就是期权购买者向期权出售者支付一定费用后，取得在规定时期内的任何时候，以事先确定好的协定价格，向期权出售者购买或出售一定数量的某种商品合约的权利。认股权证基金就是以认股权证为投资对象的基金，认股权证是指由股份有限公司发行的能够按照特定价格，在特定时间内购买一定数量该公司股票的选择权凭证。由于认股权证的价格是由公司的股份决定的，一般来说，认股权证的投资风险较股票要大得多，因此认股权证基金也属高风险基金。专门基金是由股票基金发展演化而成，属分类行业股票基金，它包括黄金基金、资源基金、科技基金、房地产基金等。这类基金的投资风险较大，收益水平易受市场行情的影响。

3）基金投资的收益计算

对于投资者来说，基金的收益是指购买基金后所获得现金净收入，等于基金收益减相关税费，其中基金收益主要包括：基金投资所得红利和基金买卖价差。基金投资收益一般是以基金收益率指标来计量，包括持有期间收益率和年化收益率。

基金收益率是指基金持有期间的基金收益占基金购买成本的比率，其目的是反映基金的相对增值的情况。其计算公式为：

$$基金收益=持有期间红利+基金买卖价差$$

$$持有期间基金收益率=\frac{基金收益}{基金购买成本}$$

$$年化基金收益率=\frac{基金收益}{基金购买成本}\times\frac{360}{持有天数}$$

4）基金的价格

（1）封闭式投资基金的价格

按照基金的价值形式不同，封闭式投资基金的价格有面值、净值和市价三种，分别出现在三个不同阶段。第一阶段是基金发行阶段，发行价格一般为基金面值（即平行发行，我国基金发行时一般按照 1.01 元的单位价格发行，其中 0.01 元为发行费用）；第二阶段是基金发行期满后至基金上市日之前，这时的基金价格是按基金净值计算；第三阶段是基金上市交易后的阶段（又称为交易阶段），这时的基金价格是由交易双方根据证券交易市场的供求关系决定的市价。

一般情况下，封闭式基金的价格根据市场供求关系围绕基金单位净值上下波动。基金单位净值是当前的基金总净资产与基金总份额的比值，其计算公式为：

$$基金单位净值=\frac{基金总净资产}{基金总份额}$$

其中：基金总净资产=基金资产总额-基金负债总额

（2）开放式投资基金的价格

开放式投资基金的柜台交易价格完全以基金单位净值为基础，基金管理公司通常采用两种报价形式，即卖出价和赎回价。

卖出价是基金管理公司卖出基金的单位价格，也就是投资者的认购价，其计算公式为：

$$基金卖出价=基金单位净值+首次认购费$$

赎回价是基金管理公司赎回基金的单位价格，也就是投资者的卖出价，其计算公式为：

$$基金赎回价=基金单位净值-基金赎回费$$

5）基金投资的分析

投资者在准备进行基金投资时，首要的问题是要在众多的基金管理公司中选择出最适合自己的基金管理公司，然后再从该公司管理的基金中选择自己最满意的基金。关于对基金管理公司的选择，总的应着重从公司业绩、服务品质与收费标准、公司专业水平、诚信程度、持续经营能力等方面，通过综合考虑选择满意的基金管理公司。下面主要从单个基金的选择、基金投资方法和基金投资的优缺点三个方面加以分析。

（1）单个基金的选择

投资者在选择基金时，不要简单地选择最有可能赚钱的基金进行投资，因为收益高的基金往往风险也高，其遭受投资损失的可能性也大。投资者应根据自身条件和需要选择最适合自己的基金。一般应考虑以下因素：

①基金规模。一般来说，基金规模越大，其收益越稳定，但其收益率越低。因此，我们在选择基金时，需要根据自己的偏好来选择。如果追求高收益，愿意承担风险，则可以选择规模较小的基金，否则，应该选择规模较大的基金。

②基金的历史业绩。对基金业绩的分析，应该从一个较长的时间看，不能只看当前的业绩。一个好的基金应该在较长的时间里，总体保持业绩优良且稳定。

③基金的相对业绩。要确定了解基金的表现，不能只看收益率，还应该将基金的收益率与合适的基准进行比较。所谓合适的基准是指同类型证券基金的平均收益率。只有同类基金才有可比性，也就是说，股票基金要与股票基金作对比，债券基金要与债券基金作对比。此外，在同类基金中还应该尽量选择规模相当的基金作为比较对象。

④基金的投资组合。基金的投资组合决定着将来的收益率和风险大小，因此对基金的投资标的的分析非常重要，可以帮助我们预测该基金将来的表现。

（2）基金的投资方法

目前在国际基金市场中较为盛行的投资策略与方法主要有以下四种：

①固定比例投资法。固定比例投资法要求投资者将其资金按固定比例投资于不同种类的基金。当某种基金由于净资产变动而使投资比例发生变化时，就迅速卖出或买进该种基金，维持原投资比例不变。当然这种投资策略并非是一成不变的，有经验的投资者往往每隔一定期限就调整一次投资组合的比例。该方法能有效地抵御投资风险，不至于因某种基金表现不佳而使投资大幅度亏损。

②平均成本投资法。平均成本投资法对进行长期基金的投资者是最常用的投资策略，这种投资策略是指每隔一段固定的时间（如一个月或半年）以固定的金额去购买某种基金。由于价格是经常变动的，所以每次购买的基金份额有多有少，实际上就把基金单位价格波动对购买份额的影响相互抵消了，在一定时间内分散了以较高价格认购基金的风险，长此以往就降低了所购基金的平均单位成本。

③适时进出投资法。适时进出投资法是指投资者完全将市场行情作为买卖基金的依据，当预测行情即将下跌时，就减少手中的基金份额；反之则增加。该法适合

于短线投资者，而且进与出也因人而异。

④更换基金投资法。这种投资法认为，任何一种基金的价格均随市场而涨跌，投资者应追随强势基金，必要时要断然割弃那些业绩不佳的基金。通常这种投资策略在牛市中比较管用，因为在熊市中几乎所有的基金行情均为惨淡，即使更换基金品种往往也无济于事。

综上所述，以上四种投资方法与策略各有利弊，投资者应根据自身的条件、特点、资金状况及基金市场的变化情况有针对性的加以选择，以获得较好的投资收益。

（3）基金投资的优缺点

基金投资的优点：①基金投资的最大优点是能够在不承担太大风险的情况下获得较高收益。一方面，基金投资具有专家理财优势，投资基金的管理人都是投资方面的专家，他们在投资前均进行多种研究和分析，从而能够降低风险，提高收益；另一方面，投资基金具有资金规模优势，我国的投资基金一般拥有20亿元以上的资金，有些开放式投资基金资金规模达100亿元以上，这种资金优势可以进行充分的投资组合，从而能够降低风险，提高收益。②投资者不必投入太多的时间和精力。投资者主要是在选择基金前做好功课，持有期间关注基金的净值变化即可，不必花大量的时间研究各种证券的市场变化情况。

基金投资的缺点：①无法获得很高的投资收益。投资基金在投资组合过程中，在降低风险的同时，也丢失了获得巨大收益的机会。②在证券市场整体大幅度下跌的情况下，投资人可能承担较大风险。

【实践应用6-32】保利基金管理公司经批准发行开放式基金，2014年基金资产市场总价值年初为780万元，年末为1 000万元；负债账面价值年初为200万元，年末为250万元；基金股份数年初为260万股，年末为300万股。假设公司收取首次认购费，认购费率为基金单位净值的2%，不再收取赎回费。试计算该公司下列指标：①基金净资产价值总额；②基金单位净值；③基金认购价；④基金赎回价；⑤持有基金的年化收益率。

①基金净资产价值总额（年初）= 资产市场价格-负债总额 = 780-200 = 580（万元）

基金净资产价值总额（年末）= 1 000-250 = 750（万元）

②基金单位净值（年初）$=\dfrac{\text{基金净资产价值总额}}{\text{基金股份数}}=\dfrac{580}{260}=2.23$（元/股）

基金单位净值（年末）$=\dfrac{750}{300}=2.5$（元/股）

③基金认购价（年初）= 基金单位净值+首次认购费 = 2.23×（1+2%）= 2.27（元）

基金认购价（年末）= 2.50×（1+2%）= 2.55（元）

④基金赎回价（年初）= 基金单位净值-基金赎回费 = 2.23-0 = 2.23（元）

基金赎回价（年末）= 2.50-0 = 2.50（元）

⑤基金年化收益率 $=\dfrac{2.5-2.27}{2.27}\times100\%=10.13\%$

6.4.7 证券投资组合

1）证券投资组合的概念

证券投资组合是指投资者为了降低风险而选择两种或两种以上的证券作为一组投资对象的集合，其主要目的是为了降低投资风险。恰当的证券投资组合可以在风险一定的情况下使收益率尽可能最大，或在收益率一定的情况下使风险尽可能小。

证券的市场价格受多种因素的影响，证券之间的价格变化往往存在一定的相关性。有些证券价格的变化方向相同，这类证券可称为正相关证券；有些证券价格的变化方向相反，这类证券可称为负相关证券。证券之间的这种相关性可以用相关系数来表示：当两种证券的相关系数为1时，说明这两种证券完全正相关；当两种证券的相关系数为-1时，说明两种证券完全负相关。完全正相关的证券进行组合，由于其价格变化方向相同而不会明显降低风险；完全负相关的证券组合，由于其价格变化相反而可以抵消或分散风险。

2）证券投资组合的策略

证券投资组合策略是指根据市场上各种证券的具体情况以及投资者对风险的偏好与承受能力，选择相应的证券组合形式。常见的策略有以下三种：

（1）保守型投资组合策略。该策略是将投资组合的证券包括尽可能多的证券类别，以便分散全部的可分散风险。由于该策略尽量模拟证券市场现状，其承担的风险与市场风险相近，其收益水平也基本与市场平均收益相当。

（2）冒险型投资组合策略。该策略主张尽可能多地选择一些成长性较好的股票，不选或少选低风险低报酬的股票，从而使投资组合的收益高于证券市场的平均收益。但该策略的风险也比市场的平均风险要高，它适合具有冒险实力和偏好的投资者。

（3）适中型投资组合策略。该策略认为，股票的价格主要是由企业的经营业绩决定的，只要企业的经济效益好，股票的价格终究会体现其优良的业绩。故在进行股票投资时，要全面深入地进行证券投资分析，选择一些品质优良的股票组成投资组合。

3）证券投资组合的实现形式

由于风险的普遍性，任意持有一组证券不一定能使风险分散或降低，因此，对不同证券及投资方式的风险与收益进行分析，并在此基础上选择一些具有互补关系的证券进行组合，才能保证投资组合的有效性。具体而言，可通过如下方式来实现有效的组合投资：

（1）确定不同风险等级的证券组成投资组合。证券投资组合的目的不是一味地追求风险最低，而是在风险可接受的前提下实现投资收益的最大化。因此，通过市盈率的计算与比较，投资者可以对各种证券的风险进行排队，然后根据自身的风险承受能力来选择证券投资组合。投资者根据证券发行企业的财务报告及股市行情日报表，分析测算不同证券的投资收益率，然后依据自身收益率的期望值和风险承受能力选择一个最佳的投资组合。

（2）确定不同弹性的证券组成投资组合。证券弹性是证券流动性大小的重要指标，它是指投资者持有的证券得以转让、转换或清偿的可能性。对于上市证券而言，不同的证券有不同的流动性，流动性的大小被看成是风险大小的一个指标。如债券的流动性要强于股票，它的风险也就低于股票，但债券的收益却比股票要低。因此，投资者要从权衡风险与收益的利弊出发，在不同弹性的证券之间进行有机组合，从而分散或降低风险，稳定或提高收益。

(3) 确定不同期限的证券组成证券投资组合。投资者短期持有的证券由于其流动性好，其风险要比企业作为长期投资工具而持有的长期证券要小得多，如果投资者能将不同期限的证券进行合理的搭配，以组成不同投资期限证券的投资组合，也可以在降低风险的同时实现较高的收益。因此，投资者应根据自身的利益偏好和风险承受能力，将资金分散于长、中、短期的投资方式上面，力求做到将长期余裕资金用于收益稳定的长期投资；将中期余裕资金用于市价及收益不明确的新上市股或收益周期性波动股票；将短期闲置资金主要用于市价波动较大的投机性股票。

此外，投资者还可以按照行业的不同或企业的不同进行证券投资组合，以组成具有组合效应的投资集合。

本章小结

本章主要首先介绍了企业投资的相关概念及其分类，其次介绍了企业进行投资决策的一般程序和可行性分析方法，最后具体介绍了项目投资和证券投资的具体内容，其中证券投资包括债券投资、股票投资和基金投资三种类型。

项目投资是以特定项目为对象，直接与新建项目或更新改造项目有关的长期投资行为。它是企业直接的、生产性的对内实物投资，通常包括固定资产投资、无形资产投资和流动资产投资等内容。完整的项目投资管理包括项目的提出、评价、决策、实施等一系列的过程管理，其重点是项目的可行性评价和项目实施过程管理。在考虑资金时间价值的情况下，项目投资决策首先需要确定投资项目的现金净流量，在此基础上，计算相应的财务评价指标（主要包括净现值、净现值率、获利指数和内含报酬率），然后通过比较投资项目的财务指标值做出相应的可行性或最优性评价。

证券投资是指以国家或外单位公开发行的有价证券为购买对象的投资行为。证券投资是一种间接投资，企业通过购买金融资产，将资金转移到直接从事生产经营的企业手中，再由直接从事生产经营的企业投入到生产经营活动过程中。企业进行债券投资和基金投资的主要目的是在控制风险的情况下获取一定的投资收益，因此这两类投资应该特别关注投资证券的风险和投资收益率。企业进行股票投资的目的主要有两种：一种是作为一般的证券投资，获取股利收入及股票买卖价差；另一种是利用购买某一企业的大量股票达到控制该企业的目的。企业在进行股票投资时应该根据投资目的，做出最优的投资决策。

证券投资组合是指投资者为了降低风险而选择两种或两种以上的证券作为一组

投资对象的集合，其主要目的是为了降低投资风险。恰当的证券投资组合可以在风险一定的情况下使收益率尽可能最大，或在收益率一定的情况下使风险尽可能小。企业在进行证券投资时，应该注意投资组合问题。

思考题

1. 投资对企业有何重要意义？
2. 项目投资有什么特点？
3. 投资项目分析的现金流量由几部分构成？各包括哪些具体内容？
4. 现金流量的分析应注意什么问题？
5. 投资项目的评价指标有哪些？如何计算？各有什么优缺点？
6. 怎样进行多个互斥方案的比较决策？
7. 长短期证券投资收益率计算有何区别？
8. 证券投资有哪些风险？
9. 债券持有期收益率如何计算？
10. 股票股价方法有哪些？
11. 基金收益率如何计算？
12. 封闭式投资基金价格的基金单位净值如何计算？

练习题

一、单项选择题

1. 在存在所得税的情况下，以“利润+折旧”估计经营期净现金流量时，“利润”是指(　　)。

A. 利润总额　　B. 净利润　　C. 营业利润　　D. 息税前利润

2. 假定某项目的原始投资在建设期初全部投入，其预计的净现值率为15%，则该项目的获利指数是(　　)。

A. 6.67　　B. 1.15　　C. 1.5　　D. 1.125

3. 下列投资项目评价指标中，不受建设期长短、投资回收时间先后及现金流量大小影响的评价指标是(　　)。

A. 投资回收期　　B. 投资利润率　　C. 净现值率　　D. 内部收益率

4. 下列各项中，不会对投资项目内部收益率指标产生影响的因素是(　　)。

A. 原始投资　　B. 现金流量　　C. 项目计算期　　D. 设定折现

5. 某完整工业投资项目的建设期为0，第1年流动资产需用额为1 000万元，流动负债需用额为400万元，则该年流动资金投资额为(　　)万元。

A. 400　　B. 600　　C. 1 000　　D. 1 400

6. 下列因素中，不会影响债券价值的是(　　)。

A. 票面价值和票面利率　　B. 市场利率

C. 到期日与付息方式　　D. 购买价格

7. 净现值与现值指数相比，其缺点是(　　)。

A. 考虑资金时间价值　　B. 考虑了投资风险

C. 不便于投资额相同方案的比较　　D. 不便于投资额不同方案的比较

8. 某投资项目原始投资为15 000元，当年完工投产，有效期4年，每年可获得现金净流量5 000元，则该项目内含报酬率为(　　)。

A. 12.21%　　B. 12.59%　　C. 13.04%　　D. 13.52%

9. 已知某证券的β系数等于1，则表明此证券(　　)。

A. 无风险

B. 有非常低的风险

C. 和金融市场所有证券平均风险一致

D. 比金融市场所有证券平均风险高一倍

10. 某投资方案贴现率为15%时，净现值为430万元，当贴现率为17%时，净现值为790万元，则该方案的内含报酬率为(　　)。

A. 15.7%　　B. 15.22%　　C. 17.34%　　D. 17.56%

11. 当净现值为零时，则可说明(　　)。

A. 投资方案无收益　　B. 投资方案只能获得平均利润

C. 投资方案只能收回投资　　D. 投资方案亏损，应拒绝接受

12. 假定某项投资的风险系数为1.5，无风险收益率为10%，市场平均收益率为20%，其期望收益率为(　　)。

A. 15%　　B. 25%　　C. 30%　　D. 20%

13. 下列长期投贤决策评价指标中，其数值越小越好的指标是(　　)。

A. 净现值率　　B. 投资回收期　　C. 内部收益率　　D. 投资利润率

14. 当某方案的净现值大于零时，其内部收益率(　　)。

A. 小于零　　B. 一定等于零

C. 一定大于设定折现率　　D. 可能等于设定折现率

15. 如果其他因素不变，一旦折现率提高，则下列指标中数值将会变小的是(　　)。

A. 净现值率　　B. 投资利润率　　C. 内部收益率　　D. 投资回收期

二、多项选择题

1. 下列方法中属于加速折旧方法的有(　　)。

A. 使用年限法　　B. 工作量法

C. 双倍余额递减法　　D. 年数总和法

2. 按照资本资产定价模式，影响特定股票预期收益率的因素有(　　)。

A. 无风险的收益率　　B. 平均风险股票的必要收益率

C. 特定股票的β系数　　D. 财务杠杆系数

3. 某投资项目终结点年度的税后利润为100万元，折旧为10万元，回收流动资金20万元，回收固定资产残值5万元，下列表述正确的是(　　)。

A. 回收额为25万元　　B. 回收额为5万元

C. 经营净现金流量为110万元　　D. 终结点净现金流量为135万元

4. 未考虑货币时间价值的主要决策方法有(　　)。

A. 内含报酬率法　B. 投资回收期法　C. 现值指数法　D. 投资报酬率法

5. 证券投资的收益包括(　　)。

A. 现价与原价的价差　　B. 股利收益

C. 债券利息收益　　D. 出售收入

6. 与财务会计使用的现金流量表相比，项目投资决策所使用的现金流量表的特点有(　　)。

A. 只反映特定投资项目的现金流量　　B. 在时间上包括整个项目计算期

C. 表格中不包括任何决策评价指标　　D. 所依据的数据是预计信息

7. 净残值是下列哪两个项目的差额(　　)。

A. 固定资产原值　B. 重置价值　C. 固定资产残值　D. 清理费用

8. 下列项目中，属于现金流入项目的有(　　)。

A. 营业收入　B. 建设投资　C. 回收流动资金　D. 经营成本节约额

9. 股票投资的缺点有(　　)。

A. 求偿权居后　B. 价格不稳定　C. 收入不稳定　D. 购买力风险大

10. 采用加速折旧方法，在使用前期多提折旧，其依据是(　　)。

A. 考虑货币时间价值因素　　B. 新设备效率高

C. 减轻前期税负　　D. 降低投资风险

11. 当新建项目的建设期不为0时，建设期内各年的净现金流量可能(　　)。

A. 小于0　B. 等于0　C. 大于0　D. 大于1

12. 在长期投资决策中，属于建设期现金流出的项目有(　　)。

A. 固定资产投资　　B. 开办费投资

C. 经营成本节约额　　D. 无形资产投资

13. 下列项目中，属于经营期现金流入项目的有(　　)。

A. 营业收入　　B. 回收流动资金

C. 经营成本节约额　　D. 回收固定资产余值

14. 下列长期投资决策评价指标中，需要以已知的行业基准折现率作为计算依据的有(　　)。

A. 净现值率　B. 现值指数　C. 内部收益率　D. 投资利润率

15. 采用净现值法评价投资项目可行性时，所采用的折现率通常有(　　)。

A. 投资项目的资金成本率　　B. 投资的机会成本率

C. 行业平均资金收益率　　D. 投资项目的内部收益率

三、判断题

1. 所有的劳动资料都是固定资产。　　(　　)

2. 投资者可以根据证券的内在价值与当前市场价格的比较来决定是否进行证

券投资。 (　　)

3. 某投资方案的净现值为零，则该方案贴现率可称为该方案的内含报酬率。 (　　)

4. 固定资产投资决策使用的现金流量，实际上就是指各种货币资金。 (　　)

5. 折旧属于非付现成本，不会影响企业的现金流量。 (　　)

6. 净现值与现值指数之间存在一定的对应关系，当净现值大于零时，现值指数大于零但小于1。 (　　)

7. 变动收益证券比固定收益证券风险要小，报酬要高。 (　　)

8. 一般而言，银行利率下降，证券价格下降；银行利率上升，证券价格上升。 (　　)

9. 现值指数大于1，说明投资方案的报酬率低于资金成本。 (　　)

10. 在比较任何两个投资方案时，内部收益率较高的方案较优。 (　　)

四、计算分析题

1. 某企业拟购置一台设备，购入价200 000元，预计可使用5年，净残值为8 000元，假设资金成本为10%，投产后每年可增加利润50 000元。

要求：(1) 用“年数总和法”计算该设备的各年折旧额；

(2) 列式计算该投资方案的净现值；

(3) 列式计算该投资方案的现值指数。

2. 某企业准备购入一设备以扩充生产能力，现有甲，乙两个方案可供选择。甲方案需投资20 000元，使用寿命5年，采用直线法计提折旧，5年后无残值，5年中每年可实现销售收入为15 000元，每年付现成本为5 000元。乙方案需投资30 000元，采用直线法计提折旧，使用寿命也是5年，5年后有残值收入4 000元，5年中每年销售收入为17 000元，付现成本第1年为5 000元，以后逐年增加修理费用200元，另需垫支营运资金3 000元。假设所得税税率为40%，资金成本为12%。

要求：(1) 计算两个方案的现金流量；

(2) 计算两个方案的净现值；

(3) 计算两个方案的现值指数；

(4) 计算两个方案的内含报酬率；

(5) 计算两个方案的投资回收期；

(6) 试判断应采用哪个方案。

3. 某企业于2013年3月8日投资850元购进一张面值1 000元，票面利率8%，每年付息一次的债券，并于2014年3月8日以900元的价格出售。

要求：计算该债券的投资收益率。

4. 预计ABC公司明年的税后利润为1 000万元，发行在外普通股500万股，假设股利的逐年增长率为6%，投资人要求的必要报酬率为10%，预计盈余的60%用于发放股利。

要求：用股利固定增长的股票股价模式计算其股票价值。

第7章

营运资金管理

学习目标

理论目标：(1) 理解营运资金的概念及其特点；(2) 掌握营运资金管理的原则与要点；(3) 掌握现金管理、应收账款管理和存货管理的基本内容。

实践目标：(1) 掌握现金管理的基本方法，尤其是最佳现金持有量的确定方法；(2) 掌握应收账款管理的管理基本方法，尤其是信用政策的制定方法；(3) 掌握存货管理的基本方法，尤其是最佳经济订货量的确定方法。

7.1 营运资金管理概述

7.1.1 营运资金的概念及其特点

1) 营运资金的概念

营运资金亦称营运资本，是指流动资产减去流动负债后的余额。流动资产是指可以在一年内或超过一年的一个营业周期内变现的资产，主要包括货币资金、短期投资、应收及预付账款、存货等；流动负债则是指在一年或超过一年的一个营业周期内必须清偿的债务，主要包括短期借款、应付票据、应付账款、预收账款、应付职工薪酬、应交税费、一年内到期的长期借款等。在资产负债表中，流动资产列于左上方，流动负债列于右上方。从财务管理角度看，流动资产与流动负债之间存在一定的对应关系，且一般流动资产大于流动负债，因为企业应该持有适当数量的营运资金，如果缺乏营运资金，会给企业带来短期的经营风险和支付风险。但是，营运资金的盈利能力比较差，不宜过多持有，否则，会降低企业的资产收益率。

2) 营运资金的特点

营运资金的特点可以通过流动资产和流动负债的特点体现出来。

流动资产是企业资产中流动性最强的组成部分，生产经营活动往往伴随着流动资产内部之间的不断转换，企业也因此获得利润。流动资产具有以下特点：

(1) 投资回收期短，变现能力强。投资于流动资产的资金一般在一年或一个营业周期内收回，相对于固定资产来说，其回收期较短。同时，当企业急需现金时，流动资产的变现能力也比较强，因为：①流动资产很容易变卖或转让；②在变卖或转让的过程中，流动资产的价值一般不会遭受较大的损失。

(2) 投资风险较小，获利能力较弱。企业在流动资产如现金和存货中保持大量投资，就会减少由于存货不足而影响生产经营和不能按时偿债的可能性。但是，流动资产的增加会降低企业的整体投资效益，所以流动资产投资必须保持一个恰当的水平。

（3）周转频繁，数量波动较大。流动资产的数量并非一个常数，随着供产销的变化，其数量时高时低，起伏不定，季节性企业在这点上表现尤其突出。企业在生产经营过程中的流动资产，可以划分为固定性流动资产和波动性流动资产。固定性流动资产是维持企业正常生产经营活动所必需的流动资产，一般比较稳定；而波动性流动资产是由于临时或季节性原因，一般具有很强的波动性。对于流动资产投资管理来说，应该尽可能使流动资产的变动与企业生产经营的波动保持一致。

（4）占用形态经常变动。流动资产在循环周转过程中，经过供、产、销三个阶段，其占用形态不断变化，即按现金—材料—在产品—产成品—应收账款—现金的顺序不断转化。企业营业利润主要是通过流动资产在这种不断的循环周转的过程中得以实现的。流动资产管理的重点就是要使这种周转顺利高效地进行，而要保持流动资产周转的顺利进行就必须加强现金、应收账款和存货的管理。

流动负债具有以下特点：

（1）融资速度快。一般说来，筹借短期借款比筹借长期借款不仅容易取得，而且所需时间往往较短，因为贷款方往往不需要对借贷方进行财务状况评估。

（2）财务弹性高。与长期负债相比，流动负债使企业具有较大的灵活性，企业可以根据自己的资金需要量，及时调整流动负债的数额。

（3）筹资成本低。在正常情况下，相同的贷款时间，相应数额的短期贷款比长期贷款所付利息要少一些。而对于某些具有“自然筹资”性质的流动负债（如应付账款、应交税费等），则没有筹资成本。

（4）偿债风险大。流动负债的偿还期较短，当企业的资金周转产生问题而企业的短期筹资能力有限时，企业将面临不能偿还到期债务的风险。

3）营运资金管理的要点

营运资金管理就是对流动资产和流动负债的管理，一个企业要维持正常的运转就必须要拥有适量的营运资金，因此营运资金管理是企业财务管理的重要组成部分。其要点是，一方面应该加快现金、存货和应收账款的周转速度，尽量减少资金的闲置和占用，降低资金占用成本；另一方面应该充分利用商业信用，满足资金短期周转需要，同时在适当的时候向银行借款，利用财务杠杆，提高权益资本收益率。

企业加强营运资金管理，首先应该建立与完善企业营运资金管理制度。对于营运资金管理的各个环节，通过制定相应的制度明确内部管理责任，如应收账款的管理环节，有些企业认为催收货款是财务部门的事，与销售部门无关，其实这是一种错误的观点。事实上，销售部门应对催收应收账款负主要责任，只有这样，销售人员在提供赊销商品时，就会自觉建立客户信用档案，协助财务部门对客户的信用情况进行深入分析与调查，并进行信用等级设置，对处于不同等级的客户实行不同的信用政策，减少赊销风险。其次，应该站在企业全局的角度，构建科学的预测体系，进行科学预算。预算包括销售预算、采购预算、投资预算、人工预算、费用预算等，这些预算使企业能及时得到资金的各种信息，提高资金的使用效率。同时，这些预算可以协调企业各部门的工作，提高内部协作的效率，还可事先把握市场变化，以便企业及时采取措施减少存货的市场风险。最后，应该提高营运资金的管理信息化水平，使企业可以及时、准确地提高营运资金信息，为企业决策服务。

7.1.2 营运资金的管理原则与战略

1）营运资金管理的基本原则

企业的营运资金在全部资金中占有相当大的比重，而且周转期短、形态易变，是企业财务管理工作的一项重要内容。企业进行营运资金管理，应遵循以下原则：

（1）保证资金合理需求的原则。企业应该认真分析生产经营状况，合理确定营运资金的需要数量。企业营运资金的需求数量与企业生产经营活动有直接关系。一般情况下，当企业产销两旺时，流动资产会不断增加，流动负债也会相应增加；而当企业产销量不断减少时，流动资产和流动负债也会相应减少。营运资金的管理必须把满足正常合理的资金需求作为首要任务。

（2）高效运用资金的原则。加速资金周转是提高资金使用效率的主要手段。提高营运资金使用效率的关键就是采取得力措施，缩短营业周期，加快营运资金周转。因此，企业要千方百计地加速存货、应收账款等流动资产的周转，以便用有限的资金服务于更大的生产规模，为企业取得更好的经济效益提供条件。

（3）资金成本节约的原则。在营运资金管理中，必须正确处理保证生产经营需要和节约资金使用成本二者之间的关系。要在保证生产经营需要的前提下，遵守节约原则，尽力降低资金使用成本。一方面，要挖掘资金潜力，盘活全部资金，精打细算地使用资金；另一方面，积极拓展融资渠道，合理配置资源，筹措低成本资金。

（4）流动资产与流动负债匹配的原则。偿债能力的高低是企业财务风险高低的标志。合理安排流动资产与流动负债的比例关系，保持流动资产结构与流动负债结构的适配性，保证企业有足够的短期偿债能力是营运资金管理的重要原则之一。

2）营运资金管理战略

营运资金管理可以分为营运资金的投资和融资两个环节，企业财务管理者必须经常思考两个问题：一是当前需要多少营运资金；二是如何筹集营运资金。企业为了长期保持营运资金管理与决策的科学性，首先必须制定营运资金管理战略，具体包括流动资产的投资战略和流动资产的融资战略。

（1）流动资产的投资战略。由于销售水平、成本、生产时间、存货补给时订货到交货的时间、顾客服务水平、首款和支付期限等方面存在不确定性，因此流动资产的投资决策至关重要。一个企业必须选择与其业务需要和管理风格相适应的流动资产投资战略。如果企业管理政策趋于保守，就会选择较高的流动资产水平，但这种策略会降低企业的盈利能力；如果管理政策偏向激进，就会选择较低的流动资产水平，以便获得较多的盈利。具体的流动资产投资战略有以下几种：

①紧缩的流动资产投资战略。在这种战略下，企业会让现金、存货和应收账款

等都处于一个较低的水平，刚刚满足企业的正常需要。这种策略可能会减少企业的销售收入，因为紧缩的产品存货政策不利于顾客选择商品，紧缩的信用政策也可能会降低客户的购买意愿。但是，只要不可预见的事件没有损坏企业的流动性而导致严重的问题发生，紧缩的流动资产投资战略可以提高企业效益。

②宽松的流动资产投资战略。在这种战略下，企业将保持高水平的现金、应收账款和存货，此时既可以降低企业的营运风险，也可以扩大企业的销售。但是，对流动资产的高投资可能会降低企业效益。

流动资产投资战略的选择取决于企业对风险和收益的权衡。此外，一个企业的流动资产战略可能还受产业因素的影响。在销售边际毛利较高的产业，如果从额外销售中获得的利润超过额外应收账款所增加的成本，宽松的信用政策可能为企业带来更为可观的收益。流动资产投资战略的另一个影响因素是决策者的风险偏好。运营经理通常喜欢高水平的存货，以便满足生产所需；销售经理喜欢高水平的产成品存货以便满足顾客的需要，喜欢宽松的信用政策以便刺激销售；而财务管理经理喜欢使存货和应收账款最小化，以减少资金占用和流动资产融资成本。

（2）流动资产的融资战略。一个企业对流动资产的需求数量，一般会随着产品销售的变化而变化。例如，产品销售季节性很强的企业，当销售处于旺季时，流动资产的需求一般会更旺盛，可能是平时的几倍；当销售处于淡季时，流动资产需求一般会减弱，可能是平时的几分之一。在企业经营状况不发生较大变化的情况下，流动资产的需求具有一定的相对稳定性，可以将其界定为流动资产的永久性水平。当销售发生季节性变化时，流动资产将会在永久性水平的基础上增加或减少。因此，流动资产可以被分解为两部分：永久性部分和波动性部分。流动资产的永久性水平具有相对稳定性，是一种长期的资金需求，可以通过长期负债融资或权益性资金解决；而波动性部分的融资则相对灵活，最经济的办法是通过低成本的短期融资解决。

融资战略可分为：期限匹配型融资战略、保守型融资战略和激进型融资战略。任何一种战略都可能是合适的，这取决于企业收益的变化情况、利率的变动情况和管理者的风险偏好。

①期限匹配型融资战略。在这种战略下，永久性流动资产和固定资产采用长期融资方式解决，波动性流动资产采用短期融资方式解决。

②保守型融资战略。在这种战略下，长期融资不仅满足固定资产和永久性流动资产的资金需求，还部分满足波动性流动资产的资金需求。此时，短期融资水平较低，短期偿债能力较强，但资金成本较高，会降低企业的经营效益。

③激进型融资战略。在这种战略下，长期融资仅仅满足固定资产和部分永久性流动资产的资金需求，极端情况下甚至可能只满足部分固定资产的资金需求。此时，由于过多地使用短期融资方式，会出现不能偿还短期债务的风险。但由于资金成本较低，会提高企业的经营效益。

7.2 现金管理

7.2.1 现金管理的内容与目标

狭义的现金指的是现钞，广义的现金则包括库存现金、银行存款、银行本票、银行汇票等。由于有价证券的变现能力强，可以很快转化成为现金，因此可以视为一种准现金。企业可以根据自己的现金状况，让资金与有价证券相互转化，从而既可以满足企业对资金的需要，又可以提高企业资金的使用效率。现金是一种特殊的流动资产，其特殊性表现在两个方面：一方面是其盈利性较差，另一方面是其容易被挪用与侵吞。

1）现金管理的内容

（1）按照国家的有关现金管理的规定和企业的实际情况，建立现金的内部管理制度；

（2）编制现金收支计划，以便合理地估计未来的现金需求；

（3）在现金收支计划的基础上，通过一定的控制手段对日常现金收支进行管理；

（4）确定企业的最佳现金持有量，为企业的现金持有水平确定一个参照标准；

（5）对现金存放银行、购买有价证券进行决策并决定企业持有现金的种类和数量结构；

（6）对现金的筹措进行管理。

2）现金管理的目标

现金管理的目标是在保证企业生产经营所需现金的情况下，尽量降低现金的持有成本。具体而言，现金管理有两个主要目标：

（1）现金的持有量能满足企业业务往来的需要；

（2）将闲置资金减少到最低限度。

7.2.2 现金的持有动机和成本

1）现金的持有动机

凯恩斯把企业及其他经济单位持有现金的动机分为三类：

（1）交易动机。交易动机是指企业在日常生产经营活动中，为了满足经常性支付需要而持有现金的动机，如用于购买原材料、支付工资等。企业每天的现金收入和支出很少同时等额发生，保留一定的现金余额可使企业在现金支出大于现金收入时，不致中断交易。

（2）预防动机。预防动机是指为了应付意外需求而持有一定数量现金的动机。预防动机对企业的现金持有量有较大的影响。例如，航空公司的现金需求具有较高的不确定性，天气情况、燃油价格、乘客数量等因素的经常性变化使其进行现金流量预测极为困难，所以航空企业往往需要持有较多的现金，以备不时之需。预防动机所需现金的多少取决于以下三个因素：①正常现金收支预测的可靠程度；②企业临时筹措现金的能力；③企业愿意承担信用风险的程度。在实际工作中，企业还可以通过持有一定数量的有价证券来满足预防动机需要，这种准现金资产可以获得一个较高的收益率。

（3）投机动机。投机动机是指企业为了抓住短期的、临时的获利机会而持有现金的动机。一般来说，这种投资机会具有时间短、收益高的特点。例如，利用原材料价格的波动进行投机，在估计原材料价格将大幅上扬时，大量购进原材料，从而获得价差收益。

2）现金的成本

企业拥有任何资产都有成本，现金的成本通常由以下三个部分组成：

（1）持有成本。现金的持有成本是指企业因持有现金而放弃的再投资收益（机会成本）和相应增加的管理费用。例如，某企业持有现金 100 万元，若投资于证券，可以获得 5% 的收益率，即现金的再投资收益为 5 万元。现金的再投资收益具有变动成本属性，它与现金的持有量存在正比例关系。持有现金的管理费用是指企业为了对所持有的现金进行管理而发生的费用，主要包括管理人员的工资及必要的安全设施费用等。持有现金的管理费用具有固定成本的属性，在一定范围内，它一般与所持有的现金数量没有关系。

（2）转换成本。转换成本是指企业用现金购入有价证券以及转让有价证券换取现金时所付出的交易费用，即现金同有价证券之间相互转换的成本，主要包括委托买卖佣金、印花税、证券过户费等。严格地讲，转换成本并不都是固定费用，有的具有变动成本性质，如委托买卖佣金和印花税，这些费用通常是按照委托成交金额计算的。在证券总额既定的条件下，无论变动次数是多少，所需支付的委托成交费用是相同的。因此，那些依据委托成交金额计算的转换成本与证券转换次数关系不大，属于决策的无关成本。这样，与证券变动次数密切相关的转换成本便只包括其中的固定性交易费用，如委托手续费。这时，转换成本与证券转换次数呈线性关系，即：转换成本总额=证券转换次数×每次的转换成本。

证券转换成本与现金持有量的关系是：在现金需要量既定的前提下，每次现金持有量即有价证券变现额的多少，必然会对有价证券的变现次数产生影响，即现金持有量越少，进行证券变现的次数就越多，相应的转换成本就越大；反之，现金持有量越多，证券变现的次数就越少，需要的转换成本就越小。

（3）短缺成本。现金的短缺成本是指在现金无法满足交易需要而给企业造成的各种损失，包括直接损失和间接损失。直接损失是由于现金短缺给企业的生产经营活动造成的损失，例如，由于现金短缺而无法购进急需的原材料，使得企业的生产经营中断而给企业造成的损失。间接损失是指由于现金短缺而给企业带来的无形损失，例如，由于现金短缺而不能按期支付货款，从而给企业的信用和形象造成的损害。现金的短缺成本随现金持有量的增加而下降，随着现金持有量的减少而上升。

7.2.3 现金收支计划的编制

现金收支计划是在预计未来一定时期内企业现金收支的基础上，为使现金的流入与流出保持平衡而编制的计划。现金收支计划可以采用收支预算法按年、季或月编制，一般包括现金收入、现金支出、净现金流量、现金期末余额和现金余缺等项目。

1）现金收入

现金收入包括营业现金收入和其他现金收入两部分。

（1）营业现金收入主要是指产品销售收入的现金流入，其数据可以从销售计划中取得。销售计划是企业编制其他计划的基础，一般应优先编制。财务管理人员在编制销售计划时应注意：①必须把现销与赊销分开，并单独分析赊销的收款时间和金额；②必须考虑企业收账中可能出现的有关影响现金流入的因素，如现金折扣、销售退回与折让、坏账损失等。

（2）其他现金收入通常包括设备租赁收入、证券投资的利息收入、股利收入、固定资产变价收入等。

2）现金支出

现金支出主要包括营业现金支出和其他现金支出两部分。

（1）营业现金支出，主要包括材料采购支出、工资支出、销售费用支出和管理费用支出。在确定材料采购支出时，必须注意以下几点：①要确定材料采购付款的金额和时间与销售收入的关系。材料采购的现金支出与销售量存在一定的关系，但在不同企业、不同条件下这种关系并不相同，财务管理人员必须认真分析和掌握两者关系的规律性，以便合理确定采购资金支出的时间和数量。②要分清现购和赊购，并单独分析赊购的付款时间和金额。③设法预测外界因素的影响，如价格变动、材料供应紧张程度等。④估计采购商品物资中可能发生的退货，可能享受的折扣等，以合理确定现金的支出数额。

工资支出主要根据企业的工资制度、企业职工人数及工资水平等因素进行测算。企业在这方面的信息比较充分可靠，能进行较准确的测算。

（2）其他现金支出，主要包括固定成本投资支出、偿还债务的本金和利息支出、所得税支出、股利支出等。固定成本投资支出一般都要事先规划，可从有关规划中获得这方面的数据；债务的本金和利息的支付情况可从有关筹资计划中获得；所得税应以当年预计的利润为基础进行估算；股利支出则可根据企业利润分配政策进行测算。

3）净现金流量

净现金流量是指现金收入与现金支出的差额。可按下列公式计算：

$$\text{净现金流量}=\text{现金收入}-\text{现金支出}=\left(\text{营业现金收入}+\text{其他现金收入}\right)-\left(\text{营业现金支出}+\text{其他现金支出}\right)$$

4）期末现金余额

期末现金余额是期初现金余额与本期净现金流量的和。计算公式为：

$$\text{期末现金余额}=\text{期初现金余额}+\text{本期现金净流量}$$

5）现金余缺

现金余缺是指计划期现金期末余额与最佳现金持有量相比后的差额。如果期末现金余额大于最佳现金持有量，说明现金有多余，应设法进行投资或偿还债务；如果期末现金余额小于最佳现金持有量，则说明现金短缺，应进行筹资予以补足。期末现金余缺额的计算公式为：

现金余缺额=期末现金余额-最佳现金持有量

=（期初现金余额+现金收入-现金支出）-最佳现金持有量

=期初现金余额+净现金流量-最佳现金持有量

7.2.4 最佳现金持有量的确定

现金是企业主要的支付手段，又是一种非营利性资产。现金持有不足，可能会影响企业正常的生产经营活动，加大企业的财务风险；现金持有过多，则会降低企业整体的盈利水平。因此，企业确定最佳现金持有量具有重要意义。确定最佳现金持有量的方法很多，下面仅介绍几种最常用的方法。

1）成本分析模式

如前所述，现金成本分为持有成本、转换成本、短缺成本三种。成本分析模式是在不考虑现金转让成本的情况下，通过对持有成本和短缺成本进行分析并找出最佳现金持有量的一种方法。由于持有成本分为机会成本和管理费用，所以成本分析模式是通过找到机会成本、管理费用和短缺成本所构成的总成本曲线中最低的点所对应的现金持有量，作为最佳现金持有量。成本分析关系如图7-1所示。

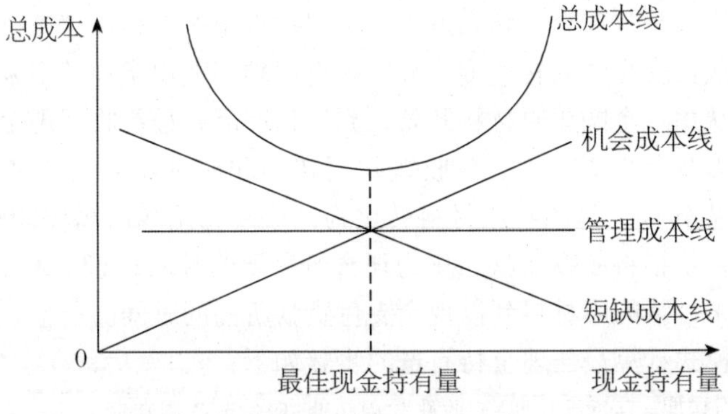

图 7-1 成本分析模式图

从图 7-1 中可以看出，总成本线呈抛物线形，抛物线的最低点即为总成本的最低点，其所对应的现金持有量便是最佳现金持有量。在实际工作中运用该模式确定最佳现金持有量的具体步骤为：（1）根据各种可能的现金持有量测算与确定有关成本数值；（2）根据步骤 1 的结果编制最佳现金持有量测算表；（3）从测算表中找出总成本最低时的现金持有量，即为最佳现金持有量。

【实践应用 7-1】某企业有四种现金持有方案，其现金持有量及相关成本资料见表 7-1。

表 7-1 **现金持有量及相关成本表** 金额单位：元

项目 \ 方案	A	B	C	D
现金持有量	20 000	30 000	40 000	50 000
机会成本率	10%	10%	10%	10%
管理费用	1 000	1 000	1 000	1 000
短缺成本	6 000	4 000	2 000	1 200

根据表 7-1，可编制最佳现金持有量测算表见表 7-2。

表 7-2 **最佳现金持有量测算表** 单位：元

方　案	机会成本	管理费用	短缺成本	总成本
A	2 000	1 000	6 000	9 000
B	3 000	1 000	4 000	8 000
C	4 000	1 000	2 000	7 000
D	5 000	1 000	1 200	7 200

比较表 7-2 中各方案总成本可知，C 方案最佳，即该企业最佳现金持有量为 40 000 元。

2）现金周转模式

现金周转模式是从现金周转角度出发，根据现金的周转速度来确定最佳现金持有量的一种方法。现金的周转速度一般以现金周转期或现金周转率来衡量。所谓现金周转期是指从用现金购买原材料开始，到销售产品并最终收回现金的整个过程所花费的时间，涉及存货周转期、应收账款周转期和应付账款周转期三个时期。其中：（1）存货周转期，是指将原材料转化为产成品并出售所需要的时间；（2）应收账款周转期，是指将应收账款转化为现金所需要的时间；（3）应付账款周转期，是指从收到尚未付款的原材料到以现金支付货款所需的时间。

现金周转模式计算最佳现金持有量的步骤如下：

（1）现金周转期 = 存货周转期 + 应收账款周转期 - 应付账款周转期

（2）现金周转率（次数）= 360（天）÷现金周转期

（3）计算最佳现金持有量 = 全年现金需要量÷现金周转率

【实践应用 7-2】某企业预计全年需用现金 6 000 万元，预计存货周转期为 80 天，应收账款周转期为 40 天，应付账款周转期为 60 天，试计算该企业的最佳现金持有量。

根据资料，该企业的现金周转期 = 80+40-60 = 60（天）

现金周转率 = 360÷60 = 6（次）

因此，该企业的最佳现金持有量 = 6 000÷6 = 1 000（万元）

3）因素分析模式

因素分析模式是根据上年度现金实际平均持有量和有关因素的变动情况，来确定最佳现金余额的一种方法。其基本的计算公式为：

$$最佳现金持有量=\left(\begin{matrix}上年现金实际\\平均持有量\end{matrix}-\begin{matrix}不合理\\占用额\end{matrix}\right)\times\left(1\pm\begin{matrix}预计销售\\收入变化百分比\end{matrix}\right)$$

【实践应用 7-3】某企业 2013 年现金实际平均持有量为 200 万元，经分析其中不合理占用额 50 万元，预计 2014 年销售收入将比 2013 年增长 20%。根据因素分析模式，计算该企业 2014 年的最佳现金持有量。

根据以上资料，该企业的最佳现金持有量=（200-50）×（1+20%）=180（万元）

4）随机模型分析模式（米勒-奥尔模型）

米勒（M. Miller）和奥尔（D. Orr）设计了一个在现金流不稳定情况下确定现金最优持有量的模型，即随机模型（如图 7-2 所示）。他们假定每日现金净流量的分布接近正态分布，每日现金流量可能低于也可能高于期望值，其变化是随机的。由于现金流量波动是随机的，只能对现金持有量确定一个控制区域，定出上限和下限。当企业现金余额在上限和下限之间波动时，则将部分现金转换为有价证券；当现金余额下降到下限时，则卖出部分证券。

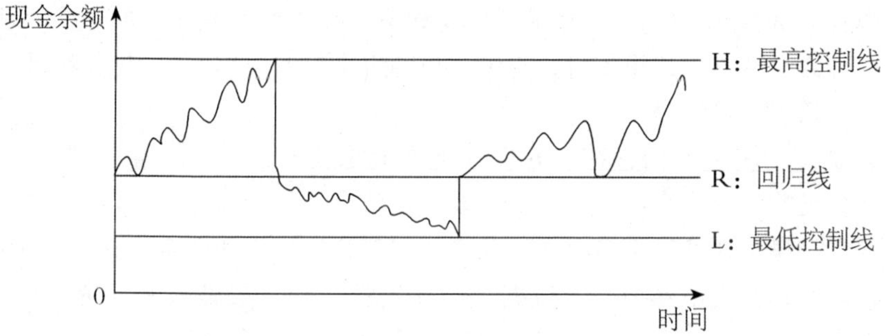

图 7-2　随机模型

在图 7-2 中，有两条控制线和一条回归线。最低控制线 L 取决于模型之外的因素，其数额是由现金管理部经理在综合考虑短缺现金的风险程度、公司借款能力、公司日常周转所需资金、银行要求的补偿性余额等因素的基础上确定的。

回归线 R 可按下列公式计算：

$$R=\left(\frac{3b\times\delta^2}{4i}\right)^{1/3}+L$$

式中：b 表示证券转换为现金或现金转换为证券的成本；δ 表示公司每日现金流变动的标准差；i 表示以日为基础计算的现金机会成本。

最高控制线 H 的计算公式为：$H=3R-2L$

【实践应用 7-4】假设某公司现金部经理决定 L 值应为 10 000 元，估计公司现金流量标准差 δ 为 1 000 元，持有现金的年机会成本为 10%，换算为 i 值是 0.00028，b 为 300 元。根据该模型，可求得：

$$R=\left(\frac{3\times300\times1\ 000^2}{4\times0.00028}\right)^{1/3}+10\ 000=19\ 297\ （元）$$

$$H=3\times19\ 297-2\times10\ 000=37\ 891\ （元）$$

该公司目标现金余额为 19 297 元。如现金持有额达到 37 891 元，则买进 18 594元的证券；若现金持有额降至10 000 元，则卖出 9 279 元的证券。

7.2.5 现金管理模式

1）“收支两条线”资金管理模式

企业作为追求价值最大化的盈利组织，实施“收支两条线”主要出于两个目的：(1) 对企业范围内的现金进行集中管理，减少现金持有成本，加速资金周转，提高资金使用效率；(2) 以实施收支两条线为切入点，通过高效的价值管理来提高企业效益。

构建企业“收支两条线”资金管理模式，可从规范资金流向、流量和流程三个方面入手：

(1) 资金的流向方面：企业“收支两条线”要求各部分或分支机构在内部银行或当地银行设立两个账户（收入户和支出户），并规定所有收入的现金都必须进入收入户（外地分支机构的收入户资金还必须及时、足额回笼到公司总部），收入户资金由企业资金管理部门（内部银行或财务结算中心）统一管理；而所有的货币性支出都必须从支出户里支付，支出户里的资金只能根据一定的程序由收入户划拨而来，严禁现金坐收坐支。

(2) 资金的流量方面：在收入环节上要确保所有收入的资金都进入收入户，不允许有私设的账外小金库。另外，还要加快资金的结算速度，尽量压缩资金在结算环节的沉淀量；在调节环节上通过动态的现金流量预算和资金收支计划实现对资金的精确调度；在支出环节上，根据“以支定收”和“最低限额资金占用”的原则从收入户按照支出预算安排将资金定期划拨到支出户，支出户平均资金占用额应压缩到最低限度。有效的资金流量管理将有助于确保及时、足额地收入资金，合理控制各项费用支出和有效调剂内部资金。

(3) 资金的流程方面：资金流程是指与资金流动有关的程序和规定。它是收支两条线内部控制体系的重要组成部分，主要包括以下几个部分：①关于账户管理、货币资金安全性等规定；②收入资金管理与控制；③支出资金管理与控制；④资金内部结算与信贷管理与控制；⑤收支两条线的组织保障等。

需要说明的是，收支两条线作为一种企业的内部资金管理模式，与企业的性质、战略、管理文化和组织结构都有很大的关系。因此，企业在构建收支两条线管理模式时，一定要注意与自己的实际相结合，以管理有效性为导向。

2）集团企业资金集中管理模式

资金集中管理是指集团企业借助商业银行网上银行功能及其他信息技术手段，将分散在集团各所属企业的资金集中到总部，由总部统一调度、统一管理和统一运用。其在各个集团的具体运用可能会有所差异，但一般都包括以下主要内容：资金集中、内部结算、融资管理、外汇管理、支付管理等。其中，资金集中是基础，其他各方面均建立在此基础之上。目前，资金集中管理模式逐渐被我国企业集团所采用。

资金集中管理模式的选择实质上是集团管理为集权还是分权管理体制的体现，也就是说，在企业集团内部所属各子企业或分部是否有货币资金使用的决策权、经营权，这是由行业特点和本集团资金运行规律决定的。现行的资金集中管理模式大致上可以分为以下几种：

（1）统收统支模式。在该模式下，企业的一切资金收入都集中在集团总部的财务部门，各分支机构或子企业不单独设立账号，一切现金支出都通过集团总部财务部门付出，现金收支的批准权高度集中。统收统支模式有利于企业集团实现全面收支平衡，提高资金的周转效率，减少资金沉淀，监控现金收支，降低资金成本。但是该模式可能会不利于调动成员企业开源节流的积极性，影响成员企业经营的灵活性，以至降低整个集团经营活动和财务活动的效率。

（2）拨付备用金模式。拨付备用金模式是指集团按照一定的期限统拨给所有所属分支机构或子企业备其使用的一定数额的现金。等各分支机构或子企业发生现金支出后，持有关凭证到集团财务部门报销以补足备用金。

（3）结算中心模式。结算中心通常是由企业集团内部设立的，办理内部各成员现金收付和往来结算业务的专门机构。结算中心通常设立于财务部门内，是一个独立运行的职能机构。

（4）内部银行模式。内部银行是将社会银行的基本职能与管理方式引入企业内部管理机制而建立起来的一种内部资金管理机构，主要职责是进行企业或集团内部日常的往来结算和资金调拨、运筹。

（5）财务公司模式。财务公司是一种经营部分银行业务的非银行金融机构。其主要职责是开展集团内部资金集中结算，同时为集团成员企业提供包括存贷款、融资租赁、担保、信用鉴证、债券承销、财务顾问等在内的全方位金融服务。

7.2.6 现金收支管理

1）现金周转期管理

一般来说，在经营规模相同的情况下，现金周转期越长，企业占用的资金越多，因此控制现金周转期可以减少企业的资金占用。从现金周转期的计算公式可知，控制现金周转期需要加强对存货周转期、应收账款周转期和应付账款周转期的管理。具体来说，一方面企业应加快制造与销售产成品来减少存货周转期，同时加速应收账款的回收来减少应收账款周转期；另一方面应该在合理的情况下尽可能延迟应付账款的支付时间来增加应付账款周转期。

2）收款管理

（1）根据收款类型及特点的不同，制定安全、快速、准确的收款制度。

（2）采用集中银行法。集中银行法是指通过设立多个策略性收款中心来加快资金周转的方法，在这种方法下，企业往往指定一个主要开户银行为集中银行，并在收款额较集中的若干地区设立若干个收款中心，客户首先将款项交给较近的收款中心，然后由收款中心将款项交给集中银行。集中银行法的具体做法如下：①企业以服务地区和各销售地区的账单数量为依据，设立若干收款中心，并指定一个收款中心（通常是总部所在地收款中心）的账户为集中银行；②企业通知客户将货款送到最近的收款中心而不必送到企业总部；③收款中心将当天收到的货款存入当地银行，当地银行在进行票据交换后，立即将款项转给集中银行。

（3）改善收款方式。电子支付方式对比纸基（或称纸质）支付方式是一种改进。电子支付方式提供了如下好处：①结算时间和资金可用性可以预计；②向任何一个账户或任何金融机构的支付具有灵活性，不受人工干扰；③客户的汇款信息可与支付同时传送，更容易更新应收账款；④客户的汇款从纸基方式转向电子方式，减少或消除了收款浮动期，降低了收款成本，收款过程更容易控制，并且提高了预测精度。

【实践应用 7-5】梅克丽连锁公司拥有 200 多家自营门店，每天都有大量的收款工作，为此，该公司针对不同的情况制定了严格的收现制度。具体内容如下：

1）现金收款的管理制度

（1）收款人在收现金时须当面点清，防止假钞，不得收取外币；在收到现金后必须在 24 小时内上缴公司财务部或存入公司账户，财务部开立发票进行交接确认；如有特殊情况需延迟上缴，须经部门负责人及财务负责人批准，且最长不超过 48 小时。

（2）门店收现金须当天存入银行，不得留存现金过夜。

（3）出纳人员在收妥款项后，需及时登记现金日记账，并负责编制收款凭证，附齐收款发票记账联等原始文件，主管会计对收款凭证进行复核。

（4）出纳人员负责对所收现金进行管理，并按规定及时送存公司开户银行，并将银行的存款凭证妥善保管，作为相应入账凭证的附件。

2）支票收款的管理制度

（1）收取支票后，出纳应认真审核支票以下内容：①支票有无折损、涂改；②支票有效期；③支票大小金额是否一致；④支票印章是否齐全、清晰；⑤支票填写是否正确；⑥支票是否有密码，如有密码，应要求客户将密码填写正确；⑦无误后立即填写支票抬头；⑧不得收取远期支票。

（2）收入为支票进账的，业务人员一律要求客户必须在发货前一个工作日付款并入账，以保障款项在发出商品后及时进账。

（3）出纳人员负责对所收取的支票进行管理，并按规定及时送存公司开户银行，并将银行的存款凭证妥善保管，作为相应入账凭证的附件。

3）汇款收款的管理制度

（1）收款人应及时到财务部查询汇款进账情况。

（2）收入为汇款进账的，业务人员一律要求客户必须在发货前三个工作日付款并入账，以保障款项在发货后及时进账。

（3）出纳人员在收妥款项后，需及时登记银行日记账，并负责编制收款凭证，附齐收款发票记账联等原始文件，主管会计对收款凭证进行复核。

4）刷卡收款的管理

（1）刷卡方式收款时，应仔细核对POS银屏上显示的卡号是否与信用卡卡面上的卡号一致，客人签名与信用卡背面的签名是否一致。

（2）如客人签名辨认不清，无法确认是否与背面签名字迹一致或信用卡签名有涂改时，应要求刷卡人出具身份证件，员工核对证件无误后将其复印附在签购单后，财务部负责留存签购单复印件。

3）现金支出管理

现金支出管理主要是在合理合法的前提下，控制现金的支出，并尽可能延缓现金的支出时间。具体而言，现金支出管理可采用以下方法：

（1）建立制度严格完善的现金支付审批程序。现金支付容易出现问题，因此必须严格管理。对于现金支付必须建立一套完善的授权审批制度和相互牵制制度，并定期对现金进行核查，防患于未然。现金的内部牵制制度主要是采取“钱账分管”制度，同时加强财务印章的管理，即在现金管理中，实行出纳管钱，会计管账，财务主管管印章的相互牵制制度。

（2）采用零余额账户的方法控制现金的支出。这种账户系统一般由银行提供。在这一系统下，由一个主支付账户为其他所有的子账户服务。每日末，当所有支票都被结算完之后，特定的子账户就会出现负余额，此时银行自动从主账户向该特定子账户划拨足够的资金，使得子账户恢复零余额。从以上过程可以看出，零余额账户十分类似于信用卡。

（3）合理使用现金“浮游量”。企业账簿上的现金数字往往并不能代表企业在银行中的可用现金。实际上，企业在银行里的可用现金，通常要大于企业账簿上的现金余额。企业的银行存款余额同它的账面现金余额之差，即是现金“浮游量”。使用现金“浮游量”可以减少企业现金持有量，从而提高企业的现金使用效率。但是，使用现金“浮游量”时也有一定的风险：一方面，可能会出现支付不及时的情况，破坏企业之间的信用关系；另一方面可能会出现银行存款的透支现象。所以在使用现金“浮游量”时，必须注意控制好使用的额度和使用的时间。

（4）采用承付汇票延迟付款。与普通支票不同的是，承付汇票不是“见票即付”的票据。当它被提交给开票方开户银行时，开户行还必须将它交给签发者以获承兑，然后付款人将一笔相当于汇票金额的资金存入银行，这样就推迟了企业调入现金支付汇票实际所需要的时间。其缺点是，对方可能更喜欢用支票付款，同时银行也需要更多的手续处理汇票，因而会收取较高的手续费。

（5）尽量推迟支付应付账款的时间。企业可以在不影响信誉的情况下，尽量推迟应付账款的支付时间。例如，如果供货方提供的现金折扣条件是“2/10，N/45”，则购货方若想得到现金折扣，就应该在发票开出后的第10天付款，否则，就应该在第45天付款。

4）对现金的综合管理

（1）力争现金流入与现金流出同步。一般来说，对于同一个经济业务，其现金流入与现金流出往往并不同步。但是，企业一般同时进行许多经济业务，它们发生的时间有先有后，作为企业的财务管理人员，就应该想方设法尽量使企业的现金流入与现金流出发生的时间趋于一致。这样可以将企业的交易性现金持有量降到最低水平，从而提高企业现金的利用效率。

（2）遵守国家关于库存现金使用范围的管理规定。

（3）做好银行存款的管理工作。按现行的财务制度规定，企业持有库存现金不能超过一定的限额。其限额一般按照该企业3～5天日常零星开支所需现金确定，远离银行或交通不便的企业最多按15天的零星开支需要量确定。企业超过库存现金限额的现金，应该存入银行，由银行统一管理。

（4）适当进行证券投资。由于企业持有库存现金没有任何收益，银行存款的利率也比较低。因此，当企业持有较多暂时不用的现金时，可以将其投资于国库券、企业债券、普通股股票等有价证券，这样既可以获得较多的投资收益，又可以在企业急需现金时转换成现金。

7.3 应收账款管理

应收账款是企业对外赊销产品、材料、提供劳务等应向对方收取而未收取的款项。应收账款是企业向外提供商业信用的结果，其数额的多少主要受到经济状况、产品市场竞争状况、企业的信用政策和应收账款的日常管理水平等因素的影响。这些影响因素中，前面两个因素不是财务部门所能控制的。财务部门管理应收账款，主要是通过制定信用政策和加强应收账款的日常管理来实现的。

7.3.1 应收账款管理的内容与目标

1）应收账款管理的内容

为了充分发挥应收账款的作用，必须加强应收账款的管理，其核心是制定适当的信用政策。制定信用政策时，一方面要考虑到有利于扩大销售；另一方面要考虑到有利于降低应收账款的资金占用，缩短应收账款的回收期，防止发生坏账损失。具体来说，应收账款管理的内容主要包括：

（1）制定合理的应收账款的信用政策。信用政策的制定必须符合企业目前的发展状况和企业所处的市场环境状况。

（2）进行应收账款的投资决策。应收账款的投资决策主要是在已经制定的应收账款信用政策的基础上，对具体的应收账款投资行为进行决策。

（3）做好应收账款的日常管理工作，防止坏账的发生。

2）应收账款管理的目标

企业对外提供商业信用，采取赊销方式，会使企业应收账款的数额大量增加，现金的回收时间延长，甚至会使企业遭受不能收回应收账款的危险。但是，赊销可以扩大销售，增加企业的市场占有率。因此，应收账款管理的目标是充分发挥应收账款功能，权衡应收账款投资所产生的收益、成本、风险，并做出有利于企业的决策。

7.3.2 应收账款的功能与成本

1）应收账款的功能

（1）促进销售的功能。企业销售产品时可以采取两种基本的信用方式，即现销和赊销。显然，现销对本企业有利，赊销对客户有利。在竞争激烈的市场经济条件下，促销已经成为企业的一个重要工作内容。企业促销的手段多种多样，其中赊销的促销作用是十分明显的，特别是在企业销售新产品，开拓新市场时，赊销就更加具有重要的意义。在企业与企业之间进行的销售活动，销售方给购买方提供商业信用已经成为一种惯例。给购货方提供商业信用，往往具有极大的促销作用，这是因为：一方面购货方可以在不付款的情况下得到自己需要的商品，降低了商品质量、数量和规格等方面存在问题的风险；另一方面，购货方可以在一定时期内减少自己的资金占用。

（2）减少存货的功能。由于赊销具有促销功能，可以加速产品的销售，从而降低了存货中产成品数额。这有利于缩短产成品的库存时间，降低产成品存货的管理费用、仓储费用和保险费用等各方面的支出。因此，无论是季节性企业还是非季节性企业，当产成品较多时，一般应采用较优惠的信用条件进行赊销，把存货转化为应收账款，减少产成品存货，节约贮存存货的各项支出。

2）应收账款的成本

企业持有应收账款，也要付出一定的代价，增加相关成本，应收账款的成本有：

（1）应收账款的机会成本。应收账款的机会成本是指将资金投资于应收账款而不能进行其他投资所丧失的投资收益。这一成本的大小通常与企业维持赊销业务所需要的资金数量、资金成本率有关。其计算公式为：

应收账款的机会成本=维持赊销业务所需要的资金×资金成本率

其中，资金成本率一般可按有价证券收益率计算，维持赊销业务所需用的资金可按下列步骤计算：

①计算应收账款周转率：

应收账款周转率=日历天数（360）÷应收账款周转期

②计算应收账款平均余额：

应收账款平均余额=赊销收入净额÷应收账款周转率

③计算维持赊销业务所需要的资金：

维持赊销所需要资金=应收账款平均余额×变动成本÷销售收入

=应收账款平均余额×变动成本率

=赊销收入净额×变动成本率÷应收账款周转率

=赊销收入净额×变动成本率×应收账款周转期÷日历天数（360）

可见，随着赊销业务的扩大，赊销收入的增加，维持赊销业务所需的资金就越多，而应收账款的周转率越高，维持赊销业务所需的资金就越小。所以，提高应收账款的周转率是减少应收账款机会成本的有效方法。

【实践应用7-6】若某企业预测的年度赊销收入净额为1 000 000元，应收账款周转期为45天，变动成本率为80%，资金成本率为10%。试计算其应收账款的机会成本。

根据以上资料有：

应收账款周转率 = 360÷45 = 8（次）

应收账款平均余额 = 1 000 000÷8 = 125 000（元）

维持赊销业务所需要的资金 = 125 000×80% = 100 000（元）

应收账款机会成本 = 100 000×10% = 10 000（元）

（2）应收账款的管理成本。应收账款的管理成本是指企业对应收账款进行管理而耗费的开支，是应收账款成本的组成部分。其主要包括：对顾客信用情况调查的费用、收集信息的费用、催收账款的费用、账簿的记录费用等。

（3）应收账款的坏账成本。坏账成本是指由于某种原因导致应收账款不能收回而给企业造成的损失，这一成本一般与应收账款数量成正比。

7.3.3 信用政策的制定

信用政策又称为应收账款政策，是企业财务政策的重要组成部分。制定合理的信用政策是加强应收账款管理，提高应收账款投资效益的重要前提。信用政策一般由信用标准、信用条件和收账政策这三部分组成。

1）信用标准

信用标准是企业同意向客户提供商业信用而要求对方必须具备的最低条件，一般以坏账损失率表示。企业信用标准越高，企业的坏账损失就越少，同时应收账款的机会成本和管理成本也会越少。但是过高的信用标准，不利于企业扩大销售，这样就有可能影响企业产品的市场竞争能力；反之，如果企业的信用标准过低，虽然有利于企业扩大销售，提高产品的市场竞争力和占有率，但会相应增加坏账损失和应收账款的机会成本与管理成本。

（1）信用标准的定性分析。企业在制定信用标准时，首先应该进行定性分析。在分析中主要考虑以下三个方面的问题：其一，同行业竞争对手的情况。如果竞争对手实力很强，企业就应考虑是否可以采取较低的信用标准，增强对客户的吸引力；反之，则可以考虑制定较严格的信用标准。其二，企业承担坏账损失的能力。当企业承担坏账损失的能力较强时，就可以考虑采用较低的信用标准，以提高企业产品的竞争能力；反之，如果企业承担坏账损失的能力较弱，则应该制定较严格的信用标准，谨防坏账的发生。其三，对客户的资信程度进行调查、分析，然后在此基础上，判断客户的信用状况，并决定是否给该客户提供商业信用。客户的信用状况通常可以从以下五个方面来评价，简称“5C”评价法。这五个方面是：

①品质（character），指客户过去应付账款履约的诚信程度。客户是否会按期支付货款，与该客户在以往的交易过程中所表现出来的品质有很大的关系，因此，

品质是信用评价体系中的首要因素。

②能力（capacity），指客户支付货款的能力。客户支付货款的能力取决于其资产，特别是流动资产的数量、质量、流动比率以及现金的持有水平等因素。一般来说，企业的流动资产数量越多，质量越好，流动比率越高，持有现金越多，则其支付应付账款的能力就越强；反之，就越弱。

③资本（capital），指客户的经济实力和财务状况。该指标主要是根据有关的财务比率来测定客户净资产的大小及其获利的可能性。

④抵押品（collateral），指客户拒付或无力支付款项时能被用作抵押的资产。当对客户的信用状况有怀疑时，如果客户能够提供足够的抵押品或质押品，就可以向其提供商业信用。一旦客户违约，也可以变卖抵押品或质押品，挽回经济损失。

⑤经济状况（conditions），指可能影响客户付款能力的经济环境，包括一般经济发展趋势和某些地区的特殊发展情况。

（2）企业信用标准决策。企业信用标准决策主要是通过比较不同方案之间的销售收入和相关成本，最后通过计算出每个方案的净收益后确定的。

【实践应用 7-7】某企业有两种信用标准可供选择，其有关资料见表 7-3。

表 7-3 **信用标准选择资料表** 单位：元

项目＼方案	A（坏账损失率≤10%）	B（坏账损失率≤15%）
销售收入	100 000	120 000
固定成本	3 000	3 000
变动成本	60 000	72 000
可能的收账费用	2 000	3 000
可能的坏账损失	10 000	18 000
平均收账期（天）	45	60

该企业的综合资金成本率为 10%，要求选择对企业有利的信用标准。

采用 A 方案时：

（1）变动成本率 = 60 000÷100 000×100% = 72 000÷120 000×100% = 60%

（2）销售毛利 = 100 000-3 000-60 000 = 37 000（元）

（3）维持赊销业务所需要的资金 = 100 000×60%×45÷360 = 7 500（元）

（4）应收账款占用资金的机会成本 = 7 500×10% = 750（元）

（5）采用 A 方案的净收益 = 37 000-2 000-10 000-750 = 24 250（元）

采用 B 方案时：

（1）销售毛利 = 120 000-3 000-72 000 = 45 000（元）

（2）维持赊销业务所需要的资金 = 120 000×60%×60÷360 = 12 000（元）

（3）应收账款占用资金的机会成本 = 12 000×10% = 1 200（元）

（4）采用 B 方案的净收益 = 45 000-3 000-18 000-1 200 = 22 800（元）

通过比较A、B方案的净收益，该企业选择A方案较为有利。

(3) 特定客户信用等级的评定。企业具体制定信用标准后，还必须对具体客户的信用等级进行评定，同时确定对其提供商业信用时可能导致的坏账损失率。确定客户的信用等级主要是通过以下三个步骤完成：

①设定信用等级的评价标准。即根据客户信用资料，选取一组能够说明企业付款能力和财务状况的若干比率作为信用风险评价指标，并给出不同信用状况的指标标准值及其对应的拒付风险系数。

②根据特定客户的财务数据，计算出以上选定指标的指标值，并与本企业制定的标准值相比较，然后确定各指标相对应的拒付风险系数（或称坏账损失率增加系数），最后计算总的拒付风险系数。

③根据上面计算出的该客户的拒付风险系数，确定其信用等级，并将其与制定的信用标准（坏账损失率）进行比较，以确定是否给该客户提供商业信用。

【实践应用7-8】某企业按照其已往的经验确定信用等级评价指标体系见表7-4。

表7-4　　信用等级评价标准表

指标	比率范围	拒付风险系数（%）
流动比率	≥2.1	0
	1.5～2.1	5
	≤1.5	10
速动比率	≥1.1	0
	0.8～1.1	5
	≤0.8	10
现金比率	≥0.4	0
	0.2～0.4	5
	≤0.2	10
资产负债率（%）	≤30	0
	30～60	5
	≥60	10
已获利息倍数	≥3	0
	1.5～3	2.5
	≤1.5	5
总资产报酬率（%）	≥20	0
	5～20	2.5
	≤5	5
赊购付款履约情况	及时	0
	拖欠	50

该企业将客户按拒付风险系数分成三个等级：A级、B级、C级。其中：A

级，拒付风险系数小于等于5%；B级，拒付风险系数介于5%与10%之间；C级，拒付风险大于10%。如果某客户的各项指标值及累计拒付风险系数见表7-5，要求确定企业是否应对该客户提供商业信用，假设拒付风险系数与坏账损失率相等。

表7-5 客户信用状况评价表

指标	比率	拒付风险系数（%）
流动比率	2.2	0
速动比率	1.1	0
现金比率	0.3	5
资产负债率	30	0
已获利息倍数	2	2.5
总资产周转率	30	0
赊购付款履约情况	及时	0
累计拒付风险系数		7.5

资料表明，当给该客户提供商业信用时发生坏账损失的可能性为7.5%，其信用等级为B级。若本企业的信用标准为坏账损失率不超过10%，则可以给该客户提供商业信用；若本企业的信用标准为坏账损失率不超过7%，则不应该给该客户提供商业信用。

对信用标准进行定量分析，有利于企业提高应收账款投资决策的效果。但由于实际工作中的具体情况十分复杂，不同企业的同一指标往往存在着很大的差异，难以按照统一的标准进行衡量。因此，企业的财务管理者必须在更加深刻地考察各指标内在质量的基础上，结合以往的经验，对各项指标进行具体的分析、判断，不能机械照搬。

2）信用条件

（1）信用条件的制定。信用条件是指企业向对方提供商业信用时要求其支付赊销款项的条件，其具体内容由信用期限、折扣期限和现金折扣三部分构成。信用期限是企业允许客户从购货到付清货款的最长时间。一般来说，信用期限越长，对客户的吸引力就会越大，因而可以在一定程度上扩大产品的销售量。但是应该注意到，过长的信用期限可能会给企业带来以下问题：一是会使应收账款的平均收账期限延长，占用在应收账款上的资金也就会增加，这样会使本企业增加应收账款资金占用的机会成本；二是会增加企业的坏账损失和收账费用，因为赊销的时间越长，发生坏账的可能性就会越大，收回账款的费用也会相应增加。因此，企业在信用期限决策时，应该视延长信用期限增加的边际收入是否大于增加的边际成本而定。

信用条件的一般形式如“2/10，N/30”，表示若客户在10天内付款，可以享受2%的现金折扣；即使客户不享受现金折扣，也必须在30天内付款。这就是说，上述信用条件的信用期限为30天，折扣期限为10天，现金折扣率为2%，信用条件是否优惠对企业的产品销售具有较大的影响。

（2）信用条件的选择。信用条件的选择与信用标准的选择相似，即比较不同的信用条件的销售收入及相关成本，最后计算出各自的净收益，并选择净收益最大的信用条件。

【实践应用 7-9】某企业采用赊销方式销售甲产品，该产品的单位售价为 20 元，单位产品的变动成本为 15 元，固定成本总额为 400 000 元。当该企业没有对客户提供现金折扣时，该产品的年销售量为 100 000 件，应收账款的平均回收期为 45 天，坏账损失率为 2%。为了增加销售，同时加速应收账款的回收，企业考虑给客户提供信用条件“2/10，N/30”。估计采用这一新的信用条件后，销售量将增加到 20%，有 70% 的客户将在折扣期内付款，应收账款的平均回收期将降为 30 天，坏账损失率将降为 1%。另外，应收账款的机会成本为 20%，该企业的生产能力有剩余。试作出该企业应采用何种信用条件的决策。

采用旧的信用条件时：

该产品的变动成本率 = 15÷20×100% = 75%

销售收入 = 100 000×20 = 2 000 000（元）

毛利 = 2 000 000-100 000×15-400 000 = 100 000（元）

维持赊销业务所需要的资金 = 2 000 000×75%×45÷360 = 187 500（元）

应收账款的机会成本 = 187 500×20% = 37 500（元）

应收账款的坏账成本 = 2 000 000×2% = 40 000（元）

净收益 = 100 000-37 500-40 000 = 22 500（元）

采用新的信用条件时：

销售收入 = 1 000 000×（1+20%）×20 = 2 400 000（元）

毛利 = 2 400 000-1 000 000×（1+20%）×15-400 000 = 200 000（元）

维持赊销业务所需要的资金 = 2 400 000×75%×30÷360 = 150 000（元）

应收账款的机会成本 = 150 000×20% = 30 000（元）

应收账款的坏账成本 = 2 400 000×1% = 24 000（元）

现金折扣成本 = 2 400 000×70%×2% = 33 600（元）

净收益 = 200 000-30 000-24 000-33 600 = 112 400（元）

可见，新的信用条件可使企业增加净收益 89 900 元，所以应采用新的信用条件。

3）收账政策

收账政策是指客户超过信用期限而仍未付款时，企业采取的收账策略。企业如果采取积极的收账政策，就会减少应收账款的坏账损失，但会增加收账费用；反之，如果采取消极的收账政策，虽然可以减少收账费用，却会增加坏账损失。

市场经济是法治经济，履约付款是每个企业义不容辞的法定责任和义务，作为债权方企业也有要求债务方企业偿付账款的法定权益。但是，这并不意味着一旦发生拖欠或拒付账款的情况便马上诉诸法律，这是因为：

（1）每个客户拖欠或拒付的原因是不同的，如有的企业只是一时资金周转不灵所致，这时如果通过法律途经追讨账款，即使收回了账款，也会失去一个较好的合作伙伴，得不偿失。

（2）通过法律途径往往需要花费相当高的诉讼费，而且诉讼的时间可能会很长，会耗掉大量的精力，最终的结果也难以预料。

（3）如果对方严重资不抵债并且已经破产，也无法采取法律手段。

因此，当账款被拖欠或拒付时，首先应该分析其原因。如果是由于企业的信用标准及信用审批制度存在问题，则应立即加以改进，防止此类情况的再次发生；如果是信息收集有误或对方的最近信息收集不全而导致对对方的信用等级评定有问题，则应重新收集最新有关信息并重新评定其信用等级；对于偶然的拖欠，可以先通过信函、电话、电传或派员前往等方式进行催收，力争能使问题得到妥善的解决，当然有时也需要做出必要的让步。如果双方经过多次协商仍然无法达成协议，或者对方有恶意拖欠账款的倾向，则可以考虑通过法律途径解决问题。

无论采取何种方式进行催收账款，都需要付出一定的代价，即收账费用。一般而言，收账费用支出越多，坏账损失越少，但它们之间并不一定存在线性关系。在制定收账政策时，应权衡增加收账费用与减少应收账款机会成本和坏账损失之间的得失。

【实践应用 7-10】某企业不同收账政策条件下的有关资料见表 7-6。

表 7-6　　**收账政策资料**　　金额单位：元

项目	现行收账政策	建议收账政策
年收账费用	100 000	200 000
应收账款平均收现期	45	30
坏账损失率	4%	3%

该企业当年销售额为 12 000 000 元（全部赊销），不考虑收账政策对销售收入的影响，应收账款的机会成本为 10%，变动成本率为 60%，要求确定该企业是否应采用建议的收账政策。

根据以上资料可列出收账政策计算表如下（见表 7-7）。

表 7-7　　**收账政策计算表**　　金额单位：元

项目	现行收账政策	建议收账政策
年销售收入	12 000 000	12 000 000
应收账款周转次数	8	12
应收账款平均占用额	1 500 000	1 000 000
应收账款的机会成本	90 000	60 000
应收账款的坏账损失	480 000	360 000
收账费用	100 000	200 000
费用与成本合计	670 000	620 000

可见，建议的收账政策的成本与费用合计低于当前的收账政策的成本与费用合计，所以应采用建议的收账政策。

7.3.4 应收账款的日常管理

对于大多数企业来说，存在应收账款是十分正常的事，有些企业应收账款的余额还比较大。应收账款是企业对外提供商业信用的结果，其中往往蕴涵着巨大的风险，因此对企业应收账款必须加强日常的管理。采用有力的措施进行分析、控制，及时发现问题并解决问题。这些措施主要包括：应收账款的追踪分析、账龄分析、收现率分析，以及根据有关会计法规建立应收账款坏账准备金制度。

1）应收账款追踪分析

一般来说，客户赊销产品后能否按期偿还货款，主要取决于以下三个因素：其一，客户的信用品质；其二，客户的财务状况；其三，客户是否可以实现该产品的价值转换或增值。其中，客户信用品质和财务状况是企业在赊销之前就必须注意分析的问题。在赊销之后，仍然应进行追踪分析，因为这两个因素是有可能随时发生变化的。当发现客户的这两个因素有发生变化的可能性时，企业应采取果断的措施，尽快地收回应收账款，哪怕是只能暂时收回部分应收账款，并且应该对客户的信用记录进行相应的调整。第三个因素对客户能否及时支付应收账款也具有重大的影响，如果客户可以实现该产品的价值转换，尤其是可以实现该产品的价值增值，那么客户就会愿意及时付款。原因是，一方面他此时有付款的能力；另一方面是由于他希望建立良好的信誉，为以后的交易打下基础。从这个意义上说，应收账款问题并不仅仅是交易双方的问题，常常会涉及到第三方。在商品的流通过程中，有一个环节出了问题，将可能会导致一系列的信用危机。所以，在进行应收账款的追踪分析时，应时刻关注客户及其交易伙伴以上三个因素的变化，以便及时做出决策。当然，企业不可能也没有必要对全部的应收账款都进行追踪分析，企业应该将主要精力集中在那些交易金额大、交易次数频繁或信用品质有疑问的客户身上。

2）应收账款账龄分析

应收账款的账龄是指未收回的应收账款从产生到目前的整个时间，企业已发生的应收账款的账龄有长有短。有的在信用期内，有的已逾期。我们进行应收账款的账龄分析的重点是已逾期拖欠的应收账款。应收账款账龄分析，即应收账款账龄结构分析。所谓应收账款的账龄结构，是指各类不同账龄的应收账款余额占应收账款总体余额的百分比。在应收账款的账龄结构中，可以清楚地看出企业应收账款的分布和被拖欠情况，以便于企业加强对应收账款的管理。

一般来说，应收账款被拖久的时间越长，催收的难度就越大，成为坏账的可能性也就越高。所以，将应收账款按账龄分类，尤其是按被拖欠的时间分类，密切关注应收账款的回收情况是加强应收账款日常管理的重要环节。

【实践应用7-11】某企业应收账款账龄结构见表7-8。

表 7-8　　　　　　　　　　　　　**应收账款账龄结构表**

应收账款账龄	金额（万元）	比重（%）
信用期内	600	60
逾期半年内	200	20
逾期半年至一年	100	10
逾期一年至两年	50	5
逾期两年至三年	40	4
逾期三年以上	10	1
应收账款总计	1 000	100

表 7-8 表明，该企业应收账款总计为 1 000 万元，其中在信用期内的 600 万元，占 60%；逾期半年内的 200 万元，占 20%；逾期半年至一年的 100 万元，占 10%；逾期一年至两年的 50 万元，占 5%；逾期两年至三年的 40 万元，占 4%；逾期三年以上的 10 万元，占 1%。从总体上看，该企业逾期的应收账款为 400 万元，占 40%，比重较大，所以应引起财务管理人员的高度重视。

在企业应收账款的账龄结构确定以后，如果发现逾期的应收账款比重较大，首先应分析产生这种情况的原因，如果属于企业信用政策的问题，应立即进行信用政策的调整；其次，应具体分析拖欠客户的情况，搞清这些客户发生拖欠的原因是什么，拖欠的时间有多长，拖欠的金额有多少；最后，针对不同的情况采取不同的收账方法，制定出经济可行的收账方案。同时，对尚未过期的应收账款也不应放松管理和账龄分析，防止发生新的逾期拖欠。

3）应收账款收现保证率分析

应收账款收现保证率是指在一定会计期间内必须收现的应收账款占全部应收账款的比重。所谓必须收现的应收账款，是指在一定会计期间内，为了保证企业正常的现金流转，特别是满足具有刚性约束的纳税及偿付不能展期的到期债务的需要，而必须通过应收账款收现来补充的现金，其数值等于当期必要现金支付总额（CB）与当期其他稳定可靠的现金流入总额（CW）之间的差额。即：

$$\text{必须收现的应收账款}=\text{当期必要现金支付总额}-\text{当期其他稳定可靠的现金流入总额}$$

$$\text{应收账款收现保证率}=\frac{\text{必须收现的应收账款}}{\text{全部应收账款}}$$

其中，当期其他稳定可靠的现金流入总额是指除应收账款收现以外，可以取得的其他稳定可靠的现金流入数额，主要包括短期有价证券变现净额、可随时取得的银行贷款额等。

企业当期现金支付需要量与当期应收账款之间存在着密切的关系，企业应收账款的回收是企业现金的主要来源，但是应收账款的收现期却往往不稳定，其与现金的需要时间也往往不一致。所以，必须确定一个应收账款收现的最低标准，以保证企业的现金需要。应收账款收现保证率的设置正是这种需要的产物。

4）应收账款坏账准备金制度

只要有应收账款就有发生坏账的可能性。按照权责发生制和谨慎性原则的要求，必须对坏账发生的可能性预先进行估计，并计提相应的坏账准备金。坏账准备金的计提比例与应收账款的账龄存在着密切的关系。应收账款坏账准备金的具体计提比例可以由企业根据自己的实际情况和以往的经验加以确定。不过，我国现行的会计制度对股份有限公司计提坏账准备做了一些详细的规定，例如当公司计提的比例高于40%或低于5%时，应该在会计报表附注中说明计提的比例及理由。

【实践应用7-12】沿用实践应用7-11资料，若该企业制定如下的应收账款坏账准备金提取比例：

A. 信用期内，按其余额的5%计提；

B. 逾期不超过半年，按其余额的10%计提；

C. 逾期半年至一年，按其余额的15%计提；

D. 逾期一年至二年，按其余额的20%计提；

E. 逾期二年至三年，按其余额的30%计提；

F. 逾期三年以上，按其余额的50%计提。

则该企业应计提的坏账准备金 $=600\times5\%+200\times10\%+100\times15\%+50\times20\%+40\times30\%+10\times50\%$

$=92$（万元）

7.4 存货管理

存货是指企业在生产经营过程中为了生产或销售而储备的物资。具体而言，为生产而储备的存货主要包括企业的库存原材料、辅助材料、包装物、低值易耗品等，为销售而储备的存货主要包括库存商品、产成品等。存货在流动资产中所占的比重较大，存货管理水平的高低，对企业生产经营的顺利与否具有直接的影响，并且最终会影响到企业的收益、风险、流动性的综合水平，因此存货的管理在整个投资决策中具有重要的地位。

7.4.1 存货管理的内容与目标

1）存货管理的内容

（1）根据企业生产经营的特点，制定存货管理的程序和办法；

（2）合理确定存货的采购批量和储存期，降低各种相关成本；

（3）对存货实行归口分级，使存货管理责任具体化；

（4）加强存货的日常控制与监督，充分发挥存货的作用。

2）存货管理的目标

对于一般的工商企业（尤其是制造业、商业等），持有一定数量的存货是十分必要的。一方面，一定数量的存货有利于保障企业生产经营的顺利进行；另一方面，可以使企业的生产与销售具有较大的机动性，适应市场不规则的突然变化，以免失去商机。但是，存货的增加必然要占用更多的资金，会使企业付出较多的持有成本。因此，存货管理的目标就是要在充分发挥存货作用的前提下，不断降低存货成本，以最低的存货成本保障企业生产经营活动的顺利进行。

7.4.2 存货的功能与成本

1）存货的功能

存货的功能是指存货在企业生产经营过程中所具有的作用，具体来说，主要包括以下几个方面：

（1）防止生产经营的中断。对于生产企业来说，如果原材料存货不足，就必然会造成生产中断，停工待料；对于商业企业来说，如果畅销商品库存不足，就必然会失去销售良机；而对于生产或销售具有季节性变化的企业来说，一定数量的存货就具有更加重要的意义。虽然随着自动化程度的提高，有些企业正在推行准时制（JIT），甚至提出了“零存货”的口号，但从目前的情况看，要真正做到这一点并非易事，有些企业甚至不可能做到“零存货”。

（2）适应市场的变化。一般来说，企业面对的市场是千变万化的，市场对本企业生产产品的需求量是不稳定的。一定数量的存货储备能够增加企业在生产和销售方面的机动性以及适应市场变化的能力。企业有了足够的库存，当市场的需求量突然增加时就能及时地满足市场的变化。另外，当发生通货膨胀时，适当地储备一定数量的存货，能使企业获得物价上涨的好处。

（3）降低进货成本。一般来说，企业采购时，其进货的总成本与其采购物资的单位售价及采购的次数有密切的关系。许多企业为了鼓励客户购买其产品，往往给购货方提供较优厚的商业折扣，即当客户的采购量达到一定数量时，便可以在价格上给予相应的价格折扣。所以，企业采取大批量的集中采购，就可以降低单位物资的买价。同时，由于采购总量一定，采购批量较大时，采购次数就会越少，从而可以降低采购费用的支出。

（4）维持均衡生产。许多产品的市场需求具有季节性，例如空调、电风箱、羽绒服等产品，企业的生产安排一般可以随着市场的变化而作相应的调整。但是，这些产品的生产并不能完全按市场需求的季节性来安排生产，否则，就会造成生产的不均衡，忙时超负荷运转，闲时生产能力得不到充分利用。这样不仅会提高生产成本，而且对企业的生产设备、生产人员的安排也是十分不利的。所以，对这些产品的生产既要考虑到季节性的变动，又要考虑到生产的均衡性，在销售淡季适当增加产品库存。

（5）有利于企业产品的销售。企业的产品一般是成批生产，成批销售的。对于客户来说，也有一个经济采购批量的问题，所以企业保持一定的产成品库存是有利于销售的。否则，当碰到客户的大订单时，就可能会丧失商机。

2）存货的成本

虽然存货具有以上许多功能，企业持有存货必不可少，但是并不是说存货持有越多越好，因为持有存货，必然会发生一定的成本支出。存货成本包括以下几个方面：

(1) 进货成本。所谓进货成本是指企业取得存货时的成本费用支出，主要包括存货的进价成本和进货费用两个方面。其中，进价成本又叫购置成本，它在数量上等于采购量与单位存货的采购单价的乘积。由于采购量是根据生产经营部门的需要决定的，所以进价成本管理的重点是如何降低单位存货的采购单价。进货费用又称订货成本，是指企业为组织进货而发生的有关费用，如办公费、差旅费、邮资费、电讯费、运输费、检验费、入库搬运费等。进货费用主要与进货次数密切相关，所以降低进货成本也必须考虑如何降低进货费用。

(2) 贮存成本。所谓贮存成本是指企业为持有存货而发生的成本费用支出，主要包括存货资金占用的机会成本、仓储费用、保险费用、存货库存损耗等。其中，存货的机会成本主要是指购买存货占用资金而失去的其他投资机会可能带来的投资收益。在储存成本中，有一部分与成本的储存数量有密切关系，例如存货资金占用的机会成本、保险费用等；另外一部分则与存货的储存数量没有密切的关系，例如仓库折旧费用、仓库职工的固定工资等。储存成本管理的重点是与储存数量有关的成本费用支出。

(3) 短缺成本。所谓短缺成本是指因存货不足而给企业造成的损失，主要包括由于原材料供应中断造成的停工待料损失、产品供应中断导致延误发货的信誉损失以及丧失市场机会的有形与无形损失等。由于缺货成本计量十分困难，常常没有被考虑，但如果缺货成本能够准确计量的话，也应该在存货决策中加以考虑。

7.4.3 存货资金需要量的预测

企业持有存货必然会需要一定的资金，而对存货占用资金的需要量进行预测，有利于提前做好购买存货的资金准备。存货资金需要量的预测方法主要有以下几种：

1) 周转期计算法

周转期计算法，是根据各种存货平均每天的周转额和资金周转日数来确定存货资金需要量的一种方法。其计算公式为：

存货资金需要量=平均每日周转额×资金周转日数

其中，平均每日周转额是指某项存货资金平均每天垫支额，它取决于企业的生产经营规模；资金周转日数是指存货完成一次周转所需要的天数。周转期计算方法是计算存货资金需要量的最基本的方法，它适用于原材料、在产品和产成品等资金数额的测定。

【实践应用7-13】高科公司生产一种移动电话需要采购一种电子元器件，该电子元器件每天需要使用500个，每个20元，公司每30天采购一次该元器件，试计算该元器件存货的资金需要量。

根据以上资料，该公司采购元器件存货的资金需要量=500×20×30=300 000（元）

2) 因素分析法

因素分析法是以上年资金实际占用量为基础，分析计划期影响资金占用额各项因素的变动情况，加以调整后，核定计划期资金需要量的一种方法。其计算公式为：

$$存货资金需要量=\left(\frac{上年资金}{实际需要量}-\frac{不合理}{占用额}\right)\times\left(1\pm\frac{计划年度各因素}{变动百分比}\right)$$

这种方法主要适用于品种繁多、规模复杂和价格较低的材料物资项目资金占用额的测算，也可用这种方法匡算全部存货资金需要量。

【实践应用 7-14】财达科技公司去年实际资金占用量为 200 万元，经过事后分析，该企业去年资金的不合理占用额为 10 万元，如果该公司今年计划销售产品比去年增加 10%，计算该公司今年合理的存货资金需要量。

根据以上资料，公司今年存货合理的资金需用量＝（200－10）×（1+10%）

＝209（万元）

3）比例计算法

比例计算法是根据存货资金需要量和有关因素之间的比例关系来测算资金需要量的一种方法。通常是根据存货资金需要量与销售收入之间的比例关系来进行测算。其计算公式如下：

存货资金需要量＝计划年度预计销售收入总额×预计销售收入存货资金率

$$预计销售收入存货资金率=\frac{上年存货资金平均余额-不合理占用额}{上年实际销售收入总额}\times\left(1-\frac{计划年度现金}{周转加速率}\right)$$

这种方法以前主要用于辅助材料、修理备用件等资金需要量的测算，现在也用于全部资金需要量的测算。

【实践应用 7-15】飞狐公司生产产品需要采购橡胶，去年公司橡胶的平均存货额为 400 万元，其中不合理占用为 20 万元，该公司去年的销售收入为 5 000 万元，该公司今年计划销售收入为 6 000 万元。如果该公司今年将采取措施使资金周转加速 10%，试计算该公司今年采购橡胶存货的资金需要量。

根据以上资料，该公司预计销售收入存货资金率＝（400－20）×（1－10%）÷5 000

＝6.84%

该公司今年橡胶存货的资金需要量＝6 000×6.84%＝410.4（万元）

7.4.4 存货的日常管理

存货的日常控制是指企业在日常生产经营过程中，按照生产经营的实际需要，对存货的采购、使用、库存和周转情况进行的组织、调节和监督等一系列的活动。存货的日常管理主要包括以下几个方面：

1）存货的归口分级管理

存货的归口分级管理是加强存货日常管理的重要方法，其基本原则是“谁使用谁管理，谁管理谁负责”这一管理方法，主要包括以下内容：

（1）在企业经营者的领导下，财务部门对存货资金实行统一管理。企业对存货资金实行集中统一管理，可以促进供、产、销相互协调，实现资金使用的综合平衡以及存货流转的顺畅进行，加速企业资金周转。

（2）实行资金的归口管理。根据使用资金和管理资金相结合，物资管理和资金管理相结合的原则，存货资金由哪个部门使用就归哪个部门管理。

（3）实行资金的分级管理。资金的分级管理是在资金归口管理的前提下，各归口管理部门根据具体情况进一步对各资金计划指标进行分解，分配给所属单位或个人，层层落实，实行分级管理。

2）存货经济批量决策

存货的经济批量是指能够使一定时期存货的总成本达到最低的采购数量。存货的总成本由进货成本、储存成本、缺货成本构成，这些成本中有些是固定性的，有些是变动性的。显然，只有变动性成本才是经济批量决策时的相关成本，与经济批量决策相关的成本主要包括：变动性进货成本、变动性储存成本以及允许缺货时的缺货成本。不同的成本项目与进货批量有着不同的变动关系。订购的批量大，储存的存货就多，储存成本就高，同时采购次数减少，进货费用和缺货成本也相应减少；订购的批量小，储存的存货就少，储存成本就低，同时采购次数增加，进货费用和缺货成本也相应增加。经济批量决策就是要权衡这些成本和费用，使得它们的总和最低。为了将问题简化，通常在进行经济批量决策时作如下假设：（1）企业一定时期的进货总量可以较为准确地预测；（2）存货的流转比较均衡；（3）存货的价格稳定，且不考虑商业折扣；（4）进货日期完全由企业自行决定，并且采购不需要时间；（5）仓储条件及所需现金不受限制；（6）不允许出现缺货；（7）所需存货市场供应充足，并能集中到货。

在满足以上假设的前提下，存货的买价和短缺成本都不是决策的相关成本。此时，经济批量考虑的仅仅是使变动性的进货费用（简称进货费用）与变动性的储存成本（简称储存成本）之和最低。

假设：Q 表示经济批量；A 表示某种存货的全年需要量；B 表示平均每次进货费用；C 表示单位存货年度平均储存成本。

则有：

存货的经济批量（Q）$=\sqrt{\frac{2AB}{C}}$

经济批量的变动总成本（T）$=\sqrt{2ABC}$

最佳进货次数（N）$=\frac{A}{Q}=\sqrt{\frac{AC}{2B}}$

经济批量的资金平均占用额（W）$=\frac{QP}{2}$

【实践应用 7-16】某企业每年耗用 A 材料 14 400 千克，该材料的单位采购价格为 10 元，每千克材料年储存成本平均为 2 元，平均每次进货费用为 400 元，试做出经济批量决策。

依条件可知：A=14 400 千克；B=400 元；C=2 元

则有：

$Q=\sqrt{\frac{2AB}{C}}=\sqrt{\frac{2\times14\ 400\times400}{2}}=2\ 400$（千克）

$$T=\sqrt{2ABC}=\sqrt{2\times14\ 400\times400\times2}=4\ 800\text{（元）}$$

$$N=\frac{A}{Q}=\frac{14\ 400}{2\ 400}=6\text{（次）}$$

$$W=\frac{QP}{2}=\frac{2\ 400\times10}{2}=12\ 000\text{（元）}$$

可见，该材料的经济批量为采购 2 400 千克。

以上经济批量决策是在许多假设的前提下做出的，通常称为基本经济批量决策。但是，在实践中，常常不满足以上全部的假设条件，从而有时需要放松上述假设条件。下面考虑放松部分假设条件情况下的经济批量决策问题。

（1）存在商业折扣情况下的经济批量决策

在市场经济条件下，为了鼓励客户多购自己的产品，销售方常常以提供商业折扣的方式吸引购买方。此时，购买方在进行存货采购的经济批量决策时，除了考虑进货费用和储存成本外，还必须考虑采购数量对采购价格的影响。这时的经济批量决策程序，首先确定无数量折扣情况下的基本经济批量及其总成本，然后考虑享受商业折扣情况下的最低批量的采购总成本，最后比较这两种情况下的总成本并选择其较低的采购方案。

【实践应用 7-17】沿用实践应用 7-16 资料，假设一次订购 A 材料超过 2 880 千克，则可以获得 2% 的商业折扣，此时应如何作出采购决策。

根据题意：

按经济批量采购时的总成本（一次采购 2 400 千克）= 年需要量×单价+经济批量的存货变动总成本

= 14 400×10+4 800

= 148 800（元）

按享受商业折扣的最低批量的总成本（一次采购 2 880 千克）= 年需要量×单价+年储存成本+年采购费用

= 14 400×10×（1−2%）+2×2 880÷2+400×14 400÷2 880

= 146 000（元）

比较可知，应享受商业折扣，即应一次采购 2 880 千克，这样可以节约 2 800 元的采购总成本。

（2）需要采购时间情况下的采购决策

在基本存货经济批量决策中假设采购不需要时间，这在实际中是很难做到的，因此必须提前进行采购。当企业尚有存货的情况下，企业提前进行采购，此时的库存量称为订货点，它等于采购需用时间与每日平均需用量的乘积。在这种情况下，存货的经济批量并没有发生变化，只是采购时间需要提前。

【实践应用 7-18】某企业每日需用甲材料 100 千克，采购该材料时的采购需用时间为 10 天，则该材料的订货点为 1 000 千克（100×10），即当该材料尚有 1 000 千克时就应当组织采购，等到下批采购的甲材料到达时，原有库存刚好用完。

3）存货储存期管理

为了加快存货的流转，企业应该尽量缩短存货的储存期，尤其是应该缩短产品或商品的储存期。这是因为储存存货会占用资金和增加仓储管理费，而且在市场变化很快的情况下，储存期过长有可能导致企业的产品或商品滞销而给企业带来巨大的损失。因此，尽力缩短存货储存期，加速存货周转，是提高企业经济效益，降低企业经营风险的重要手段。

企业持有存货而发生的费用，按照其与储存时间的关系可以分为固定储存费用与变动储存费用两类。前者与存货储存期的长短无直接关系；后者则与存货储存期的长短有密切关系，如存货资金占用费、存货储存管理费等。它们与利润存在以下关系：

利润=毛利-销售税金及附加-固定储存费-变动储存费

=毛利-销售税金及附加-固定储存费-每日变动储存费×储存期

由上式可得：

$$存货保本期=\frac{毛利-销售税金及附加-固定储存费}{每日变动储存费}$$

$$存货保利储存=\frac{毛利-销售税金及附加-固定储存-目标利润}{每日变动储存费}$$

对存货储存期的管理，可以及时为经营决策者提供存货的储存状态信息。这样，决策者就可以对不同的存货采取相应的措施。一般来说，凡是已过保本期的产品或商品大多属于积压滞销的存货，企业应该采取降价促销的办法，尽快将其推销出去；对超过保利期但未过保本期的存货，应当分析原因，找出对策，力争在保本期内将其销售出去；对于尚未超过保利期的存货，企业应当密切监督，防止发生过期损失。企业每隔一段时间应对各类产品的销售状况做出总结，调整企业未来的产品结构，提高存货的周转速度和投资效益。

【实践应用 7-19】某商品流通企业购进甲商品 3 000 件，单位进价 50 元（不含增值税），单位售价 70 元（不含增值税），经销该商品的固定费用为 30 000 元，销售税金及附加 2 000 元，每日变动储存费为 200 元。要求：

（1）计算该批存货的保本储存期；

（2）若该企业欲获得 20 000 元的利润，计算其保利储存期；

（3）若该存货实际储存期为 60 天，计算其可获得的利润。

根据以上资料：

（1）存货保本储存期=［（70-50）×3 000-2 000-30 000］÷200=140（天）

（2）保利储存期=［（70-50）×3 000-2 000-30 000-20 000］÷200=40（天）

（3）实际储存期介于保本储存期与保利储存期之间，但比较接近保利储存期，销售情况较好，可以获利 16 000 元（20 000-200×20）。

7.4.5 存货的控制系统

伴随着业务流程重组的兴起以及计算机行业的发展，库存管理系统也得到了很大的发展。从 MRP（物料资源规划）发展到 MRP-II（制造资源规划），再到 ERP（企业资源规划），以及后来的柔性制造和供应链管理，甚至是外包等管理方法的快速发展，都大大促进了企业库存管理方法的发展。这些新的生产方式把信息技术革命进步融为一体，提高了企业的整体运作效率。以下将对两个典型的库存控制系统进行介绍。

1）ABC 控制系统

ABC 控制法就是把企业种类繁多的存货，依据其重要程度、价值大小或者资金占用等标准分为三大类：A 类高价值库存，品种数量约占整个库存的 10% 至 15%，但价值约占全部库存的 50% 至 70%；B 类中等价值库存，品种数量约占全部库存的 20% 至 25%，价值约占全部库存的 15% 至 20%；C 类低价值库存，品种数量多，约占整个库存的 60% 至 70%，价值约占全部库存的 10% 至 35%。针对不同类别的库存分别采用不同的管理方法：A 类库存应作为管理的重点，实行重点控制、严格管理；而对 B 类和 C 类库存的重视程度则可依次降低，采取一般管理。

2）适时制库存控制系统

适时制库存控制系统，又称零库存管理或看板管理系统，最早由丰田公司提出并应用于实践。这种库存控制系统要求生产企业将自己的上游和下游企业整合到一个以自己为中心的高效的供应链中，当生产企业在生产制造过程中需要原料或零配件时，供应商马上将原料或零配件送来，当产品生产出来后立即交给客户。适时制要求企业配备先进的信息和物流管理系统，同时也需要供应商和客户的配合，只有这样，制造企业的库存水平才可能大大下降，否则，任何一环出现差错都可能导致整个生产线中断。目前，已有越来越多的公司采用这种库存控制系统，比如丰田、戴尔电脑、沃尔玛、海尔等。适时制库存控制系统进一步的发展已经被应用于企业整个生产管理过程中，集开发、生产、库存和分销于一体，大大提高了企业运营管理效率。

本章小结

本章主要介绍了营运资金的概念及其特点，营运资金的管理原则与战略，具体介绍了资金管理、应收账款管理和存货管理等三个方面的管理理论与方法。

现金是流动性最强的资产，也是非营利资产。企业现金管理包括：编制现金收支计划、确定最佳现金持有量、确定现金管理模式及日常现金收支管理等内容。最佳现金持有量的决策方法主要有成本分析模式、现金周转模式、因素分析模式和随机模型分析模式等。

应收账款是基于商业信用而产生的，它的主要作用是扩大销售，减少存货。应收账款管理的主要手段是制定适当的信用政策和加强应收账款的日常管理。信用政策又称为应收账款政策，由信用标准、信用条件和收账政策这三部分组成，其中信用标准是企业同意向客户提供商业信用而要求对方必须具备的最低条件；信用条件是指企业向对方提供商业信用时要求其支付赊销款项的条件；收账政策是指客户超过信用期限而仍未付款时，企业采取的收账策略。应收账款的日常管理方法主要有应收账款的追踪分析、账龄分析、收现率分析，以及根据有关会计法规建立应收账款坏账准备金制度。

存货是企业生产经营过程中必不可少的物资，存货最主要的作用是均衡生产。存货管理包括存货资金需要量的预测、存货的日常管理、存货的控制系统等内容，其中存货的日常管理包括存货的归口分级管理、存货经济批量决策、存货储存期管理等三个方面的内容。

思考题

1. 简述营运资金管理在企业财务管理中的地位与作用。
2. 现金管理的重点与难点有哪些？
3. 企业应收账款政策包括哪些内容？制定应收账款政策的主要依据是什么？
4. 你认为加强应收账款日常管理的方法有哪些？
5. 总结存货资金日常管理的方法，应如何减少存货资金的占用？
6. 如何提高企业营运资金的周转速度？

练习题

一、单项选择题

1. 企业为满足交易动机所持有的现金数量主要取决于(　　)。

A. 企业的支付能力　　B. 企业的生产能力

C. 企业的偿债能力　　D. 企业的销售水平

2. 不属于流动资产投资特点的是(　　)。

A. 形态的变动性　B. 数量的波动性　C. 流动性　D. 投资的集中性

3. 企业将资金占用在应收账款上而放弃其他方面投资可获得的收益称为应收账款的(　　)。

A. 管理成本　B. 机会成本　C. 坏账成本　D. 资金成本

4. 下列不属于信用条件的是(　　)。

A. 现金折扣　B. 数量折扣　C. 信用期间　D. 折扣期间

5. 在一定时期，当现金需要量一定时，同现金持有量成反比的成本是(　　)。

A. 管理成本　B. 资金成本　C. 短缺成本　D. 机会成本

6. 在存在商业折扣的情况下，与最优经济批量无关的成本有(　　)。

A. 储存成本　B. 购置成本　C. 进货成本　D. 资金成本

7. 在存货 ABC 管理中，将存货金额很大，品种数量很少的存货划分为(　　)。

A. A 类　B. D 类　C. C 类　D. AB 类

8. 经济批量是材料的采购量，再订货点是材料的(　　)。

A. 订货时间　B. 采购量　C. 最低储存量　D. 安全储存量

9. 企业持有一定量的短期有价证券，主要是为了维护企业资产的流动性和(　　)。

A. 收益性　　B. 企业的现金收入
C. 企业良好的信用　　D. 偿债能力

10. 既要充分发挥应收账款的作用，又要加强应收账款的管理，其核心是(　　)。
A. 加强销售管理　　B. 制定适当的信用政策
C. 采取积极的收账政策　　D. 尽量采用现款现货

11. 实行资金的归口管理，产成品资金归(　　)管理。
A. 供应部门　B. 生产部门　C. 销售部门　D. 财务部门

12. 某企业的现金周转率为6次，则其现金周转期为(　　)。
A. 30天　B. 40天　C. 50天　D. 60天

13. 信用标准一般可用(　　)表示。
A. 坏账损失率　B. 信用期限　C. 折扣期限　D. 赊销额

14. 下列不影响应收账款机会成本大小的是(　　)。
A. 赊销净额　　B. 应收账款平均回收期
C. 坏账损失率　　D. 资金成本

15. 某企业上年实际平均资金需要量为500万元，其中不合理占用额为10%。该企业今年预计销售将增加20%，则该企业今年存货资金预计需要量为(　　)。
A. 450万元　B. 540万元　C. 550万元　D. 600万元

二、多项选择题

1. 下列属于流动资产的有(　　)。
A. 现金　B. 短期投资　C. 应付账款　D. 预付账款

2. 流动资产投资的特点有(　　)。
A. 变现能力强　B. 投资风险大　C. 数量波动大　D. 收益率高

3. 现金成本包括(　　)。
A. 持有成本　B. 转换成本　C. 短缺成本　D. 管理成本

4. 确定最佳现金持有量的存货模式考虑的成本主要是(　　)。
A. 机会成本　B. 管理成本　C. 短缺成本　D. 转换成本

5. 构成企业信用政策的主要内容有(　　)。
A. 信用标准　B. 信用条件　C. 信用期限　D. 收账政策

6. 赊销在企业生产经营中所发挥的作用有(　　)。
A. 增加现金　B. 减少存货　C. 促进销售　D. 减少借款

7. 下列属于存货功能的有(　　)。
A. 有利于企业的销售　　B. 防止生产中断
C. 降低进货成本　　D. 提高企业的变现能力

8. 在存货的ABC管理中，对存货进行划分的标准有(　　)。
A. 存货的金额　　B. 存货的类别
C. 存货的大小　　D. 存货的品种数量

9. 客户赊销某产品后能否按期偿还货款主要取决于(　　)。

A. 客户的信用品质　　B. 客户的财务状况

C. 企业的收账政策　　D. 客户能否实现该产品价值的转换

10. 下列与现金周转期有关的因素有(　　)。

A. 存货周转期　　B. 应收账款周转期

C. 应付账款周转期　　D. 生产周期

三、判断题

1. 流动资产的组成内容不仅表明它在再生产过程中存在的形态，而且反映了流动资产在再生产过程中所处的领域和占用特点。(　　)

2. 现金是一种非收益性资产。(　　)

3. 信用标准是企业接受客户赊销要求时，客户必须具备的最高财务能力。(　　)

4. 企业使用的原材料虽然很多，但各种原材料库存周转储备上的资金是不能相互调剂使用的。(　　)

5. 只要花费必要的收账费用，积极做好收账工作，坏账损失是完全可以避免的。(　　)

6. 催收应收账款的最佳选择是通过法律途径。(　　)

7. 为保证企业生产经营所需现金，企业持有的现金越多越好。(　　)

8. 采购批量越大，持有成本越高，订货成本就越低。(　　)

9. 存货管理的目标是以最低的存货成本保证企业生产经营的顺利进行。(　　)

10. 收账政策的优劣在于其坏账损失率的大小。(　　)

四、计算分析题

1. 某企业预计全年需用现金 2 000 万元，预计的存货周转期为 90 天，应收账款和应付账款周转期均为 60 天。试计算该企业的最佳现金持有量。

2. 某公司预测的年度赊销收入净额为 2 400 万元，应收账款周转期为 30 天，变动成本率为 75%，资金成本为 8%。试计算该企业应收账款的机会成本。

3. 某企业生产甲产品，固定成本总额为 100 000 元，变动成本率为 75%。当该企业不对客户提供现金折扣时，该产品的年销售收入为 2 000 000 元，应收账款的平均回收期为 60 天，坏账损失率为 2%。现考虑是否给客户提供信用条件“2/10，N/30”，估计采用这一新的信用条件后，销售将增加 15%，有 60% 的客户将在折扣期内付款，另外 40% 的客户的平均收现期为 40 天，坏账损失率降为 1%。该企业的生产能力有剩余，其资金成本为 10%。试确定该企业是否应采用新的信用条件。

4. 某企业计划年度甲材料耗用总量为 7 200 千克，每次订货成本为 800 元，该材料的单价为 30 元/千克，单位储存成本为 2 元。

（1）计算该材料的经济采购批量；

（2）若供货方提供商业折扣，当一次采购量超过 3 600 千克时，该材料的单价为 28 元/千克，则应一次采购多少较经济？

5. 某商业企业购进甲商品 10 000 件，不含税进价 35 元，单位售价 58.5 元，经销该商品的固定储存费用为 20 000 元，销售税金及附加 30 000 元，每日变动储存费为 100 元，增值税税率为 17%。

（1）计算该批商品的保本储存期；

（2）若该企业欲获利 50 000 元，计算其保利储存期。

第8章

成本管理

学习目标

理论目标：（1）了解成本管理的目标和基本内容；（2）成本性态分类管理；（3）本量利分析的应用；（4）标准成本法的应用；（5）作业成本和责任成本的原理。

实践目标：（1）结合实际工作要求进行成本管理规划设计；（2）结合实际工作要求对成本进行分类管理；（3）进行本量利分析规划设计企业销售计划；（4）计算各类标准成本；（5）计算作业成本和责任成本。

8.1 成本管理概述

8.1.1 成本管理的意义

成本是生产过程中的一种耗费，一般是指生产成本，广义上也包括期间成本的管理。生产成本是指按照成本计算方法，计算出来的企业生产某种产品耗费的制造成本；期间成本主要是指按照会计期间归集，直接计入利润核算的期间费用，即销售费用、管理费用、财务费用。在财务管理中论及的成本管理是一种广义的概念，包括生产成本和期间成本管理两部分。

成本管理是指对生产经营过程中发生的成本费用进行规划、核算、分析、控制和考核等管理的统称，目的是减少耗费，获取尽量大的经营效益。

8.1.2 成本管理的目标

1）总体目标

成本管理的总体目标是根据企业的整体经营目标确定的，一般依据企业的竞争战略而定。以成本领先为战略的企业，一般追求成本的绝对降低；以差异化为战略的企业，一般确定为保证实现产品服务差异化前提下，对产品实现成本的持续降低。

2）具体目标

成本管理的具体目标是对总体目标的进一步分类，主要包括成本计算目标和成本控制目标。成本计算目标主要是计算产品的生产成本和管理成本，确定存货等资产价值和盈亏状况，满足编制会计报表的需要。成本控制的目标是降低成本水平，提升企业竞争力。

8.1.3 成本管理的主要内容

1）成本规划管理

成本规划管理是在企业战略层面上对企业成本做出预测和规划，主要包括：确定成本管理的重点、规划控制成本的战略途径、提出成本计算的精度和确定业绩评价的目的和标准等。

2）成本核算管理

成本核算是成本管理的最基础性环节，是指对生产费用发生和产品成本形成所进行的会计核算，是成本分析和成本控制的信息基础。具体又可以分为财务成本核算和管理成本核算两部分。

3）成本控制管理

成本控制是成本管理的核心，是企业采取经济、技术、组织等手段降低成本或改善成本的一系列活动。传统成本控制的主要手段是经济手段，现代成本控制广泛采用了技术手段和组织手段，控制的原则主要是：全面控制原则、经济效益原则、例外管理原则。

4）成本分析管理

成本分析是指利用成本核算的资料数据，综合有关计划、预算和技术资料，应用一定的方法对影响成本升降的各种因素进行科学的分析和对比，了解成本变动原因，寻求成本降低的途径，为管理层进行成本规划和经营决策提供参考依据。

5）成本考核管理

成本考核是定期对成本计划及有关指标的实际完成情况进行总结和评价，对成本控制的效果进行评估，目标在于改进原有成本控制活动的不足并激励约束员工和团队的成本。

8.2 成本性态与分类

8.2.1 成本性态

成本性态是指成本总额与特定业务量之间在数量方面的依存关系，又称为成本习性。掌握成本性态的目的是通过分析生产成本、销售量、生产量、利润等各个业务量之间的关系，分析当业务量发生变动时，与之相应的成本是否发生变动，从而在数量上掌握产品生产成本与生产能力之间的关系。

一般情况下，业务量是指企业在一定的生产经营周期内投入或完成的经营工作量的统称，主要使用销售量或销售额、生产工作量表示。成本总额一般是指为取得销售收入发生的全部生产成本和摊销费用、管理费用等成本，是一个广义的成本概念。

8.2.2 成本性态的分类

按照成本性态分类，成本可以分为变动成本、固定成本和混合成本三大类。

1）变动成本

变动成本是指在一定时期和一定的业务量范围内，成本总额随着业务量的变动而发生正比例变动的成本。一般包括企业在生产过程中发生的直接材料、直接人工、制造费用中产品的包装费、燃料费、动力费等，以及按照销售量大小支付的摊销佣金、装运费等。变动成本总额受到业务量的影响保持正比例变动关系，而单位变动成本则保持不变，因为在一定的生产条件下，生产某单件产品所需要的消耗是相等的。变动成本性态如图 8-1、图 8-2 所示。

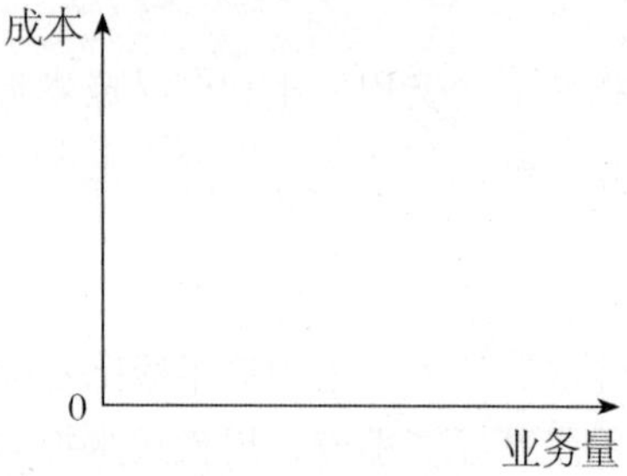

图 8-1　变动成本总额

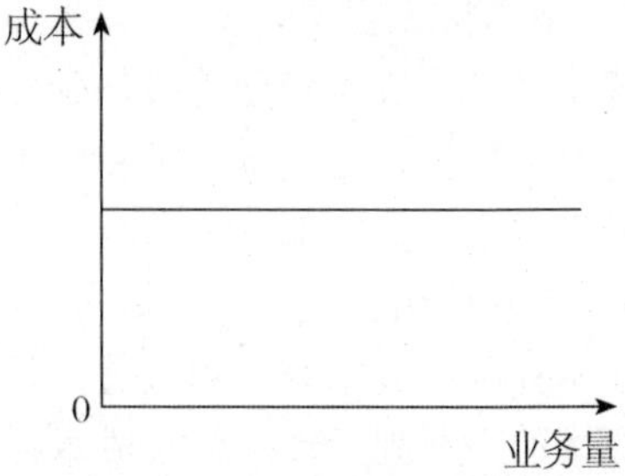

图 8-2　单位变动成本

2）固定成本

固定成本是指在一定时期和一定业务量范围内，成本总额随着业务量变动而保持不变的成本。一般包括，固定性制造费用，如按照直线法计提的固定资产折旧费、劳动保护费、办公费等；固定性的销售费用，如销售人员工薪、广告费等；固定性的管理费用，如租赁费、管理人员工薪、财产保险费等。固定成本总额不受业务量变动的影响，但是单位固定成本会随着业务量的增加被分摊减少。固定成本性态如图 8-3、图 8-4 所示。

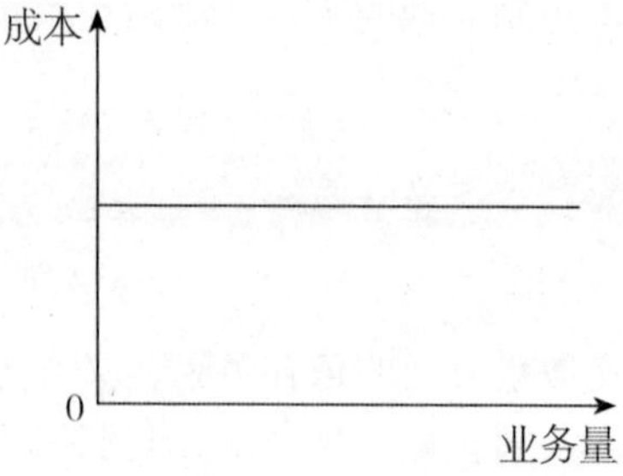

图 8-3　固定成本总额

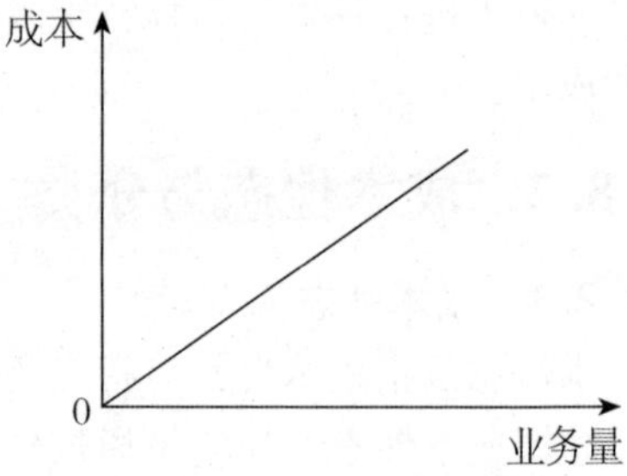

图 8-4　单位固定成本

固定成本按其支出的数额是否受到管理当局短期决策的影响，可以进一步分为约束性固定成本和酌量性固定成本。约束性固定成本是指固定成本的数额支出不受管理当局的决策行动影响，其特点是在短时间内不能轻易改变，具有较大程度的约束性，可以在较长时间内存在和发挥作用，如固定资产的折旧费、管理人员工薪等。约束性固定成本是企业经营活动中必须负担的最低成本标准。酌量性固定成本是指固定成本的数额支出通过管理当局的决策行动方案可以加以改变的成本，如企业在某一会计期间内的研究开发费、广告费、职工培训费等。

3）混合成本

混合成本是指成本总额随着业务量的变动而变动，但是并不成正比例变动的成本，如企业的电话费、机器设备的维护费、保养费等。

混合成本变动趋势与业务量的变动趋势比较复杂，一般可以分为半变动成本、延期变动成本、半固定成本、曲线式混合成本等，而曲线式混合成本又有递减型混合成本、递增型混合成本之分。

半变动成本是混合成本中最典型、最常见的一种，由固定成本和变动成本两部分相加组成。其中，固定成本不受业务量的变动影响，变动成本是在固定成本基础上随着业务量的变动发生正比例变动。如机器设备的维修保养费，一般情况下在一定的时间内会有最低的维护保养费用，随着机器设备使用频率增加，会随着数量变化呈正比例变动趋势。半变动成本性态如图 8-5 所示。

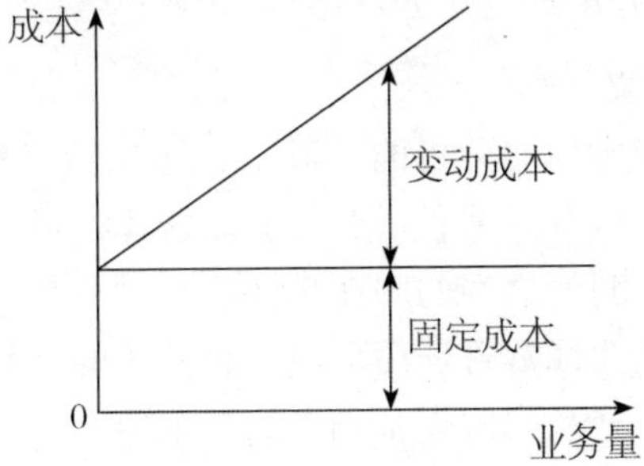

图 8-5　半变动成本

延期变动成本是指在一定的业务量范围内成本总额保持不变，超过该业务量成本总额则会随着业务量的变动而发生正比例变动的成本。如销售人员的工薪，一般由保底工薪（固定成本部分）加上业务提成（变动成本部分）组成。

半固定成本是指成本总额随着业务量的变动呈阶梯式变化的成本，即在一定的业务量范围内成本总额不随着业务量的变动而变动，一旦业务量超过这一范围，成本总额会出现跳跃式上升，在新的业务量范围内又不变，直到业务量再次突破，成本再次跳跃，如此不断循环重复。如检验员、化验员、货运员的工资等，在一定业务量范围内，需要的员工数量是固定不变的，其成本也是固定的，而超过一定的业务量范围，需要的员工数量增加，相应的成本也固定增加倍数。

曲线式混合成本是指成本总额在初始量基础上随着业务量的增加而呈现曲线增长，但成本与业务量之间不存在线性关系的成本。其特点是有一个初始的起点，并在一定条件下不变，相当于固定成本部分。这类成本根据曲线斜率的不同变化趋势，又分为递减型混合成本和递增型混合成本。其中，递减型混合成本随着业务量的增长，成本也增长，但成本增长的速度比业务量的增长速度慢，表现为一条凸型曲线；递增型混合成本随着业务量的增长，成本也增长，但成本的增长速度比业务量的增长速度快，体现为一条凹形曲线。

8.2.3　成本性态的相关范围

固定成本总额和单位变动成本的不变性并不是绝对的，而是在"一定业务范围"和"一定时间内"保持不变，即相关范围。

相关范围主要是指不改变固定成本、变动成本性质的期间和业务量范围区间。只有在这个区间内，固定成本总额保持不变，而单位固定成本则随着业务量的增加成反比例变动；而变动成本恰好相反，总额随着业务量的增加成正比例变动，单位变动成本保持不变。

另外，必须强调的是：成本性态具有暂时性、相对性、可转换性的特征。即同一时期内同一成本项目在不同企业之间可能具有不同的性态，在不同时期内可能具有不同的性态，随着业务量的变化可能互相转换。成本性态分类的最主要用处就是“本量利分析”。

8.3 本量利分析

8.3.1 本量利的含义

本量利分析是指在成本性态分析的基础上，运用数学模型与图形来分析成本、业务量、利润三者之间的依存关系，研究其变动规律，最终揭示变动成本、固定成本、销售量、销售单价、利润之间的内在规律的一种方法。本量利分析法是财务管理的基本方法之一，是企业经营管理活动中一种实用的工具。

本量利分析是建立在一系列假设基础上的，主要有：

（1）成本性态分析假设：所有成本都已经划分为固定成本和变动成本两类，并建立了相应的成本模型；

（2）相关范围及线性假设：假定一定期间内，固定成本总额和单位变动成本、单价保持不变，业务量总是在相关范围内变动，其变动不会改变固定成本总额和单位变动成本的特点，并且成本函数为线性方程：

$y=a+bx$

（3）产销平衡假设：假设所有生产出来的产品都可以销售出去；

（4）品种结构不变假设：假设在多种情况下，产销平衡，销售额发生变化时，各种产品的销售额在全部产品总销售额中所占的比重不变；

（5）目标利润假设：本量利分析中，利润仅指营业利润，不包括投资收益和营业外收支。

8.3.2 本量利分析的基本概念关系

1）利润方程式

利润=销售收入-总成本

=单价×销售量-（单位变动成本×销售量+固定成本）

=销售量×（单价-单位变动成本）-固定成本

上式表达了本量利之间的基本数量关系，上述利润的概念是指未扣除利息和所得税以前的利润，即息税前利润。

2）边际贡献

边际贡献是指销售收入总额减去变动成本的差额，也称之为贡献毛利或边际利润。边际贡献反映的实质性内容是指销售收入中扣除变动成本后的余额，如果这个余额大于固定成本，则企业是盈利的。

边际贡献=销售收入-销售成本

=单价×销售量-单位变动成本×销售量

=（单价-单位变动成本）×销售量

3）单位边际贡献

单位边际贡献是指边际贡献除以销售量的结果，也就是单价减去单位变动成本后的差额，反映的是每一单位产品销售为企业带来的边际贡献大小。

单位边际贡献=边际贡献/销售量

=单价-单位变动成本

引入边际贡献后，利润的计算公式可以变形为：

利润=边际贡献-固定成本总额

=单位边际贡献×销售量-固定成本总额

上式表明：只有边际贡献大于固定成本总额，企业才有利润；边际贡献小于固定成本总额，企业亏损；如果边际贡献等于固定成本总额，企业不盈不亏。由于固定成本总额是一定的，边际贡献增加多少，利润就增加多少。

4）边际贡献率

边际贡献率是指边际贡献除以销售收入的百分比，表示每增加1元的销售额可以为企业带来的利润贡献大小。

边际贡献率=边际贡献/销售收入总额×100%

=单位边际贡献/单价×100%

5）变动成本率

变动成本率=变动成本总额/销售收入总额×100%

=单位变动成本/单价×100%

从上述各个公式可以得知：

边际贡献率+变动成本变动率=单位边际贡献/单价+单位变动成本/单价

=（单位边际贡献+单位变动成本）/单价

=（单价-单位变动成本+单位变动成本）/单价

=1

边际贡献率=1-变动成本率，或者变动成本率=1-边际贡献率

【实践应用8-1】某企业某产品预计单位变动成本为30元/件，固定成本总额为17万元，变动成本率为60%，预计销售数量为1万件。则有：

单价=单位变动成本/变动成本率=30÷60%=50（元/件）

单位边际贡献=单价-单位变动成本=50-30=20（元）

边际贡献=单位边际贡献×销售量=20×1=20（万元）

边际贡献率=单位边际贡献/单价=20÷50=40%

=1-变动成本率=1-60%=40%

边际贡献率+变动成本率=40%+60%=1

利润总额=销售收入-变动成本-固定成本=50×1-30×1-17=3（万元）

=边际贡献-固定成本=20-17=3（万元）

8.3.3 本量利分析的具体内容

1）保本分析

保本是指企业不盈不亏的状态，也就是利润为0的那个点。即边际贡献等于固

定成本，利润为0，也称之为盈亏平衡分析。企业利润为0时的业务量称之为保本点，在保本点的业务量下，企业的收入正好等于全部成本，业务量超过保本点，企业盈利，反之亏损。保本点也称之为盈亏平衡点或盈亏临界点，一般可以使用实物量表示，也可以使用价值量表示。

以公式推算保本点如下：

利润=0，即销售量×（单价-单位变动成本）-固定成本=0

此时的销售量即为保本点：

保本点=固定成本/（单价-单位变动成本）=固定成本/单位边际贡献

保本额=单价×保本点=固定成本/边际贡献率=固定成本/（1-变动成本率）

【实践应用8-2】同实践应用8-1资料，某企业某产品预计单位变动成本为30元/件，固定成本总额为17万元，变动成本率为60%，预计销售数量为1万件。则有：

保本点=170 000÷（50-30）=8 500（件）

或=170 000÷20=8 500（件）

保本额=50×8 500=425 000（元）

或=170 000÷40%=425 000（元）

或=170 000÷（1-60%）=425 000（元）

2）保利分析

保本分析是指企业不盈不亏状态下的销售量或者销售额，保利分析是指在预定的目标利润条件下，企业的销售量或销售额。此时的销售量或销售额称之为“保利点”，计算公式如下：

$$保利量=\frac{固定成本+目标利润}{销售单价-单位变动成本}=\frac{固定成本+目标利润}{单位边际贡献}$$

$$保利额=保利量\times单价=\frac{固定成本+目标利润}{单位边际贡献}\times单价=\frac{固定成本+目标利润}{边际贡献率}$$

【实践应用8-3】沿用实践应用8-2资料，某企业某产品预计单位变动成本为30元/件，固定成本总额为17万元，变动成本率为60%，预计销售数量为1万件，假定计划年度的目标利润为3万元。则有：

$$保利量=\frac{17+3}{50-30}=1（万件）$$

$$保利额=50\times1=50（万元）$$

$$或=\frac{17+3}{40\%}=50（万元）$$

$$或=\frac{17+3}{1-60\%}=50（万元）$$

上述计算表明：企业为了实现3万元的目标利润，保利销售量应达到1万件，相应的保利销售额应达到50万元。

3）安全边际和安全边际率分析

安全边际是指实际的销售量或销售额和保本点的销售量或销售额之间的差额。又可以分别用安全边际量和安全边际额两种形式表示：

安全边际量=实际或预计的销售量-保本量

安全边际额=实际或预计的销售额-保本额

安全边际表示企业经营的安全程度，安全边际越高，亏损的可能性就越小；反之亏损可能性越大。其实质性含义是指企业的实际销售量（或销售额）超过保本点的程度，企业只有足够多的销售量（或销售额）才能给企业带来利润，此时全部固定成本已经被保本点的成本弥补，所以安全边际越大，企业的利润越大。

利润=安全边际量×单位边际贡献=安全边际额×边际贡献率

安全边际率是指安全边际量（额）占实际销售量（额）的比例，是一个相对量，用来评价企业的经营安全程度。安全边际率越大，企业的生产经营就越安全。企业安全边际率的安全程度见表8-1。

$$安全边际率=\frac{安全边际量（额）}{实际销售量（额）}\times 100\%$$

表8-1　企业安全边际率的安全程度

安全边际率	10%以下	10%~20%	20%~30%	30%~40%	40%以上
安全程度	危险	要关注	较安全	安全	非常安全

【实践应用8-4】同实践应用8-3资料，某企业某产品预计单位变动成本为30元/件，固定成本总额为17万元，变动成本率为60%，预计销售数量为1万件，假定计划年度的目标利润为3万元。则有：

安全边际量=10 000-8 500=1 500（件）

安全边际额=10 000×50-425 000=75 000（元）

或=1 500×50=75 000（元）

安全边际率=（1 500÷10 000）×100%=15%

或=（75 000÷500 000）×100%=15%

对比上表8-1可知，企业的生产经营有风险，要注意及时改进扩大销售或降低成本。

4）保本作业率分析

保本作业率是指保本点销售量（额）占实际销售量（额）的百分比，是一个逆向指标，即比率越小，企业生产经营越安全。该指标反映的是企业在保本状态下的生产能力利用程度，计算公式如下：

$$保本作业率=\frac{保本点的销售量（额）}{实际销售量（额）}\times 100\%$$

根据上述公式可知：安全边际率+保本作业率=1

【实践应用8-5】同实践应用8-4资料，某企业某产品预计单位变动成本为30元/件，固定成本总额为17万元，变动成本率为60%，预计销售数量为1万件，假定计划年度的目标利润为3万元。则有：

保本作业率=（8 500÷10 000）×100%=85%

或=（425 000÷500 000）×100%=85%

显然：保本作业率+安全边际率=85%+15%=100%=1

8.4 标准成本控制

8.4.1 标准成本控制的相关概念

标准成本是指通过调查分析，运用技术手段测定方法编制的，在有效经营条件下所能达到的目标成本。主要有如下两种状况可以作为现实选择：

理想标准成本，是指在现有条件下所能达到的最优成本水平，即企业在生产经营过程中无浪费、机器无故障、人员无闲置、产品无废品的假设条件下的成本标准，很显然是一种理想化的整体，实际上是无法达到的。

正常标准成本，是指在正常情况下，企业通过努力可以达到的成本标准，这个标准通常考虑到了企业在正常生产经营过程中不可避免的损失、故障、偏差等，小于理想标准成本要求，具有客观性、现实性、激励性等特点，是可以达到的，在实践管理中得以广泛应用。

标准成本控制是指以标准成本为基础，将实际成本与标准成本进行比较，揭示成本差异形成的原因和责任，采取措施，对成本进行控制的方法。

8.4.2 标准成本的制定

标准成本包括用量标准和价格标准两部分构成。产品成本由直接材料、直接人工和制造费用三个成本项目组成，都需要按照项目的用量标准和价格标准相乘，然后汇总求和，即得到单位产品的单位成本。其计算公式是：

单位产品的标准成本=直接材料标准成本+直接人工标准成本+制造费用标准成本

$$=\sum(\text{用量标准}+\text{价格标准})$$

1）直接材料标准成本的制定

直接材料的用量标准是指在现有生产技术条件下，生产单位产品所需的材料数量，包括构成产品实体的材料和有助于产品形成的材料，以及生产过程必要的耗费。价格标准通常是以订货合同的价格为基础，考虑未来物价、供求等各种变动因素后按材料种类分别计算的。

【实践应用 8-6】假定某企业某产品耗用甲、乙两种材料，其直接材料标准成本测定见表 8-2。

表 8-2　**产品直接材料标准成本**

项目	标准	
	甲材料	乙材料
价格标准	40 元/千克	10 元/千克
用量标准	2 千克/件	5 千克/件
标准成本	80 元/件	50 元/件
产品直接材料的标准成本	130 元/件	

2）直接人工标准成本的制定

直接人工标准成本是由直接人工用量和直接人工价格两项确定的。直接人工用量标准一般由生产技术部门、劳动工资部门测定；价格标准就是工资率标准，通常有计时工资和计件工资两种情况，计时工资采用小时工资率计算。

标准工资率＝标准工资总额/标准总工时

直接人工标准成本＝工时用量标准×工资率标准

【实践应用 8-7】沿用实践应用 8-6 资料，其直接人工标准成本计算见表 8-3。

表 8-3　　**产品直接人工标准成本**

项目	标准
月标准总工时	10 000 小时
月标准总工资	200 000 元
标准工资率	20 元/小时
单位产品工时用量标准	1 小时/件
直接人工标准成本	20 元/件

3）制造费用标准成本的制定

制造费用标准成本是由制造费用用量标准和价格标准决定的。用量标准即工时用量标准，与直接人工一样；价格标准即制造费用分配率。

标准制造费用分配率＝标准制造费用总额/标准总工时

制造费用标准成本＝工时用量标准×制造费用分配率标准

考虑到成本性态分类，固定成本相对稳定，而变动成本随着产量变动而变动，所以制造费用标准也要分别制定变动性制造费用标准成本和固定性制造费用标准成本。

【实践应用 8-8】沿用实践应用 8-6、实践应用 8-7 资料，其制造费用标准成本计算见表 8-4。

表 8-4　　**制造费用标准成本**

项目		标准
工时	月标准总工时	10 000 小时
	单位产品工时标准	1 小时/件
变动性制造费用	标准变动性制造费用总额	50 000 元
	标准变动性制造费用分配率	5 元/小时
	变动性制造费用标准成本	5 元/件
固定性制造费用	标准固定性制造费用总额	200 000 元
	标准固定性制造费用分配率	20 元/小时
	固定性制造费用标准成本	20 元/件
单位产品制造费用标准成本		25 元/件

通过上述计算得知，该产品的标准成本总额＝130+20+25＝175（元/件）。

8.4.3 成本差异的计算及分析

成本差异是指一定时期生产一定数量的产品所发生的实际成本与标准成本之间的差额。实际成本大于标准成本的差异称之为“超支差”，实际成本小于标准成本的差异称之为“节约差”。一般而言，超支差表明成本超过了标准成本，耗费过大，生产成本控制不力，需要查找原因，分析改进；节约差表明成本节约，也应查明原因，持续巩固提升。

成本差异的计算公式是：

总差异＝实际产量下的实际成本－实际产量下的标准成本

＝实际用量×实际价格－实际产量下标准用量×标准价格

＝（实际用量－实际产量下标准用量）×标准价格＋实际用量×（实际价格－标准价格）

＝用量差异＋价格差异

其中：用量差异＝（实际用量－实际产量下标准用量）×标准价格

价格差异＝实际用量×（实际价格－标准价格）

总成本差异也可以根据成本构成项目逐项分解计算。

1）直接材料成本差异计算分析

直接材料成本差异＝实际产量下的实际成本－实际产量下的标准成本

＝实际用量×实际价格－实际产量下标准用量×标准价格

＝直接材料用量差异＋直接材料价格差异

其中：直接材料用量差异＝（实际用量－实际产量下标准用量）×标准价格

直接材料价格差异＝实际用量×（实际价格－标准价格）

【实践应用 8-9】沿用实践应用 8-6 资料，产品的直接材料甲材料标准成本是 40 元/千克，用量标准是 2 千克/件。假定本月投产 1 000 件，领用甲材料 2 100 千克，实际价格是 38 元/千克。

直接材料成本差异＝2 100 ×38－1 000×40×2＝－200（元）（节约差）

其中：直接材料用量差异＝（2 100－1 000×2）×40＝4 000（元）（超支差）

直接材料价格差异＝2 100×（38－40）＝－4 200（元）（节约差）

分析：综合看，直接材料甲材料实际耗用比标准成本节约了 200 元，但是用量差异是超支 4 000 元，价格差异节约 4 200 元。表明实际耗用量超过标准，要查找浪费原因，成本管理的目标是需要下降；而实际价格低于标准价格，这是优势，价格降低抵消了用量超支的金额，要进一步巩固提高。

2）直接人工成本差异计算分析

直接人工成本差异是指直接人工的实际总成本与实际产量下标准总成本之间的差异，可以分为直接人工工资率差异和直接人工效率差异两部分。计算公式如下：

直接人工成本差异＝实际总成本－实际产量下标准成本

＝实际工时×实际工资率－实际产量下标准工时×标准工资率

＝直接人工效率差异＋直接人工工资率差异

其中，直接人工效率差异＝（实际工时－实际产量下标准工时）×标准工资率

直接人工工资率差异＝实际工时×（实际工资率－标准工资率）

【实践应用8-10】沿用实践应用8-7资料，产品的直接人工标准工资率是20元/小时，工时标准是1小时/件，工资标准是20元/件。假定本月生产1 000件，用工1 000小时，应付工资24 000元。

直接人工成本差异=24 000-1 000 ×20=4 000（元）（超支差）

其中：直接人工效率差异=（1 000-1 000×1）×20=0（不超支不节约）

直接人工工资率差异=（24 000/1 000-20）×1 000=4 000（元）（超支差）

分析：可以看出，直接人工效率不超支不节约，说明正好达到了标准成本控制目的，超支差异全部由直接人工工资率差异产生，说明企业提高了工资水平。

3）变动性制造费用成本差异计算分析

变动性制造费用成本差异是指实际发生的变动性制造费用总额与实际产量下标准变动性制造费用总额之间的差异，可以分为耗费差异和效率差异两部分。计算公式如下：

$$\text{变动性制造费用成本差异}=\text{实际总变动性制造费用}-\text{实际产量下标准变动性制造费用}$$

$$=\frac{\text{实际}}{\text{工时}}\times\frac{\text{实际变动性制造}}{\text{费用分配率}}-\frac{\text{实际产量下变动}}{\text{性标准工时}}\times\frac{\text{标准变动性制造}}{\text{费用分配率}}$$

$$=\text{变动性制造费用效率差异}+\text{变动性制造费用耗费差异}$$

$$\frac{\text{变动性制造}}{\text{费用效率差异}}=\left(\frac{\text{实际}}{\text{工时}}-\frac{\text{实际产量}}{\text{下标准工时}}\right)\times\frac{\text{变动性制造费用}}{\text{标准分配率}}$$

$$\frac{\text{变动性制造}}{\text{费用耗费差异}}=\frac{\text{实际}}{\text{工时}}\times\left(\frac{\text{变动性制造费用}}{\text{实际分配率}}-\frac{\text{变动性制造费用}}{\text{标准分配率}}\right)$$

【实践应用8-11】沿用实践应用8-8资料，产品的变动性标准制造费用是5元/小时，工时标准是1小时/件。假定本月生产1 000件，用工1 000小时，实际发生的变动性制造费用为4 500元。

变动性制造费用成本差异=4 500-1 000 ×5×1=-500（元）（节约差）

其中：变动性制造费用效率差异=（1 000-1 000×1）×5=0（不超支不节约）

变动性制造费用耗费差异=（4 500/1 000-5）×1 000=-500（元）（节约差）

分析：变动性制造费用成本差异的原因主要在于耗费差异，与效率无关。

4）固定性制造费用成本差异计算分析

固定性制造费用成本差异是指实际发生的固定性制造费用与实际产量下标准固定性制造费用的差异。计算公式如下：

固定性制造费用成本差异=实际固定性制造费用-实际产量下标准固定性制造费用

=实际工时×实际分配率-实际产量下标准工时×标准分配率

其中，标准分配率=固定性制造费用预算总额÷预算产量下标准总工时

固定性制造费用相对固定，实际产量与预算产量的差异会对单位产品所承担的固定性制造费用产生影响，为简化起见，本教材主要介绍“两差异分析法”。

两差异分析法，是指将总差异分为耗费差异和能量差异两部分。耗费差异是指固定性制造费用的实际金额与预算金额之间的差额，能量差异是指固定性制造费用预算金额与固定性制造费用标准成本的差额。计算公式如下：

耗费差异=实际固定性制造费用-预算产量下标准固定性制造费用

=实际固定性制造费用-标准工时×预算产量×标准分配率

=实际固定性制造费用-预算产量下标准工时×标准分配率

能量差异=预算产量下标准固定性制造费用-实际产量下标准固定性制造费用

=预算产量下标准工时×标准分配率-实际产量下标准工时×标准分配率

=（预算产量下标准工时-实际产量下标准工时）×标准分配率

【实践应用8-12】沿用实践应用8-8资料，产品的固定性制造费用标准分配率是20元/小时，工时标准是1小时/件。假定企业产品预算产量是1 200件，实际产量是1 000件，用工1 000小时，实际发生固定性制造费用19 000元。

固定性制造费用成本差异=19 000-1 000×20×1=-1 000（元）（节约差）

其中：耗费差异=19 000-1 200×20×1=-5 000（元）（节约差）

能量差异=（1 200×1-1 000×1）×20=4 000（元）（超支差）

分析：产品固定性制造费用节约了1 000元，由两部分构成，第一部分是耗费节约了5 000元，而能量超支差异4 000元，二者相抵，共节约固定性制造费用1 000元。

8.5 作业成本与责任成本

8.5.1 作业成本管理

作业成本是一种战略管理方法和思维在会计中的应用，一般归属于管理会计的范畴。借鉴传统的成本计算方法，将成本管理和成本计算结合在一起，设计一个“资源—作业—成本对象”的作业价值链，通过因果关系进行成本分配管理的一种活动。

1）作业成本的基本概念

作业成本管理方法的基本概念包括：资源、作业、成本动因、作业中心等。

资源是指企业生产耗费的原始形态，是成本的根源。涉及到企业的人力、物力和财力等方方面面，一般包括直接人工、直接材料、间接制造费用等。

作业是指在一个企业内为了某一目的而进行的耗费资源动作，可以定义为生产经营过程中的每一个环节和过程，如产品设计、原材料采购、生产加工、销售等，是作业成本计算系统中最小的单位。

成本动因是指导致成本发生的各类因素，也就是成本驱动因素。一般以作业活动耗费的资源进行度量，如原材料使用数量、生产耗用电度数等。成本动因可以分为资源动因和作业动因。资源动因是引起企业作业成本变动的驱动因素，反映作业量与耗费之间的因果关系；作业动因是引起产品成本变动的驱动因素，反映产品产量与作业成本之间的因果关系。

作业中心也称为成本库，是指构成一个业务过程的相互联系的作业集合，用来汇集业务过程及其产出的成本。即按照统一的作业动因，将各种资源耗费项目归结在一起，形成作业中心。

2）作业成本与传统成本计算方法的比较

直接材料和直接人工成本都可以直接归集到成本对象，但对间接费用的分配方式不同。传统成本计算方法下，制造费用以直接人工工时或机器工时为分配标准，分配环节简单，主要是作为产品生产成本计算使用。作业成本计算方法下，首先要确认发生制造费用的每一个环节，设计具体的作业流程并按成本动因分配，比如机器维修就需要按照维修所需要的人工和耗费作为成本动因；然后根据作业量的大小，将制造费用成本归集并分配到各作业中心；最后依据各作业中心的成本分配到各成本计算对象。

3）作业成本法的计算

（1）设置资源库，归集资源库价值。企业在生产经营中发生的各类耗费，首先在资源库里设置相应的名称，并对一定期间内发生的各种资源价值进行计量，归入各类资源库中。如发生的货币资金成本项目计入“货币资金”资源库，发生的生产产品领用的原材料计入“原材料”资源库等。

（2）确认主要作业，设立作业中心。理论上讲解，确认作业时对有关费用的划分越细越好，同时要兼顾“成本效益原则”，可以结合每项费用的重要性进行单独划分设置为一个作业，也可以设置成作业组。作业组设置的条件是：同类作业或者不同的作业有大致相同的消耗比率。如原材料耗用可以按照每种材料设置一个作业，也可以把所有的材料耗用作为一个作业中心。具体如何划分，根据企业实际情况和管理需要而定。

（3）确定资源库的成本动因，把资源库汇集的价值分配到各作业中心。例如，某生产产品耗用了10 000度电力成本为5 000元，可以根据“电力成本”资源库汇集的价值，结合企业生产产品使用，分配到预先设置的“原材料成本作业中心”。

（4）选择作业动因，确定作业成本的动因分配率。并非所有影响企业成本的因素都可以作为作业动因。一般选择影响大，确保作业消耗量与成本动因消耗量相关的因素，综合权衡收益与成本，考虑确认成本动因后的行为结果，最终确定。

确定作业中心和成本分配动因后，就可以据以计算成本动因单位分配率，分配作业成本。作业成本分配率一般有实际作业成本分配率和预算作业成本分配率两种表现形式。计算公式如下：

实际作业成本分配率=当期实际发生的作业成本/当期实际作业产出

预算作业成本分配率=预计作业成本/预计作业产出

实际作业成本分配率主要适用于作业产出比较稳定的企业，优点在于计算的成本是实际作业成本，无须分配实际作业成本与预算作业成本的差异，简便易行；缺点是作业成本资料只能在会计期末取得，及时性较差，不同会计期间的作业成本不同，作业需求量也不同，容易忽视作业需求对作业成本的影响，不利于分清成本高低责任归属。预算作业成本分配率可以克服实际作业成本分配率的缺点，能够随时提供决策需要的成本管理信息，有利于及时查清落实责任。

（5）计算作业成本和产品成本。根据每种产品所耗用的成本动因单位数和该作业分配率，计算产品应负担的作业成本和单位成本，计算公式如下：

$$\text{产品耗用的作业成本}=\sum(\text{产品耗用的作业量}\times\text{实际作业成本分配率})$$

$$\text{产品当期发生的成本}=\text{当期投入该产品的直接材料成本}+\text{当期投入该产品的直接人工成本}+\text{当期该产品耗用的各项作业成本}$$

4）作业成本管理的内容

作业成本管理是一种符合战略管理思想要求的现代化成本计算和管理模式，是基于价值链和成本分配观的一种先进管理手段，及时精确的成本计算系统，也是降低成本、改进业绩的工具。其主要内容是：

（1）成本动因分析。找出导致作业成本发生的原因，即成本动因，这是进行成本管理的第一步工作。成本之所以失控，主要原因在于作业流程耗费或者生产布局不合理。

（2）作业分析。作业分析的主要目标是认识企业的操作作业过程，从中发现持续改善的机会和途径。主要工作内容是进行价值分析管理，删除非增值作业，扩大并改进增值作业。

（3）作业业绩考核。作业成本管理的根本目的是找出并消除所有非增值作业，提高增值作业的效率，削减非增值成本。对作业业绩进行评价，可以通过建立相应的财务指标和非财务指标两个途径进行考核。

8.5.2 责任成本管理

责任成本管理是指将企业内部划分成不同的责任中心，明确责任成本，并根据各责任中心的权责利关系来考核工作业绩的一种成本管理模式。责任中心一般是指具有一定权力并承担相应工作责任的部门或管理层次，最常见的管理层次是成本中心、利润中心和投资中心三类。

1）成本中心

成本中心是指有权发生并控制成本的单位。成本中心由于一般不会产生收入，通常只计量并考核成本，一般以成本降低或节约额为考核标准。其特点是：

（1）不考核收入，只考核成本费用发生额；

（2）只对可控成本负责，对不可控成本不负责；

（3）责任成本是成本中心考核的主要内容。

成本中心考核和控制的指标包括预算成本节约额和预算成本节约率，计算公式如下：

$$\text{预算成本节约额}=\text{实际产量预算责任成本}-\text{实际责任成本}$$

$$\text{预算成本节约率}=\text{预算成本节约额}/\text{实际产量预算责任成本}\times100\%$$

2）利润中心

利润中心是指既能控制成本，又能控制收入和利润的责任单位。利润中心既有成本发生，又有收入，同时要对成本和收入进行考核，利润即收入减去成本的差额。利润中心按照形成过程有两种形式：一种是自然形成的利润中心，是指直接对外提供劳务或销售产品取得收入的责任中心；另一种是人为利润中心，是指人为设定的，通过内部各责任中心之间使用内部结算价格结算半成品，从而产生内部销售收入的责任中心。利润中心与成本中心相比，其权利和责任都相对较大，不仅要降低绝对成本，还要寻求收入增长的渠道，相对提升利润。利润中心采用利润作为考核指标，可以使用边际贡献、可控边际贡献和部门边际贡献作为具体的指标，计算公式如下：

边际贡献=销售收入总额-变动成本总额

可控边际贡献=边际贡献-该中心负责人可控固定成本

部门边际贡献=可控边际贡献-该中心负责人不可控固定成本

3）投资中心

投资中心是指既能控制成本、收入和利润，又能对投入的资金进行控制的责任中心。如集团公司的事业部、子公司等一般都拥有一定的自主权，这种自主权不仅包括制定价格、确定产品和生产方法等短期经营决策权，而且还包括投资规模和投资类型等投资决策权。投资中心是最高层次的责任中心，同等承担最大的责任。投资中心必然也是利润中心，但是利润中心不一定是投资中心，利润中心一般没有投资决策权，而且在考核利润时也不考虑所占用的资产。

对投资中心业绩评估考核的指标除了利润指标外，主要有投资报酬率和剩余收益等。计算公式如下：

投资报酬率=营业利润/平均营业资产

平均营业资产=（期初营业资产+期末营业资产）/2

剩余收益=营业利润-（平均营业资产×最低投资报酬率）

本章小结

本章主要介绍成本管理的内容，成本性态的分类及其生产经营应用，本量利分析及应用，标准成本法的计算及应用，作业成本和责任成本的基本原理。

成本管理的主要内容是成本规划、核算、控制、分析、考核，主要目标是降低成本，提高企业生产经营效益。

成本性态是在一定范围内的一个相对概念，按照成本性态把成本分为固定成本、变动成本、混合成本三大类，混合成本可以分解为固定成本和变动成本两部分，其分解原理是进行本量利分析的基本依据。

本量利分析的基本原理是通过成本、销售量、利润三者的动态平衡调整关系规划生产经营过程的一种管理方法。最重要的是保本作业分析和盈亏平衡点。

标准成本法是通过确定标准成本，然后分解成本构成的因素，按照成本项目构成（直接材料、直接人工和制造费用）一项项的对成本差异进行计算，分析差异产生原因，并改进生产经营管理服务。

作业成本是以资源作业为中心，归集成本动因的一种价值链管理模式。责任成本法是把企业内部的相对独立单位或单元，划分为一个个责任中心，据以考核管理发生成本费用的一种管理方式。

思考题

1. 成本管理的内容有哪些?
2. 成本性态分类在现实工作中有哪些具体的应用?
3. 本量利分析如何规划保本点?
4. 标准成本计算方法在现实工作中的应用。
5. 如何计算作业成本并进行管理?
6. 如何计算责任成本并进行责任分析?

练习题

一、单项选择题

1. 下列各项内部转移价格中,既能够较好的满足供应方和使用方的不同需求,又能激励双方积极性的是(　　)。

A. 市场价格　　B. 协商价格　　C. 双重价格　　D. 成本转移价格

2. 提高安全边际,不会降低盈亏临界点的措施是(　　)。

A. 提高单价　　B. 增加产销量

C. 降低单位变动成本　　D. 压缩固定成本

3. 下列适合作为企业内部利润中心,对整个企业作出经济贡献评价的是(　　)。

A. 利润中心的边际贡献　　B. 利润中心的可控边际贡献

C. 利润中心部门的边际贡献　　D. 利润中心的净利润

4. 成本控制要将注意力集中在不同寻常的事情上,体现了成本控制的(　　)原则。

A. 全面控制　　B. 经济效益　　C. 例外管理　　D. 战略重点

5. 下列正确的是(　　)。

A. 销售利润=销售收入×变动成本率-固定成本

B. 销售利润=(销售收入-盈亏临界点销售额)×边际贡献率

C. 销售利润=销售收入×(1-边际贡献率)-固定成本

D. 销售利润=盈亏临界点销售量×边际贡献率

6. 标准成本管理中,成本总差异的计算公式是(　　)。

A. 实际产量下实际成本-实际产量下标准成本

B. 实际产量下标准成本-预算产量下实际成本

C. 实际产量下实际成本-预算产量下标准成本

D. 实际产量下实际成本-标准产量下标准成本

7. 责任成本考核和控制的主要指标是(　　)。

A. 产品成本之和　　B. 固定成本之和　　C. 可控成本之和　　D. 不可控成本之和

8. 最适合评价投资中心业绩的指标是(　　)。

A. 边际贡献　　B. 部门毛利　　C. 剩余收益　　D. 部门净利润

9. 直接人工效率差异的责任部门是(　　)。

A. 销售部门　　B. 供应部门　　C. 管理部门　　D. 生产部门

10. 在两差异法下，固定制造费用的差异可以分解为(　　)。

A. 价格差异和产量差异　　B. 耗费差异和效率差异

C. 能量差异和效率差异　　D. 耗费差异和能量差异

二、多项选择题

1. 下列各项与保本点同方向变化的是(　　)。

A. 单位售价　　B. 预计销量　　C. 固定成本总额　　D. 单位变动成本

2. 下列适用于利润中心业绩评价指标的是(　　)。

A. 部门边际贡献　　B. 可控边际贡献　　C. 投资报酬率　　D. 剩余收益

3. 下列关于作业成本的表述，正确的是(　　)。

A. 是一种财务预算的方法　　B. 是以作业为基础计算成本的方法

C. 是一种成本控制的方法　　D. 是一种准确无误的成本计算方法

4. 下列可以视为保本状态的是(　　)。

A. 销售收入总额与成本总额相等　　B. 销售收入线与总成本线相交

C. 边际贡献与固定成本相等　　D. 固定成本与变动成本相等

5. 下列各项中，正确的是(　　)。

A. 安全边际额是正常销售额超过保本销售额的差额

B. 安全边际额表明销售额下降多少企业仍不至于亏损

C. 安全边际部分的销售额也就是企业的利润

D. 安全边际率大于 1，表明企业经营安全

6. 某产品单位变动成本因耗用的原材料涨价而提高 1 元，企业决定提高产品单价 1 元，假定其他因素不变，则(　　)。

A. 该产品的保本销售额不变　　B. 该产品的单位边际贡献不变

C. 该产品的安全边际额不变　　D. 该产品的保本销售额增加

7. 下列公式中，正确的是(　　)。

A. 利润＝边际贡献率×安全边际

B. 安全边际率+边际贡献率＝1

C. 安全边际率+保本作业率＝1

D. 边际贡献率＝（固定成本+利润）/销售收入

8. 可控成本必须具备的特征是(　　)。

A. 可以预见　　B. 可以计量　　C. 可以调节　　D. 可以控制

9. 下列属于揭示投资中心特点的表述有(　　)。

A. 所处的责任层次最高　　B. 具有投资决策权

C. 承担最大的责任　　D. 一定是利润中心

10. 下列说法正确的是(　　)。

A. 安全边际是正常销售额超过保本销售额的部分

B. 安全边际率是安全边际与正常销售额的比

C. 安全边际率和保本作业率之和等于1

D. 安全边际率数值越大，企业发生亏损的可能性越大

三、判断题

1. 根据量本利分析，在销售量不变的情况下，保本点越低，盈利区越小，亏损区越大。(　　)

2. 在作业成本法下，成本动因是导致成本发生的诱因与成本分配的依据。(　　)

3. 不同规模的投资中心之间比较业绩时，使用剩余收益指标优于投资报酬率指标。(　　)

4. 增值作业发生的成本都是增值成本，非增值作业发生的成本都是非增值成本。(　　)

5. 企业职工个人不能成为责任控制体系中的责任中心。(　　)

6. 利润中心对成本的控制是联系收入进行的，强调绝对成本的节约。(　　)

7. 安全边际是正常销售额超过盈亏临界点销售额的差额。(　　)

8. 若单位产品售价与单位变动成本同方向同比例变动，则保本点的业务量不变。(　　)

第 9 章

收益与分配管理

学习目标

理论目标：(1) 理解收益管理及分配管理的概念及内容；(2) 掌握销售计划的编制原则；(3) 熟悉利润分配的程序、方式及股利理论；(4) 掌握利润分配的政策。

实践目标：(1) 掌握销售量预测的程序与方法；(2) 熟练掌握销售计划的编制方法；(3) 掌握利润的预测、计划与控制方法；(4) 熟悉利润分配政策的制定方法。

9.1 收益与分配管理概述

9.1.1 收益管理的概念及内容

1) 收益的概念

(1) 经济收益。“收益”概念最早出现在经济学中。亚当·斯密在《国民财富的性质和原因的研究》一书中将收益定义为“那部分不侵蚀资本的可予消费的数额”，把收益看作是财富的增加。后来，大多数经济学家都继承并发展了这一观点。

艾尔弗雷德·马歇尔在其《经济学原理》中，把亚当·斯密的“财富的增加”这一收益观引入企业，提出区分实体资本和增值收益的经济学收益思想。

20 世纪初期，美国著名经济学家欧文·费雪进一步发展了经济收益理论，提出了三种不同形态的收益，即精神收益（精神上获得的满足）、实际收益（物质财富的增加）和货币收益（增加资产的货币价值）。其中，精神收益因主观性太强而无法计量，货币收益虽容易计量但不考虑币值变化，因此经济学家只侧重于研究实际收益。

1946 年，英国著名经济学家 J. R. 希克斯在《价值与资本》中，把收益概念发展成为一般性的经济收益概念。他提出了一个普遍得到认同的定义：“在期末、期初保持同等富裕程度的前提下，一个人可以在该时期消费的最大金额。”希克斯的定义虽然主要是针对个人收益而言的，但对企业也同样适用。就企业而言，按照这一定义，可以把企业收益理解为：在期末和期初拥有同样多的资本前提下，企业在本期可以分配的最大金额。

(2) 会计收益。会计学上的收益概念称为会计收益。根据传统观点，会计收益是指来自企业期间交易的已实现收入和相应费用之间的差额。它具有如下几个方面的特征：①会计收益是根据企业实际发生的经济业务，以销售产品或提供劳务所获得的销售收入减去为实际销售收入所支出的成本得出的。这些经济业务，既包括外部交易，也包括内部交易。②会计收益是建立在会计分期的假设之上，它指的是某一特定期间企业的生产经营成果。③计算会计收益的成本是以历史成本计列的。由于现行会计实务中企业的资产是按历史成本计价的，已消耗成本自然就是历史成本的转移，因而作为确定收益重要因素之一的成本也是历史成本。④会计收益的确定要遵循收益确认的原则。会计收益的确定要依据以下两项原则：收益确定的实现原则和收益确定的稳健原则。⑤会计收益有赖于期间收入和费用的合理配比。与当期不相关的成本，应作为资产结转为以后期间的费用。⑥会计收益受谨慎原则约束。根据收益确定的谨慎原则，当企业某项经济业务有多种会计方法可供选择时，应选择最不会高估收益的方法，它包括不应高估收入和不应低估费用两个方面。

（3）财务管理中的收益。财务管理中的收益通常是指会计收益，即企业税后净利润。根据我国财政部2006年颁布的《企业会计准则——基本准则》规定，利润是指企业在一定会计期间的经营成果，它包括收入减去费用后的净额、直接计入当期损益的利得和损失等。具体又可分为三个层次：营业利润、利润总额、净利润。其计算公式分别如下：

营业利润=营业收入-营业成本-税金及附加-销售费用-管理费用-财务费用-资产减值损失±公允价值变动净收益±投资净收益

利润总额=营业利润+营业外收入-营业外支出

净利润=利润总额-所得税费用

2）收益管理的概念

收益管理是一种基于市场细分和需求预测，用以确定最佳的产品或服务价格，以谋求收益最大化的经营管理技术。

其目的在于，将合适的产品或服务在合适的时间以合适的价格提供给合适的顾客，以使企业通过销售产品或提供服务获得最大限度的收益。在实施过程中，其通常需要一方面采取超售（接受超过生产规模的订货）的方法来减少虚假订货带来的不必要的虚耗；另一方面采取存货控制的方法，将市场细分、需求预测和产品定价紧密结合，最大限度地适应市场需求的多样性，发掘产品或服务在市场的获利潜力，实现收益的最大化。

3）收益管理的内容

收益管理的内容可以大致上分为收入管理和费用管理两个方面（此处的收入为广义的收入、费用为广义的费用）。其中最为主要的内容是：销售的预测与计划、利润的预测与计划以及利润的控制。

9.1.2 分配管理的概念及内容

1）分配的概念

分配的一般含义是“按一定的标准或规定分（东西）”或“安排”，前者应用如“分配劳动成果”，后者应用如“合理分配劳动力”。在经济学上，分配是指把生产资料分给生产单位或把消费资料分给消费者。财务管理中的分配则是指收益分配，即对企业税后净利润的分配。

2）分配管理的概念

作为现代财务管理的基本内容之一，分配管理是指对企业收益分配活动的管理。收益分配活动也即企业的净利润分配活动，它既是企业上一次资金运动的终点，又是下一次资金运动的前奏。

在分配管理的过程中，企业应在遵循各项现行财经法规、财务制度的基础上，妥善处理好当前利益与长远利益的关系，处理好国家、企业、股东、职工等各方面的利益关系，合理确定股利分配政策。

3）分配管理的内容

事实上，企业收益分配管理的过程，也就是企业利润分配方案的制订与执行过程。因此，收益分配管理的内容可以概括为以下三个方面：（1）明确相关法律、法规的规定，以及不同利益主体在企业收益分配中的利益需求；（2）运用合适的股利政策确定拟分配的股利支付额；（3）选择合适的股利支付方式、收益分配形式。

9.2 收益管理

9.2.1 销售的预测与计划

1）销售预测的程序

销售预测的一般程序如下：

（1）明确预测对象，制定预测规划。销售量预测是一项复杂的工作，应该有重点地选择预测对象，明确预测工作所要达到的目的，并制定预测规划。

（2）搜集、整理有关资料。只有掌握了大量的相关资料，才能提高预测的可靠性。这些资料涉及影响销售量的各种内部和外部的因素，要对它们进行整理、分类，为后续的预测分析做好准备。

（3）选择合适的方法和模型进行预测。应根据不同的预测对象和内容，选择适当的预测方法，构建数学模型，对销售量进行定性分析和定量测算，以确保预测结果的准确性。

（4）估算预测误差。由于经营活动中存在许多不确定性因素，在预测时不可能对未来情况完全预计到，从而多少会使预测出现一定的偏差。因此，在预测时要计算分析各种可能情况，估计预测的误差范围。

（5）评价预测结果。事后，要将预测的结果同实际结果进行对比，明确差异，并分析出现差异的原因，为后期的预测提供参考。

2）销售预测的方法

销售预测的方法有很多，常用的方法主要包括趋势分析法、因果分析法、本量利分析法以及调查分析法、判断分析法。由于本量利分析法在本书第八章已进行了介绍，所以此处不再赘述。下面将重点介绍趋势分析法和因果分析，并简要介绍调查分析法和判断分析法。

（1）趋势分析法。趋势分析法又称历史引申法，是根据企业销售的历史资料，采用一定的方法测算出未来的销售变动趋势及未来某一时期的销售量或销售额的一种定量分析法。趋势分析法主要有以下几种具体的方法：简单平均法、移动平均法、加权移动平均法、指数平滑法和季节预测法。

①简单平均法。简单平均法又称为算术平均法，是将过去几个时期销售量（额）的算术平均值作为未来销售量（额）的预测数的一种预测方法。其计算公式为：

$$S=\frac{\sum_{i=1}^{n}S_i}{n}=\frac{S_1+S_2+\cdots+S_n}{n}$$

式中，S 表示过去 n 期销售额（量）的平均值；S_i 表示第 i 期的销售额（量）；n 表示期数。

【实践应用 9-1】某企业 2014 年上半年的销售情况见表 9-1。

表 9-1　　2014 年 1～6 月销售额　　金额单位：元

月份	销售额
1	10 000
2	9 200
3	11 000
4	12 000
5	10 600
6	10 800
合　计	63 600

则运用简单平均法求出其平均值，就是该企业对以后几个月份销售额的预测值。

预测销售额 = 63 600÷6 = 10 600（元）

②移动平均法。移动平均法类似于简单平均法。简单平均法使过去几期的差异平均化，没有考虑到销售的变化趋势，从而可能会出现较大误差，因此它只适用于销售比较稳定的产品。移动平均法虽然也使过去几期差异平均化，但它尽可能选择最近几期数据进行预测，如预测 7 月份销售时选用 1～6 月份的数据，预测 8 月份销售时选用 2～7 月份数据，依此类推，滚动地预测以后各期的销售额，从而会在一定程度上减少误差。移动平均法一般适用于销售略有波动的产品。其计算公式为：

$$S_t=\frac{\sum_{i=t-n}^{t-1}S_i}{n}=\frac{S_{t-n}+S_{t-(n-1)}+\cdots+S_{t-1}}{n}$$

式中，S_t 表示第 t 期销售额（量）的预测值；S_i 表示第 i 期的销售额（量）；n 表示期数。

【实践应用 9-2】沿用实践应用 9-1 资料，预测 7 月份的销售额就是10 600元。假如该企业 7 月份实际销售额为 11 200 元，则 8 月份的销售额预测如下：

$$S_8 = \frac{\sum_{i=2}^{7} S_i}{6} = \frac{9\,200+11\,000+12\,000+10\,600+10\,800+11\,200}{6} = 10\,800\text{（元）}$$

③加权移动平均法。加权移动平均法是在移动平均法的基础上，根据销售变化趋势给各期规定不同的权数，然后求出加权后的各期平均数，以此作为销售预测数。一般而言，近期数据的权数相对要大些，远期数据的权数相对要小些。确定了各期权数后，就可以滚动式地预测出以后各期销售数。这种方法适用于销售数量有明显变化的产品。其计算公式为：

$$S_t = \frac{\sum_{i=t-n}^{t-1} S_i \cdot W_i}{\sum_{i=t-n}^{t-1} W_i} = \frac{S_{t-n} \cdot W_{t-n} + S_{t-(n-1)} \cdot W_{t-(n-1)} + \cdots + S_{t-1} \cdot W_{t-1}}{W_{t-n} + W_{t-(n-1)} + \cdots + W_{t-1}}$$

式中，S_t 表示第 t 期销售额（量）的预测值；S_t 表示第 i 期的实际销售额（量）；W_i 表示第 i 期销售额（量）的权数；n 表示期数。

通常，为了简化计算，令各期权数之和等于 1，即 $\sum_{i=t-n}^{t-1} W_i = 1$

则上式简化为：$S_t = \sum_{i=t-n}^{t-1} S_i \cdot W_i = S_{t-n} \cdot W_{t-n} + S_{t-(n-1)} \cdot W_{t-(n-1)} + \cdots + S_{t-1} \cdot W_{t-1}$

【实践应用 9-3】沿用实践应用 9-2 资料，假设选用最近 3 个月的数据来预测未来月份的销售额，并分别设定其权数依次为 0.2、0.3、0.5，则有：

7 月份销售的预测数 $S_7 = S_4 \times 0.2 + S_5 \times 0.3 + S_6 \times 0.5 = 12\,000 \times 0.2 + 10\,600 \times 0.3 + 10\,800 \times 0.5$
$= 10\,980$（元）

8 月份销售的预测数 $S_8 = S_5 \times 0.2 + S_6 \times 0.3 + S_7 \times 0.5 = 10\,600 \times 0.2 + 10\,800 \times 0.3 + 11\,200 \times 0.5$
$= 10\,960$（元）

④指数平滑法。指数平滑法是在加权移动平均法的基础上发展而来的，它通过一个指数平滑系数 α 的引入，可以消除加权平均法所带来的某些预测计算的偏差，从而提高预测的准确性。一般而言，指数平滑系数 α 值越大，则近期实际销售情况所占的权数越大，对预测值的影响也越大；而 α 值越小，则近期实际销售情况对预测值的影响就越小。在实际工作中，可以根据企业销售的历史资料来合理确定指数平滑系数 α。该方法的计算公式为：

$$S_t = \alpha \cdot D_{t-1} + (1-\alpha) \cdot S_{t-1}$$

式中，S_t 表示第 t 期的预测销售量；D_{t-1} 表示第 t-1 期的实际销售量；S_{t-1} 表示第 t-1 期的预测销售量；α 表示指数平滑系数。

【实践应用 9-4】沿用实践应用 9-1 资料，6 月份的实际销售额为10 800元。假定原来预测 6 月份的销售额 11 000 元，并指定平滑系数为 0.7，则 7 月份的预测销售额为：

$$S_7=\alpha \cdot D_6+(1-\alpha) \cdot S_6$$
$$=0.7\times 10\,800+(1-0.7)\times 11\,000=10\,860\ (元)$$

⑤季节预测法。季节预测法不是一种独立的预测方法，它经常同其他各种预测方法相结合。这种方法在预测过程中非常重视季节的变化，通常的做法是在参照上一年度相同时期的销售情况的基础上，结合本年度的各种变化来预测出本年度该季节的销售情况。这种方法适用于销售带有明显季节性的产品，例如新年贺卡、中秋月饼、某些季节性服装等。需要注意的是，采用这种方法时，虽然以前年度相同时期的销售情况对预测很有参考价值，但预测时更应重视现实的各种变化，例如社会风尚对季节性服装销售的影响等。

（2）因果分析法。因果分析法就是从影响产品销售的各种相关因素中，找到它们与销售量的函数关系，并利用这种因果关系进行销售预测。这种方法通常要建立预测的数学模型，故又称回归分析法，常用的有简单回归分析法与多元回归分析法。

①简单回归分析法。简单回归分析法又称为回归直线法，它根据 $y=a+bx$ 方程式来预测销售量。式中：y 为预测的销售量（因变量）；a 为固定销售量（某一常数）；x 为相关因素值（自变量）；b 为自变量 x 的系数，它代表自变量 x 对销售量影响的程度。

这种方法适用于销售量主要受某一重要因素影响的产品。方程式中的 a 和 b 可以通过运用最小二乘法对相关历史数据进行加工而得到。求出 a、b 之后，再将预测期的相关因素值 x 代入，即可求得预测销售量 y 的值。a、b 的计算公式如下：

$$a=\frac{\sum y-b\sum x}{n}$$

$$b=\frac{\sum xy-\frac{(\sum x)(\sum y)}{n}}{\sum x^2-\frac{(\sum x)^2}{n}}$$

②多元回归分析法。多元回归分析法主要适用于销售量的变化与几个因素相关的产品。假设销售量 y 与 x_1，x_2，…，x_n 多个因素相关，则可用以下多元回归方程来预测销售量 y：

$$y=a+b_1x_1+b_2x_2+\cdots+b_nx_n$$

在运用该法预测时，要根据各相关因素对销售量的影响程度来确定其相关系数的大小。由于其计算过程很复杂，所以在实际工作中通常是利用电脑进行计算和预测。

（3）调查分析法。这种方法是通过对某种产品在市场上的供需情况及相关信息进行调查，进而预测其销售量的一种方法，调查的内容通常包括对产品的调查（如产品的寿命周期及目前所处阶段）、对客户的调查（消费倾向等）、对同行业的调查（竞争对手的相关信息等）、对经济发展趋势的调查等。调查分析法是销售预测中常用的方法，但其执行起来所产生的成本费用通常较高，而且由于被调查者主观判断的偏差可能会影响预测的准确性，所以在实际工作中通常将它与其他方法相结合，以提高预测的准确性。

（4）判断分析法。判断分析法主要是通过一些具有丰富经验的企业经营管理人员、销售人员或者有关专家对市场未来情况作出分析，以判断企业在未来一定时期内某种产品的销售趋势，进而作出销售预测的方法。按其具体做法不同，通常又将其分为意见汇集法和专家判断法。

意见汇集法，是由本企业熟悉市场情况的推销人员对各类顾客进行调查，并将调查的意见填入卡片或表格，然后由销售部门进行综合汇总，以对某种产品的销售进行分析和预测。

专家判断法则是指向某些学有专长、经验丰富的有关专家征询意见，对某种产品的未来销售量进行判断和预测的一种方法。这里的专家主要指本企业或同行企业的高级管理人员、销售部门经理以及其他有关专家等，不包括推销人员和顾客。专家判断法按实施的步骤和特点不同具体又可分为三种：专家个人意见集合法、专家小组法和德尔菲法。

专家个人意见集合法是首先向各位专家征求意见，要求他们对本企业某种产品销售的当前状况和未来趋势作出独立的个人判断，然后再对多位专家的判断进行综合分析，确定预测值。采用这种方法可以汇集各方面专家从不同角度反映的预测意见，其准确性通常比意见汇集法高。

专家小组法是由若干个专家预测小组，分别以小组为单位对企业的某种产品的未来销售趋势进行判断分析，进而对不同小组的分析结果进行综合汇总的一种预测方法。这种方法在预测过程中可以发挥集体的智慧，从而使预测的结果更为准确。

德尔菲法是以函询的方式向若干名专家分别征求意见，各位专家独立地对企业某种产品的未来销售情况进行预测分析，然后企业将各位专家的意见进行汇总，并以不记名的方式反馈给各位专家，再次征求各位专家的意见，请他们各自结合他人的意见修正自己原先的判断，如此反复多次，最后集各专家之所长，对销售作出综合预测。

从总体上看，判断分析法所需的预测时间短、成本费用比较低，但由于它主要凭借人的主观经验来判断，因而其预测的准确性难免会受到影响。在实际操作时，通常也需要与其他方法相结合，以提高预测的准确性。

3）销售计划的编制

（1）编制销售计划的原则。编制销售计划一般要遵循以下几条原则：①要以明确的经营目标为前提。企业的经营目标是通过计算、科学地预测所确定的，销售计划应该是这个目标的具体化，只有这样，销售计划才有据可依。②要考虑周全。凡是对企业经营目标有影响的事项，都应该以货币或者其他计量形式来具体反映，要尽可能地避免因计划不周而影响企业经营目标、销售计划的实现。③要在具备一定挑战性的同时具备可行性。销售计划指标不能定得过低或过高，如果计划指标过低就会由于缺乏挑战性而不能充分激发员工的主观能动性和潜能，而如果计划指标定得过高则会由于缺乏可行性同样不能激发员工的主观能动性。

（2）编制销售计划的方法。产品销售计划的编制主要是通过预测的销售量乘以销售单价而得到的。对于计划期内有多种产品的，其销售计划可以先按照各种产品分别计算，然后再加总计算出计划期的总销售收入。其计算公式为：

$$计划期产品销售收入=\sum（某种产品计划销售量\times单位产品销售价格）$$

上式中的“某种产品计划销售量”一般是在销售预测的基础上结合企业生产经营的实际情况确定的，但如果企业有长期固定的客户，也可以直接以双方签订的购销合同为依据来确定计划期内产品的销售量。而至于产品销售价格，我国市场上目前主要有国家定价、指导价格和市场调节价三种，但大多数产品是以市场价格为依据。

9.2.2 利润的预测与计划

1）利润预测

利润预测是在销售预测的基础上，通过对产品的销售数量、价格水平、成本状况等进行分析和测算，预测出企业未来一定时期的利润水平。利润预测可以有助于对企业收入、成本和利润进行综合细致的分析从而为企业的经营决策提供可靠的依据，同时，通过利润预测也可以发现企业生产经营管理过程中存在的问题，从而有利于改善经营管理，提高企业的经济效益。

利润预测需要在了解企业过去和现在经营状况及所处经济环境的基础上，运用一定的科学方法来进行，其常用的方法主要有本量利分析法、相关比率法和因素测算法。由于本量利分析法在前面第 8 章已有相关介绍，因此此处主要介绍后两种方法。

（1）相关比率法。企业在一定时期所实现利润的多少，往往与销售收入、资金占用总额等指标密切相关。一般而言，企业的利润总额与销售收入、资金占用总额正相关。相关比率法就是根据利润与这些相关指标之间的内在关系，对计划期间的利润进行预测的一种方法。常用的相关比率有销售收入利润率、资金利润率等。其计算公式为：

$$利润=预计销售收入\times销售收入利润率$$

$$利润=预计平均资金占用额\times资金利润率$$

计算公式中的销售收入利润率和资金利润率一般是以基期值为基础并考虑到计划期（预测期）相关变动因素的影响加以确定的，也可以根据同行业的平均先进水平来确定。显然，除了这两个因素以外，销售收入预测值和资金占用额预测值的准确性也会直接影响到利润预测的准确性。因此，在运用相关比率法时，要充分考虑到这些相关方面的影响。

【实践应用 9-5】某企业 2014 年 3 月的销售收入利润率为 25%，根据对市场的预测及相关资料的综合分析，预计 2014 年 4 月的销售收入利润率与 3 月的相同，并且 4 月份的销售收入为 6 000 万元。要求预测该企业 2014 年 4 月份的利润额。

根据相关比率法，该企业 2014 年 4 月份的利润 = 6 000×25% = 1 500（万元）

【实践应用 9-6】某公司预计 2014 年的资金平均占用额为 9 000 万元，同行业的平均先进资金利润率为 20%。要求预测该公司 2014 年的利润额。

根据相关比率法，该公司 2014 年的利润 = 9 000×20% = 1 800（万元）

（2）因素测算法。因素测算法是在基期利润水平的基础之上，根据计划期间影响利润变动的各项因素的预计情况，预测出企业计划期间利润额的一种方法。它实质上是以本量利分析法为基本原理，根据本量利的关系可知，影响利润的主要因素有销售量、销售价格、变动成本、固定成本总额和所得税率等。运用因素测算法预测利润的基本公式为：

计划期利润 = 基期利润±计划期各种因素的变动而增加或减少的利润

在运用因素测算法进行利润预测时，首先必须对影响利润的各种因素进行测算，既包括市场供需情况和国家政策变更等外部因素的影响，也包括产品的单位变动成本和固定成本等内部因素的影响；然后，将变化了的各种因素代入本量利方程式，测算出它们对利润的影响结果，进而确定计划期的利润额。通常，销售量和销售价格与利润正相关，而单位变动成本和固定成本与利润是负相关的。

【实践应用 9-7】某公司 2013 年甲产品的销售量为 60 000 件，销售单价为 50 元，甲产品的单位生产成本为 28 元，固定成本为 90 000 元，该年度的利润总额为 1 230 000 元。经过充分的市场调查及综合分析，该公司预计 2014 年度甲产品的销售量会增加到 90 000 件，同时销售单价会降低 10%，单位变动成本上升到 30 元，固定成本会增加 10%。要求采用因素测算法计算各因素变化对利润的影响并确定 2014 年的利润预测额。

根据题述资料，可以测算出各因素变化对利润的影响如下：

①销售量增加对利润的影响额 =（90 000−60 000）×50 = 1 500 000（元）

②销售单价降低对利润的影响额 = 50×（−10%）×90 000 = −450 000（元）

③单位变动成本上升对利润的影响额 = 28×60 000−30×90 000 = −1 020 000（元）

④固定成本增加对利润的影响额 = −90 000×10% = −9 000（元）

以上各种因素对利润的综合影响额 = 1 500 000−450 000−1 020 000−9 000 = 21 000（元）

2014 年的利润预测额 = 1 230 000+21 000 = 1 251 000（元）

需要说明的是，上例是先预测出各项因素的变化，然后再根据各项因素预测企业的利润。在实际工作中，有时候则是先确定目标利润，然后再根据本量利之间的关系来测算出为了实现目标利润，在其他因素保持不变的前提下，需要针对某一项因素采取的单项措施，或者综合措施。

2）利润计划

利润计划是在利润预测的基础上编制而成的，是对利润预测和经营决策的具体反映，也是一定时期企业生产经营活动目标的综合反映。

利润是由营业利润和营业外收支净额组成的。因此，在编制利润计划时，应先编制营业利润计划和营业外收支计划，然后在其基础之上再汇总编制利润计划。营业利润计划是在销售预测的基础上，结合企业的投资计划及投资收益预测以及对其他相关情况的综合考虑来编制的；营业外收支计划是根据企业历史资料及对未来营业外收支净额的预测分析编制的。利润计划的最终成果通常以表格的形式来表现，见表 9-2。

表 9-2 **利润计划表的一般形式**

编制单位： 20××年度 单位：

序号	项目	本年计划
1	一、营业收入	
2	减：营业成本	
3	税金及附加	
4	销售费用	
5	管理费用	
6	财务费用	
7	资产减值损失	
8	加：公允价值变动净收益	
9	投资净收益	
10	二、营业利润	
11	加：营业外收入	
12	减：营业外支出	
13	其中：非流动资产处置净损失	
14	三、利润总额	
15	减：所得税费用	
16	四、净利润	

利润计划确定以后，企业就要按照计划来组织各项生产经营活动，努力实现各项计划指标。当然，在计划执行过程中，若发现各种因素的变化使得原有计划不再合理，就应当及时调整计划。

9.2.3 利润控制

利润控制就是根据利润计划目标，对影响利润实现的各种因素进行管理，以便增收节支，确保实现利润计划，提高企业的经济效益。进行利润控制必须做好企业各方面的工作。一般而言，利润控制主要包括以下几个方面：

1）充分挖掘潜力，降低成本，压缩费用，提高产品质量，以增强产品的市场竞争力。

2）企业要面向市场，及时了解市场的需求变化，努力开发新产品，以保证在激烈的市场竞争中处于有利地位。

3）加强企业的各方面管理，建立责任制，将权责利结合起来，充分调动全体员工的积极性。

4）充分利用企业的闲置资金进行对外投资，并充分预测各种投资的风险和收益，结合自身实际选择最佳的投资组合。

5）必须加强管理，充分利用各类资产，严格控制各种营业外支出，尽量减少各类损失。

9.3 分配管理

9.3.1 分配程序

如前文所述，本章所及分配管理均指企业净利润的分配管理。根据《公司法》的规定，公司税后利润分配的程序如下：

1）支付被没收财物的损失和违反税法规定而支付的滞纳金和罚款

滞纳金、罚款和没收财物等造成的损失具有赔偿性和惩罚性，是企业因经营管理不善而导致的支出，而不是生产经营活动中应该发生的开支，因而不能将其作为企业的成本或费用冲减当期应税所得。为了维护国家的财经法纪，这种惩罚性支出必须由税后利润开支，以增强企业的法制观念。

2）弥补企业以前年度亏损

企业年度亏损可以由下一年度的税前利润弥补，下一年度税前利润尚不足以弥补的，可以由以后年度的利润继续弥补，但用税前利润弥补以前年度亏损的连续期不得超过五年。五年弥补期是从亏损年度后的第一年算起，连续五年内不论盈亏，都作为实际弥补年限计算。对于五年内的某个或某几个年度又发生亏损的，应分别从各亏损年度后的第一年起连续五年弥补各自的亏损。

税前利润未能弥补的亏损，只能由税后利润弥补。税后利润用于弥补亏损的资金，一是企业的未分配利润，在累计亏损未得到弥补前，企业是不能也不应当分配股利的；另一资金来源是法定盈余公积金，即当亏损数额较大、用未分配利润不足以弥补时，经股东大会决议，可用盈余公积弥补亏损。

3）提取法定盈余公积金

企业的利润在缴纳所得税以后，首先应用于弥补被没收财物损失、支付各种税收的滞纳金和罚款、弥补以前年度亏损；然后，其剩余额才可以用来计提盈余公积。法定盈余公积按税后利润作上述扣除之后余额的10%计提。若企业累积的法定盈余公积金已达到注册资本的50%，可不再提取。

值得注意的是，提取盈余公积金的基数不是可供分配的利润，也不一定是本年的税后利润。只有不存在年初累计亏损时，才能按本年税后利润计算应提取数。这种“补亏”是按账面数字进行的，与所得税法的亏损后转无关。关键在于不能用资本发放股利，也不能在没有累计盈余的情况下提取盈余公积。

法定盈余公积金的用途主要有两个方面：（1）弥补企业亏损。前已述及，用税后利润补亏的一个重要资金来源就是法定盈余公积金。我国财务制度规定，企业当年无利润时，不得向投资者分配利润。其中，股份有限公司当年无利润时，原则上不得分配股利，但在用盈余公积金弥补亏损后，经股东大会特别决议，可以用盈余公积金分配股利，但其支付额不得超过股票面值的6%，且在支付股利后，法定盈余公积金不得低于注册资本金的25%。（2）扩大公司生产经营或转增资本。盈余公积金经股东会议特别决议后，也可用于转增资本，但转增资本后，法定盈余公积金也不得低于注册资本的25%。

4）支付优先股股利

优先股是股份公司发行的在分配红利和剩余财产时比普通股具有优先权的股份。一般优先股按事先约定的股息率取得股息，不受企业盈利与否或多少的影响，但优先股可先于普通股获得股息。

5）提取任意盈余公积金

根据《公司法》的规定，公司在提取法定盈余公积金之后（若有优先股还需要在支付优先股股利之后），按公司章程规定由股东大会决议，可以从税后利润中提取任意盈余公积金。并按董事会决定的用途分配使用，以满足企业生产经营的需要。

法定盈余公积金和任意盈余公积金是企业从税后利润中提取的积累资金，是企业抵御风险、补充资本的重要资金来源。

6）向股东（投资者）分配股利（利润）

根据《公司法》规定，企业弥补亏损和提取盈余公积金之后所余下的税后利润，可以向股东（投资者）分配股利（利润）。其中，有限责任公司股东按实缴的出资比例分取红利（全体股东约定不按照出资比例分取红利的除外）；股份有限责任公司按照股东持有的股份比例分配股利（公司章程规定不按持股比例分配的除外）。

股份公司向股东支付股利也必须遵循法定的程序。先由董事会提出分配预案，然后将之提交股东大会审议，股东大会决议通过分配预案之后，再向股东宣布该分配方案，最后才是实际发放股利。这个过程中会经历几个重要的时点，依次为：股利宣告日、股权登记日、除息日、股利支付日。

（1）股利宣告日。即公司董事会将股利支付情况予以公告的日期。公告中将宣布每股股利、股权登记日、除息日和股利支付日等事项。我国的股份公司通常一年派发一次股利，也有在年中派发中期股利的。

（2）股权登记日。即有权领取股利的股东的资格登记截止日期。只有在股权登记日前在公司股东名册上登记名字的股东，才有权分享股利。

(3) 除息日。是由股票经纪公司和证券交易所确定的股息将要支付的日期。即领取股利的权利与股票相互分离的日期。在除息日前，股利权从属于股票，持有股票者即享有领取股利的权利；到除息日，股利权与股票相分离，新购入股票的人不能分离股利。通常在除息日之前进行交易的股票，其价格高于在除息日之后进行交易的股票。

(4) 股利支付日。即向股东发放股利的日期。

【实践应用 9-8】X 公司于 2014 年 2 月 8 日举行的股东大会决议中通过股利分配方案，并于第二天由董事会对外发布公告，宣告股利分配方案为：当年每 10 股派发 5 元的现金股利，公司将于 2014 年 3 月 31 日将股利支付给 2014 年 2 月 25 日在册的公司股东。则 X 公司向股东支付股利所经历的几个主要日期为：

2014 年 2 月 9 日为股利宣告日；

2014 年 2 月 25 日为股权登记日；

2014 年 2 月 26 日为除息日；

2014 年 3 月 31 日为股利支付日。

9.3.2 分配政策的选择

此处的"分配政策"是指"股利分配政策"，也即"股利政策"，是指企业就股利分配所采取的策略，包括设计多大的股利支付率、以何种形式支付股利、何时支付股利等诸多方面。从实际情况来看，股利政策选择过程中的一个关键问题就是回答"留多少、分多少?"的问题，也即合理确定所分股利与留存收益之间的比例关系。在这个过程中，决策者通常需要借鉴既有的股利理论，并结合本企业实际，充分考虑所有影响股利政策的相关因素。

1) 股利理论

股利理论是我们选择和制定股利政策的理论基础，是指研究企业股利分配行为对企业价值产生何种影响的理论。目前，对实践产生重大影响的股利理论可以分为以下三种：股利无关论、股利相关论和委托人理论。

(1) 股利无关论。股利无关论认为，在完善的市场条件下，企业的价值取决于投资决策和筹资决策所决定的资产获利能力，而不是盈利在股利和留存收益之间的分割方式。因此，股利政策对企业价值不会产生任何影响。其代表性观点有：MM 理论、股利剩余理论。

①MM 理论。1961 年美国的莫迪格拉尼（Franco Modigliani）和米勒（Merto H. Millier）发表了著名的《股利政策增长和股票价值》一文，提出了"股利无关论"。该理论建立在一系列完善的市场假设条件的基础之上，因而又称为"完全市场理论"。这些假设包括：信息完全对称，即投资者与管理者拥有相同的信息；投资者都是理性的；企业发行证券没有发行费用，证券交易瞬间完成且没有交易成本；无任何个人和企业所得税；企业的投资政策不变，投资回收没有风险。在上述假设条件下，股利的支付不过是一个细枝末节的小问题，不会影响股东的财富，企业的价值完全取决于企业当期资产的获利能力和随着企业投资决策的实施继续获利

的能力，即股利政策与公司的价值是无关的。

②股利剩余理论。该理论认为企业的股利支付应由投资计划的报酬率来决定。如果一个企业有较多的有利可图的投资机会，则不应发放现金股利，而应采用保留盈余的形式以满足投资所需的资金；反之，则应将所有盈余分配给股东。如果企业的盈余满足所有者有利可图的投资机会后还有剩余，则应把剩余的盈余以现金股利的形式分配给股东。

该理论认为，投资者不会计较股利与资本收益的差别。如果企业投资项目的预期收益率高于投资者要求的收益率，投资者宁愿企业保留盈余；如果企业投资项目的预期收益率等于投资者要求的收益率，投资者将对企业利润留存或作为股利分配的问题漠不关心；而如果企业预期的收益率低于投资者要求的报酬率，那么投资者宁愿要股利了。

（2）股利相关论。股利相关论认为，企业的股利政策会影响企业股票的价格，股利政策与企业的市场价值并非无关而是相关的。代表性观点主要有："一鸟在手"论、信息传播论、所得税差异论。

①"一鸟在手"论。最早由迈伦·戈登（Myron Gordon）和约翰·林特纳（John Lintner）提出。该理论认为，留存收益再投资而带来的资本利得的不确定性高于股利支付的不确定性。投资者对股利收益与资本利得是有偏好的，大部分投资者更偏向于股利收益，特别是正常的股利收益。在这两者之间，投资者更偏向于选择股利支付率较高的公司的股票。根据这种理论，公司需要定期向股东支付较高的股利，公司分配的股利越多，公司的市场价值也就越大。

②信息传播论。该理论认为，股利之所以对股票价格产生影响，是因为投资者将股利用于预测企业未来的经营成果。投资者一般只能通过企业的财务报告了解企业的经营状况和盈利能力，并据此来判断股票的价格是否合理，但是财务报告在一定的时期内可以调整、润色，甚至还有虚假的成分，因此投资者对企业未来的发展和收益的了解远不如企业管理人员清晰，即存在着某种信息不对称。在这种情形下，现金股利的分配就成了一个难得的信息传播渠道，即股利的分配给投资者传递了关于企业盈利能力的信息。如果企业的股利支付率在过去一个较长的时期内很稳定，而现在却有所变动，投资者将会把这种现象看作影响企业未来收益的信号。也就是说，在以信息不对称为特征的市场中，股利可以传达相关的信息。通常认为，股利提高表明公司创造未来现金的能力增强，而股利降低则会被认为企业盈利能力差或者是企业未来的经营前景不好。因此，高股利政策会更受股票投资者欢迎，抬高股价，从而提高公司价值。

③所得税差异论。最早由布伦南（Brennan）提出。该理论认为，MM 理论中关于不存在个人和企业所得税这一假设是不存在的。事实上，不仅存在个人和企业所得税，而且股利的税率要高于资本利得的税率，这样资本利得对于股东更为有利。即使股利和资本利得按相同的税率征税，由于支付时间不同，股利收入纳税的时间是在收取股利的当时，而资本利得纳税是在股票出售时才发生，考虑到货币的

时间价值，将来支付 1 元钱的价值要比现在支付 1 元钱的价值小，这种税收延期的特点给资本利得提供了一个优惠期。因此，当存在着税收差异时，企业采用高股利政策会损害投资者的利益，而采用低股利政策则会抬高股价，增加企业的市场价值。

（3）委托人理论。该理论实际上是在股利无关论与股利相关论中走第三条道路的折中理论。这种理论认为，投资者的爱好和目的是有差异的，有些投资者偏爱股利，而有的投资者却偏爱资本利得。因而，股利政策对某些投资者有影响，而对另一些投资者没有影响。因此，应根据本公司的实际情况和本公司股东的愿望来制定股利政策。

2）影响股利政策的因素

（1）法律因素

《公司法》、《证券法》等相关法律法规中对公司股利分配行为作出了一系列规定。包括：

①保护资本完整（资本保全约束）。保护资本完整是指公司不能因支付股利而减少资本总额，其目的在于使公司有足够的资本来保护债权人的权益。如有关条款规定：资本公积金的用途只能是转增资本，不能发放现金股利；税后利润应按一定的程序分配，要先按税后利润的 10% 计提法定盈余公积金；公司当年如果出现亏损，用以后年度的税前利润弥补亏损的期限为五年。

②股利分配资金来源的限制。公司股利分配出自于公司的盈利，有税后净收益是支付股利的前提。因此，公司有累计盈余时才可以发放现金股利。

③无力偿付能力的限制。如果公司由于经营管理不善，出现大量亏损致使资不抵债或资产流动性差，实质上已无力偿还债务，或者如果公司发放股利将极大地影响公司的偿付能力，则不准发放股利。

（2）不同利益主体在股利分配中的利益要求

①公司股东的利益要求。对于大股东而言，由于他们掌握了公司的控制权，对公司的经营决策有一定的影响力，其资金投入的目的主要在于获取资本投资收益和控制权。所以，他们一般不会因为股票价格的波动或因承受较大的损失而轻易抛售所持有的公司股票。因此，股利政策对其投资积极性的影响较小。

对于小股东和优先股股东而言，由于他们对公司没有什么控制权，也无法对公司的经营决策产生影响，所以他们更注重当期收益。因此，股利政策对其投资积极性的影响比较大。

②公司债权人的利益要求。公司债权人一般是按事前的协议取得固定投资收益，不可能像股东那样有权参与公司的经营决策。公司债权人所获取的投资收益通常是在企业所得税之前支付的，因而它不属于利润分配的范围。但是，由于公司股东和经营管理者道德风险的存在，为了保护债权人利益，各国法律都规定了债权人在公司破产清算时拥有与其地位相对应的对公司资产的优先求偿权。尽管如此，对于债权人而言，公司的负债经营就意味着公司财务风险的存在。为了维护其自身利

益，债权人往往会要求公司保持良好的财务状况和合理的资本结构。因此，只要公司具有一定的筹资能力和偿债能力，公司的债权人就不会对公司股利分配政策提出更多的限制；但如果公司面临的总风险增加，让债权人感觉到其债权利益可能会受到影响时，他们就会要求公司降低现金股利的支付率。

③公司员工与管理当局的利益要求。在所有权与经营权相分离的现代公司制度下，公司员工与管理当局作为公司经营活动的直接参与者，他们的利益要求主要是通过自身的劳动合理地获取劳动报酬，并希望公司能够长期稳定地发展下去，在实现公司价值最大化的同时提升其自我价值、满足其自身各层次的需求。所以，他们通常希望公司有更多的留存收益用于扩大再生产，以降低经营风险和财务风险，降低资本成本，促进企业长远发展和保持较强的竞争优势。因此，他们通常倾向于公司支付较低的现金股利。

（3）公司自身的因素

①资产的流动性。如果公司资产流动性较强，即持有大量的货币资金和其他流动资产，变现能力强，就可以采用较高的股利政策；反之，如果资产流动性较弱，就应采取低股利政策。一般而言，公司不应该也不会为了单纯地追求高股利而降低其资产的流动性。

②盈利的稳定性。一般而言，盈利能力比较强的公司，通常采用较高的股利政策；盈利能力较弱或不稳定的公司，通常采取较低的股利政策。

③筹资能力及偿债的需要。公司偿付债务的资金来源主要有两个方面：一是利用公司现有的货币资金；二是举借新债或发行新股票。如果公司的筹资能力强，筹资渠道多，一般采取高股利支付率的股利政策。如果公司举债能力受到限制、筹资渠道较少，而偿债压力又比较大，则公司应采取低股利支付率政策。

④未来投资机会。有良好投资机会的公司，必然需要大量的现金支持，因而往往少发股利，将大部分盈余用于投资。反之，投资机会少的公司，则采取高股利支付率，以避免资金闲置。另外，投资项目加快或延缓的可能性也会影响公司对现金的需求，从而影响公司的股利政策。当然，公司可以通过有计划地安排投资项目，以提高股利政策的灵活性。

⑤资本成本。公司的资本成本与股利政策之间的关系主要有：股利政策涉及留存收益的多少，而留存收益的筹资费用为零，其资本成本低于普通股的资本成本；股利高低具有传递信息的作用，限制股利支付会使市场认为公司盈利不稳定、投资风险大，因而会要求更高的收益率作为补偿，从而提高公司的资本成本；由于不同投资者对待投资风险的态度不同，因而股利政策对他们投资积极性的影响也会不同，从而影响公司的资本成本；通常，公司资本结构的弹性较大时，股利政策对资本成本的影响较小，而公司资本结构的弹性较小时，股利政策对资本成本的影响较大。

（4）股东方面的因素

①控股权考虑。如果公司支付较高的股利，就会导致留存收益减少，公司将来

依靠发行新股筹集资金的可能性加大，而发行新股意味着公司控制权有旁落他人或其他公司的可能性。因此，在原股东追加投资较少时，可考虑多留少分，采取较紧的股利政策。

②避税考虑。资本利得收入的所得税低于股利收入的所得税，出于避税的考虑，高收入阶层的股东通常愿意公司少支付股利而将较多的盈余保留下来作为再投资。

③稳定收入考虑。一些依靠股利来维持生活的股东，往往要求公司支付稳定的股利。如果公司留存较多的收益，将受到这部分股东的反对。

④规避风险考虑。某些股东认为，公司留存收益带来的新收益或股票交易价格产生的资本利得具有很大的不确定性。现在即便是较少的股利，也强于未来较多但是存在较大风险的资本利得，因此他们往往要求较多地支付股利。

(5) 债务契约的约束

当公司以长期借款、发行债券、发行优先股、租赁合约等形式向外部筹资时，常常应对方的要求，接受一些有关股利支付的限制性条款。出于方便未来负债筹资的考虑，企业应该自觉遵守与债权人事先签订的有关合同的限制性条款，以协调企业与债权人之间的关系。

(6) 通货膨胀程度

在通货膨胀比较剧烈的时期，货币购买力水平下降，公司资金流失会比较严重，长期资产重置的资金缺口加大，外部筹资困难。此时，公司应多留少分，采取较紧的股利政策，满足公司资金需求。

(7) 其他方面的因素

除了上述因素之外，公司还应结合自身实际，充分考虑其他相关因素，例如股利政策的传递效应等。由于股利分配通常被视作传递公司财务状况和盈利能力信息的渠道，一般情况下，为了传递有利信息，宜多分少留，采取较宽松的股利政策。

3) 股利政策的类型

(1) 剩余股利政策。剩余股利政策是指当公司存在良好的投资机会（即投资机会的预期报酬率高于股东要求的必要报酬率）时，根据目标资本结构的要求，将税后净利润首先用于满足投资所需的权益资本，然后将剩余的净利润再用于股利分配。

其优点是：能充分利用筹资成本最低的资金来源，满足投资机会的需要并能保持理想的资本结构，使加权平均的资本成本最低，实现企业价值的长期最大化。

其缺点在于：往往导致股利支付不稳定，不能满足希望取得稳定股利收入的股东的要求，也不利于企业树立稳定的财务形象。

该政策一般适用于公司初创阶段。

(2) 固定股利支付率政策。固定股利支付率政策是指公司每期按固定的股利支付比例从净利润中支付股利。在该政策下，始终保持股利与盈余额间的一定比例关系，使股利支付与公司的盈利能力紧密关联，实际上是一种变动的股利政策。

其优点是：使股利与企业盈余紧密结合，体现多盈多分、少盈少分、不盈不分的原则；保持股利与利润间的一定比例关系，既体现了风险投资与风险收益对等的原则，又不会加大公司的财务压力。

其缺点在于：由于股利波动传递的是经营业绩不稳定的信息，容易使外界产生公司经营不善的印象，不利于股票价格的稳定与上涨，也不利于树立企业良好的财务形象；同时，公司每年按固定比例从净利润中支付股利，缺乏财务弹性；并且，确定合理的股利支付比例难度较大。

这种股利政策多为那些盈利相对稳定的公司所采用。

(3) 固定或持续增长股利政策。固定或持续增长股利政策是指公司在较长时期内都将支付固定的股利额，股利不随经营状况的变化而变动，除非公司预期未来收益将会有显著的不可逆转的增长而提高股利发放额。在该种政策下，当公司收益发生一般变化时，并不影响股利的支付，使股利始终保持在稳定的水平之上，向投资者传递的是公司经营业绩稳定、风险较小的信息。因此，那些收益比较稳定或正处于成长期、信誉一般的公司多采用该政策。

其优点是：有利于树立良好的形象，有利于公司稳定股票价格，从而增强投资者对公司的信心；有利于投资者有规律地安排收入与支出。

其缺点在于：股利支付与公司盈利能力相脱节，造成投资风险与投资收益不对称；当净利润下降或现金紧张时，仍要保证股利的正常发放，容易引起公司资金短缺，导致财务状况恶化，使公司承担较大的财务压力。

(4) 低正常股利加额外股利政策。低正常股利加额外股利政策是指企业每年按某一固定的较低的数额向股东支付正常股利，当企业盈利较大幅度增加时，再根据实际需要，向股东临时发放一些额外股利。这是一种介于固定与变动股利政策之间的折中股利政策，是对上述股利政策的综合。

其优点是：具有较大的灵活性，可给企业较大的弹性；还能保证股东稳定的股利收入，可避免股价下跌的风险；当企业盈利增加或不需要投资时，企业可以通过发放额外股利的方式，让其转移到股东的手中，也有利于股价的提高。因此，在企业的净利润与现金流量不够稳定时，采用这种股利政策对企业和股东都是有利的。集灵活性与稳健性于一身，为大多数企业所采用。

其缺点在于：股利派发仍然缺乏稳定性，额外股利随盈利的变化而变化；如果公司较长时间一直发放额外股利，股东就会认为是正常股利，一旦取消，极易造成公司“财务状况”逆转的负面影响，股价下跌在所难免。

需要说明的是，企业应结合自身实际情况，并充分考虑相关因素来选择适合自己的股利分配政策。但无论采用哪种股利政策，一经确定就应保持较长的时间，以使投资者对未来可分配的股利有一个基本的预期，方便投资者根据不同的目的选择不同的公司。

4）收益分配方式

公司收益分配方式主要有两大类：股利支付方式和其他收益分配方式。

（1）股利支付方式。股利支付的具体方式多种多样，一般有现金股利、股票股利、财产股利、负债股利和股票回购。

①现金股利。现金股利是股份公司以货币的形式发放给股东的股利，是股利支付的主要方式。以现金支付股利，可以满足投资者希望有一定数额的现金到手这种实在的投资收益的需求。但是，以现金支付股利，必然使公司对现金需求量大幅增加。

②股票股利。股票股利是指股份公司以增发股票的形式分派给股东的股利，通常是按现有股东持有股份的比例来分配每个股东应得新股的数量。

③财产股利。财产股利是指股份公司利用现金以外的资产支付给股东的股利。主要有两种形式：一是实物股利，即以实物资产或实物产品作为股利发放给股东；二是证券股利，即以公司所持有的其他企业的有价证券（债券、股票等）作为股利支付给股东。

④负债股利。负债股利是股份公司通过建立一种负债，用债券或应付票据作为股利发放给股东。这些债券或应付票据既是公司支付的股利，又使股东成为公司的债权人。由于负债均需还本付息，所以这种股利支付方式给公司的支付压力较大，只能作为现金不足时的权宜之策。

财产股利和负债股利实际上是现金股利的替代，这两种方式目前在我国公司实务中很少使用，但并非法律所禁止。

⑤股票回购。股票回购是指企业以购回股东所持股份的方式将现金分配给股东。企业回购股票，流通在市面上的股票就会减少，在企业经营状况不变的情况下，会提高每股收益，公司股价也会随之增加，它是现金股利的一种替代方式。

对于公司而言，派发现金股利会对公司产生未来的派现压力，而股票回购属于非正常股利政策，不会对公司产生未来的派现压力。

对于股东而言，需要现金的股东可以选择出售股票，不需要现金的股东可以选择继续持有股票。因此，当公司有富余资金，但又不希望通过派现方式进行分配的时候，股票回购可以作为现金股利的一种替代。

（2）其他收益分配方式。

除股利支付方式以外，公司收益分配的方式还有股票分割、股利再投资计划，以及股本缩减、股本剥离、股本分拆和股本转移等。在这里，我们重点学习股票分割这种方式，并将其与股票股利进行对比，以进一步明确它们各自的含义及其对企业的影响，并理解两者的相同及不同之处，以便于我们灵活、正确地加以选用。

①股票股利。股票股利是指股份公司以增发股票的形式分派股东的股利，通常是按现有股东持有股份的比例来分配每个股东应得新股的数量。

股票股利对企业的影响：从会计的角度看，股票股利只是将资金从留存收益（或资本公积）账户转移到其他股东权益账户，不会对公司权益总额产生影响，不会导致公司资产的流出和负债的增加，因而不是公司资金的使用，同时也并不因此而增加公司的财产，但会引起股东权益各项目的结构发生变化。

【实践应用9-9】Z公司宣布发放10%的股票股利，并规定现有股东每持10股可得1股新发普通股，股票面值1元，股票当时市价为10元。公司发放股票股利前后的资产负债表上的股东权益情况分别见表9-3、表9-4。

表9-3　　Z公司发放股票股利前的股东权益　　单位：万元

普通股（面值1元，已发行100万股）	100
资本公积	200
留存收益	600
股东权益合计	900

表9-4　　Z公司发放股票股利后的股东权益　　单位：万元

普通股（面值1元，已发行110万股）	110
资本公积	290
留存收益	500
股东权益合计	900

②股票分割。股票分割是指企业管理当局将某一特定数额的股票按一定比例交换成一定数量股票的行为。注意，股票分割不属于某种股利支付形式，但其所产生的财务效果与发放股票股利相近似。

股票分割分为正向分割（简称正分割）和反向分割（简称反分割）两种：前者是指将一定数额的面额较高的股票交换成数股面额较低股票的行为；后者是指股份公司为了提高股价，将数股面值较低股票合并为一股面额较高股票的行为，也称为股票的合并。

股票分割对公司和股东的影响主要表现在：就公司而言，股票分割后，发行在外的普通股股数增加，使得每股面额降低，每股收益下降，但公司股票价值的总额不变，股东权益总额不变，权益各项目的金额及相互间的比例关系也不会改变；就股东而言，股票分割可以使其持有股票数量增加，但持股比例不变，持有股票总价值不变。因此，只要股票分割后每股现金股利的下降幅度小于股票的分割幅度，股东仍可以由此多获得现金股利。

【实践应用9-10】沿用实践应用9-9资料，假设Z公司决定实施两股换一股的股票分割计划代替10%的股票股利，普通股每股面额从1元变为0.5元，分割前的股东权益见表9-3，分割后的股东权益见表9-5。

表9-5　　Z公司实施股票分割后的股东权益　　单位：万元

普通股（面值0.5元，已发行200万股）	100
资本公积	200
留存收益	600
股东权益合计	900

由于股票股利与股票分割之间的主要差别在于会计处理上的不同以及上述影响方面的差异，而两者都能达到降低股价的目的，实务操作上的差别又比较小，所以一般需要根据公司管理当局的操作目的及具体规定对两者加以区分。

公司管理当局实行股票分割的目的一般有三个方面：其一，降低每股市价，吸引更多的投资者；其二，为新股发行和公司兼并或合并做准备，在新股发行之前，利用股票分割降低股票价格，有利于股票流通，促进新发行股票的销售；其三，股票分割往往是成长中公司的行为，所以宣布股票分割后，可以传递公司盈利能力增加的信号，这会对公司有所帮助。

需要注意的是，尽管股票分割和发放股票股利都能达到降低公司股价的目的，但是只有在公司股价暴涨且预期难以下降时，才采用股票分割的办法降低股价；而在公司股价上涨幅度不大时，往往通过发放股票股利将股价维持在一个理想的范围之内。

本章小结

财务管理中的收益通常是指会计收益，即企业税后净利润。收益管理是一种基于市场细分和需求预测，用以确定最佳的产品或服务价格，以谋求收益最大化的经营管理技术。其内容大致上可以分为收入管理和费用管理两个方面，其中最为主要的有：销售的预测、销售计划的编制、利润的预测与计划以及利润的控制。

销售预测的一般程序包括明确预测对象、搜集并整理有关资料、选择合适的方法及模型进行预测、估算预测误差以及评价预测结果等几个步骤。而销售预测的方法有很多，常用的主要包括趋势分析法、因果分析法、本量利分析法以及调查分析法、判断分析法。

销售计划的编制主要是通过预测的销售量乘以销售单价而得到的。对于计划期内有多种产品的，其销售计划可以先按照各种产品分别计算，然后再加总计算出计划期的总销售收入。

利润预测是在销售预测的基础上，通过对产品的销售数量、价格水平、成本状况等进行分析和测算，预测出企业未来一定时期的利润水平。利润预测需要在了解企业过去和现在经营状况及所处经济环境的基础上，运用一定的科学方法来进行。其常用的方法主要有本量利分析法、相关比率法和因素测算法。

利润计划是在利润预测的基础上编制而成的，是对利润预测和经营决策的具体反映，也是一定时期企业生产经营活动的目标。而利润是由营业利润、投资净收益和营业外收支净额组成的。因此，在编制利润计划时，应先编制营业利润计划、投资收益计划和营业外收支计划，然后在这些计划的基础之上再汇总编制利润计划。

利润控制就是根据利润计划目标，对影响利润实现的各种因素进行管理，以便增收节支，确保实现利润计划，提高企业的经济效益。

财务管理中的分配是指收益分配，即对企业税后净利润的分配。公司净利润的分配要遵循法定的程序，以一定的股利理论为基础来选择制定合适的股利政策。股利理论是指研究企业股利分配行为对企业价值产生何种影响的理论。目前，对实践产生重大影响的股利理论主要有三种：股利无关论、股利相关论和委托人理论。

常见的股利政策有剩余股利政策、固定股利支付率政策、固定或持续增长股利政策以及低正常股利加额外股利政策。企业应在充分考虑相关因素的基础上结合自身实际，来选择适合自己的股利分配政策。但无论采用哪种股利政策，一经确定就应保持较长的时间。

公司收益分配方式主要分为股利支付方式和其他收益分配方式。股利支付的具体方式一般有现金股利、股票股利、财产股利、负债股利和股票回购；其他收益分配方式包括股票分割、股利再投资计划以及股本缩减、股本剥离、股本分拆和股本转移等。其中，股票分割是指企业管理当局将某一特定数额的股票按一定比例交换成一定数量股票的行为，它所产生的财务效果与发放股票股利相近似。

思考题

1. 收益管理、分配管理的概念如何理解？它们各自又包括哪些主要内容？
2. 销售收入预测的常用方法有哪些？
3. 利润预测的一般思路是怎样的？
4. 比较有影响的股利理论有哪些？其主要观点分别如何？
5. 常见的股利政策有哪些？并简要评述各种股利政策的主要做法及优缺点。
6. 公司收益分配方式一般有哪些？
7. 股票股利与股票分割有什么联系和区别？

练习题

一、单项选择题

1. 财务管理中的分配则是指收益分配，即对(　　)的分配。

A. 税前利润　　B. 税后净利润　　C. 劳动成果　　D. 生产资料

2. (　　)预测方法适用于销售带有明显季节性的产品。

A. 简单平均法　　B. 加权移动平均法

C. 季节预测法　　D. 指数平滑法

3. 公司董事会将股利支付方案予以公告的日期称为(　　)。

A. 股利宣告日　　B. 股权登记日　　C. 除息日　　D. 股利支付日

4. (　　)是指由股票经纪公司和证券交易所确定的股息将要支付的日期。

A. 股利宣告日　　B. 股权登记日　　C. 除息日　　D. 股利支付日

5. (　　)认为，在完善的市场条件下，企业的价值取决于投资决策和筹资决策所决定的资产获利能力，而不是盈利在股利和留存收益之间的分割方式。

A. 委托人理论　　B. 权变理论　　C. 股利相关论　　D. 股利无关论

6. 根据“一鸟在手”论，公司分配的股利越多，公司的市场价值(　　)。

A. 越大　　B. 越小　　C. 不变　　D. 不确定

7. 一般而言，公司的盈利能力越强、盈利越稳定，分配的现金股利(　　)。

A. 越多　　B. 越少　　C. 不确定　　D. 不受影响

8. 公司资本结构的弹性越小时，股利政策对资本成本的影响(　　)。

A. 越小　　B. 越大　　C. 不确定　　D. 无影响

9. 从企业发展的角度来看，在通货膨胀比较剧烈的时期，公司应采取(　　)的股利政策。

A. 较紧　　B. 较松　　C. 随意　　D. 不确定

10. 在(　　)政策下，始终保持股利与盈余额间的一定比例关系，使股利支付与公司的盈利能力紧密关联。

A. 剩余股利　　B. 低正常股利加额外股利

C. 固定股利　　D. 固定股利支付率

二、多项选择题

1. 常用的销售预测方法包括(　　)。

A. 趋势分析法　　B. 本量利分析法　　C. 因果分析法　　D. 调查分析法

2. 利润的构成一般分为两部分，即(　　)。

A. 营业利润　　B. 营业收入　　C. 营业外收支净额　　D. 营业费用

3. 股利相关论的代表性观点主要有(　　)。

A. “一鸟在手”论 B. 信息传播论　　C. 所得税差异理论　　D. 委托人埋论

4. 影响股利政策的因素包括(　　)。

A. 法律因素　　B. 公司自身的因素

C. 债务契约的约束　　D. 通货膨胀程度

5. 公司股利支付的方式主要包括(　　)。

A. 现金股利　　B. 股票股利　　C. 财产股利　　D. 负债股利

三、计算分析题

1. 经市场调查与预测，某公司在计划期间可生产并销售 A 产品 800 件，销售单价为 100 元，单位变动成本为 80 元，固定成本总额为 10 000 元。

要求：(1) 预测该公司在计划期间的利润；(2) 若想将利润提高 10%，试对影响利润的四项因素进行分析，分别应采取哪些单项措施?

2. 某公司成立于 2013 年 1 月 1 日，2013 年度实现的净利润为 300 万元，分配现金股利 120 万元，提取盈余公积 180 万元（所提盈余公积均已指定用途）。2014 年实现的净利润为 500 万元（不计提盈余公积）。2015 年计划增加投资，所需资金为 400 万元。假定公司目标资本结构为自有资金占 40%，借入资金占 60%。

要求：(1) 在保持目标资本结构的前提下，计算 2015 年投资方案所需的自有资金额和需要从外部借入的资金额；

(2) 在保持目标资本结构的前提下，如果公司执行剩余股利政策，计算 2014 年度应分配的现金股利；

(3) 在不考虑目标资本结构的前提下，如果公司执行固定股利政策，计算

2014 年度应分配的现金股利、可用于 2015 年投资的留存收益和需要额外筹集的资金额；

（4）不考虑目标资本结构的前提下，如果公司执行固定股利支付率政策，计算该公司的股利支付率和 2014 年度应分配的现金股利；

（5）假定公司 2015 年面临着从外部筹资的困难，只能从内部筹资，不考虑目标资本结构，计算在此情况下 2014 年度应分配的现金股利。

第 10 章

财务分析与评价

学习目标

理论目标：(1) 理解财务分析的概念与意义；(2) 了解财务分析的局限性及基本原则；(3) 掌握财务分析的基本原理与思路。

实践目标：(1) 掌握财务分析的比较分析法、比率分析法和因素分析法；(2) 熟练掌握常用财务比率的计算及分析方法；(3) 掌握财务综合分析的杜邦分析法。

10.1 财务分析的意义与内容

10.1.1 财务分析的概念及意义

1）财务分析的概念

财务分析是指以财务报表和其他有关资料为依据，运用专门的方法，系统分析和评价企业过去和现在的经营成果、财务状况及其变动，以达到了解过去、评价现在、预测未来的目的。

从总体上看，财务分析的内容一般包括：偿债能力分析、资产营运能力分析、盈利能力分析、发展能力分析、综合分析等。在实际工作中，不同的财务分析主体，其分析和关注的内容及侧重点均可能有所不同。

2）财务分析的意义

财务分析的意义主要表现在以下几个方面：(1) 解释和评价企业财务状况是否健全；(2) 衡量和评判企业经营业绩是否优良；(3) 帮助发现企业经营管理中存在的问题并找出其原因所在；(4) 为财务预测、决策和计划提供有力支持；(5) 为挖掘潜力、改进工作提供帮助。

10.1.2 财务分析的局限性及基本原则

1）财务分析的局限性

虽然财务分析是财务信息使用者的得力助手，但由于多方面的原因，财务分析存在一定的局限性。主要表现在：(1) 财务报表本身有一定的局限性；(2) 会计政策的不同选择会影响报表的可比性；(3) 比较基础的选择会影响财务分析结果；(4) 财务分析作为一个认识过程，通常只能帮助我们发现问题，而不能提供解决问题的现成答案，只能做出评价而不能直接改善企业的财务状况。

2）财务分析的基本原则

财务分析的基本原则是对财务分析工作实践经验的提炼与概括，是财务分析工作内在要求的集中反映，同时也是财务分析工作的指导规范。财务分析应遵循的基本原则包括：实事求是原则、成本效益原则、可理解性原则、及时性原则。

（1）实事求是原则。实事求是原则要求财务分析工作人员基于客观、公正的立场，从企业实际状况出发，全面、深入地展开财务分析工作。坚持实事求是原则，就要充分尊重事实、勇于面对现实，要充分考虑到分析对象的特殊性，注重具体问题具体分析，从而客观、全面地揭示分析对象增减变动的原因。

（2）成本效益原则。成本效益原则要求财务分析工作人员在开展财务分析时关注每一项分析工作所费成本与其可能取得的效果之间的对比关系，力求在不影响其他因素的前提下成本最低、效益最高。这就要求分析人员充分认识到分析对象对其他相关因素的影响，及其在整个分析指标体系中的地位与作用，从而全面地考虑分析工作的得与失，进而作出是否需要分析、分析得详或略等相关决策。

（3）可理解性原则。可理解性原则要求财务分析的结论简明扼要，通俗易懂，不仅专业人员可以理解，而且广大非专业人士也能接受。只有这样，财务分析工作才能为财务信息使用者提供具有使用价值的决策支持信息，同时也有利于让分析中所揭示的成绩与问题被广大利益相关者所接受，进一步增强员工的主人翁责任感，调动其工作的积极性。

（4）及时性原则。及时性原则要求财务分析人员注重分析工作的时效性，对于财务活动中的情况和问题要及时展开分析，以便及时发现问题，总结经验。

10.2 财务分析的方法

财务分析方法是完成财务分析的方式和手段。常见的财务分析方法主要有比较分析法、比率分析法和因素分析法。在实践中财务分析人员通常将它们合理地结合起来进行运用。

10.2.1 比较分析法

比较分析法是指将实际达到的数据同特定的各种标准相比较，从数量上确定其差异，并进行差异分析或趋势分析的一种方法。所谓差异分析是指在揭示差异的基础上找出差异产生的原因及其差异的影响程度，进而为消除差异、改进经营管理提供指导的一种分析方法；所谓趋势分析是指将实际指标值与不同时期的同类指标的历史数据进行比较，从而确定指标及相关情况的变化趋势和变化规律的一种分析方法。

1）比较分析法的表现形式

比较分析法有两种表现形式：绝对数比较和相对数比较。

（1）绝对数比较。绝对数比较是指将财务报表中两个或两个以上的绝对数进行对比，以揭示其数量差异。例如，XYZ 公司 2012 年年末的资产总额为 3 589 万元，2013 年年末的资产总额为 3 627 万元，则 2013 年与 2012 年的差异额为 38 万元。

（2）相对数比较。相对数比较是指将财务报表中有相关关系的数据换算成百分比、结构比重、比率等相对数的形式进行对比，以揭示相对数之间的差异。例如，XYZ 公司 2012 年年末的资产负债率为 49%，2013 年年末的资产负债率为 48%，则 2013 年与 2012 年的差异率为-1%，即资产负债率下降了 1%，这就是利用百分比这种相对数形式进行的比较分析。

2）比较分析法中常用的比较标准

比较分析法中常用的比较标准有历史指标值、计划指标值以及同类企业的指标值等。

（1）历史指标值。通过将本期实际指标值与历史指标值对比，可以了解该指标的变化趋势，有利于吸取历史经验、改进工作。它包括本期与上期比、与上年同期比、与历史先进水平比、与特定历史时期比等。

（2）计划指标值。通过将本期实际指标值与计划指标值的对比，可以检查财务计划的执行进度和结果，评价计划落实的好坏程度，从而为进一步完善后期的计划及相关工作提供支持。

（3）同类企业的指标值。将本企业当期的实际指标值与同类企业的指标值进行对比，有助于开阔视野、学赶先进。它包括与目标竞争对手比、与行业先进水平比、与行业平均水平比等。

10.2.2 比率分析法

比率分析法是通过计算经济指标的比率来揭示指标关系合理性，考察、计量和评价经济活动变动程度的分析方法，是在同一会计报表的不同项目之间，或在不同会计报表的有关项目之间进行对比，以计算出的比率反映各个项目之间的相互关系，据此评价企业的财务状况和经营成果。

就比较的内容而言，比率分析法属于相对数比较。比率分析法所用的比率种类很多，其关键是要选择有意义的、互相关联的项目数据进行比较。常用的财务比率包括：

1）反映企业偿债能力的比率

反映短期偿债能力的比率主要有流动比率、速动比率、流动资产构成比率；反映长期偿债能力的比率主要有资产负债率、产权比率、利息保障倍数等。

2）反映企业盈利能力的比率

反映企业盈利能力的比率主要有净资产报酬率（股东权益报酬率）、销售净利率、每股盈余、股利分配率等。

3）反映企业营运能力的比率

反映企业营运能力的比率主要有应收账款周转率、存款周转率、固定资产周转率、资本周转率、总资产周转率等。

4）反映企业发展能力的比率

反映企业发展能力的比率主要包括资产增长率、销售增长率、营业利润增长率、净利润增长率以及可持续增长率等。

10.2.3 因素分析法

因素分析法是依据分析指标与其影响因素之间的关系，按照一定的程序和要求，从数值上测定各因素对有关经济指标差异影响程度的各种具体方法的总称。

通过因素分析法，可以衡量各项因素影响程度的大小，有利于分清原因和责任，使分析结果更有说服力，并可作为定措施、挖潜力的参考。

因素分析法具体有两种：一是连环替代法；二是差额分析法。

1）连环替代法

连环替代法是将分析指标分解为各个可以计量的因素，并根据各个因素之间的依存关系，顺次用各因素的比较值（通常为实际值）替代基准值（通常为标准值或计划值），据以测定各因素对分析指标的影响。其计算程序有以下四步：

（1）根据影响某项经济指标完成情况的因素按其依存关系将经济指标的基数（计划数或上期数等）和实际数分解为两个指标体系。

（2）以基数指标体系为计算的基础，用实际指标体系中每项因素的实际数逐步顺序地替换其基数，每次替换后实际数就被保留下来，有几个因素就替换几次，每次替换后计算出由于该因素变动所得到的新结果。

（3）将每次替换得到的新结果，与这一因素被替换前的结果进行比较，两者的差额就是这一因素变化对经济指标差异的影响程度。

（4）将每个因素的影响数值相加，其代数和应同该经济指标的实际数与基数之间的总差异数相符。

【实践应用10-1】连环替代法的示例。某一个财务指标及有关因素的关系为“P=A×B×C”。已知其实际指标值与标准指标值分别为：

实际指标 Pa=Aa×Ba×Ca

标准指标 Ps=As×Bs×Cs

则实际与标准的总差异=Pa-Ps

这一总差异同时受到A、B、C三个因素的影响。它们各自的影响程度可计算如下：

A因素变动的影响：Aa×Bs×Cs-As×Bs×Cs

B因素变动的影响：Aa×Ba×Cs-Aa×Bs×Cs

C因素变动的影响：Aa×Ba×Ca-Aa×Ba×Cs

最后，将以上三大因素各自的影响数相加就应该等于总差异Pa-Ps。

2）差额分析法

差额分析法是连环替代法的一种简化形式，它是利用各因素的实际数与基数之间的差额，直接计算各个因素对经济指标差异的影响数值。应用这种方法与应用连环替代法的要求相同，只是在计算上简化一些。所以，在实际工作中应用比较广泛。其计算程序如下：

（1）确定各因素的实际数与基数的差额。

（2）以各因素造成的差额，乘上计算公式中该因素前面的各因素的实际数，以及列在该因素后面的其余因素的基数，就可求得各因素的影响值；将各个因素的影响值相加，其代数和应同该项经济指标的实际数与基数之差相符。

【实践应用 10-2】差额分析法的示例。某一个财务指标及有关因素的关系如下式：

实际指标 Pa=Aa×Ba×Ca

标准指标 Ps=As×Bs×Cs

该指标实际与标准的总差异=Pa-Ps

A、B、C 各因素的实际数与基数的差额分别为（Aa-As）、（Ba-Bs）、（Ca-Cs）。

A、B、C 三个因素各自对总差异的影响程度可分别由以下式子计算求得：

A 因素变动的影响：（Aa-As）×Bs×Cs

B 因素变动的影响：Aa×（Ba-Bs）×Cs

C 因素变动的影响：Aa×Ba×（Ca-Cs）

最后，将以上三大因素各自的影响数相加就应该等于总差异 Pa-Ps。

10.3 财务指标分析

下面我们以 XYZ 公司 2013 年度的相关报表资料为例（见表 10-1、表 10-2、表 10-3），来学习财务指标分析。

表 10-1　　资产负债表

编制单位：XYZ 公司　　2013 年 12 月 31 日　　单位：千元

资产	期末数	期初数	负债和所有者权益	期末数	期初数
流动资产：			流动负债：		
货币资金	468 720	325 798	短期负债	668 852	652 790
交易性金融资产	0	0	交易性金融负债	0	0
应收票据	16 590	35 760	应付票据	328 015	85 406
应收账款	390 406	286 344	应付账款	642 117	509 846
预付款项	179 683	208 951	预收款项	61 508	57 893
应收利息	0	0	应付职工薪酬	5 326	7 648
应收股利	0	0	应交税费	65 719	9 852
其他应收款	967 238	875 342	应付利息	0	0
存货	541 964	392 498	应付股利	4 678	5 213
其中：消耗性生物资产	0	0	其他应付款	176 624	152 811
一年内到期的非流动资产	0	0	一年内到期的非流动负债	239 158	564 132
其他流动资产	7 650	6 275	其他流动负债	32 179	15 813
流动资产合计	2 572 251	2 130 968	流动负债合计	2 224 176	2 061 404
非流动资产：			非流动负债：		
可供出售金融资产	0	0	长期借款	550 378	379 854
持有至到期投资	0	0	应付债券	0	0
长期应收款	0	0	长期应付款	0	0

续表

资产	期末数	期初数	负债和所有者权益	期末数	期初数
长期股权投资	287 936	289 524	专项应付款	4 928	5 763
投资性房地产	0	0	递延所得税负债	8 600	42 085
固定资产	528 610	625 138	其他非流动负债	0	0
在建工程	86 950	63 547	非流动负债合计	563 906	427 702
工程物资	0	0	负债合计	2 788 082	2 489 106
固定资产清理	0	0			
生物性资产	0	0	所有者权益：		
油气资产	0	0	实收资本（或股本）	271 560	271 560
无形资产	47 862	48 743	资本公积	391 986	391 986
开发支出	18 562	0	盈余公积	58 148	41 029
商誉	0	0	未分配利润	56 414	-10 688
长期待摊费用	11 954	12 378	减：库藏股	0	0
递延所得税资产	12 065	12 695	外币折算差额	0	0
其他非流动资产	0	0	少数股东权益	0	0
非流动资产合计	993 939	1 052 025	所有者权益合计	778 108	693 887
资产总计	3 566 190	3 182 993	负债和所有者权益总计	3 566 190	3 182 993

表 10-2　**利润表**

编制单位：XYZ 公司　2013 年度　单位：千元

项目	2013 年度	2012 年度
一、营业收入	2 305 268	1 802 365
减：营业成本	1 835 724	1 453 728
税金及附加	9 754	9 167
销售费用	86 592	76 135
管理费用	201 356	157 032
财务费用	60 189	85 324
资产减值损失	37 210	0
加：公允价值变动净收益（损失以“-”号填列）	0	0
投资净收益（损失以“-”号填列）	-2 198	17 690
二、营业利润（亏损以“-”号填列）	72 245	38 669
加：营业外收入	106 754	2 379
减：营业外支出	3 647	1 553
其中：非流动资产处置净损失	0	0
三、利润总额（亏损总额以“-”号填列）	175 352	39 495
减：所得税费用	50 500	-1 500
四、净利润（净亏损以“-”号填列）	124 852	40 995
五、每股收益		
（一）基本每股收益（元）	0.45	0.15
（二）稀释每股收益		

表 10-3 **现金流量表**

编制单位：XYZ 公司 2013 年度 单位：千元

项 目	2013 年度	2012 年度
一、经营活动产生的现金流量		
销售商品、提供劳务收到的现金	2 226 500	1 996 457
收到的税费返还	14 698	3 557
收到其他与经营有关的现金	187 796	132 560
经营活动现金流入小计	2 428 994	2 132 574
购买商品、接受劳务支付的现金	1 702 613	1 537 421
支付给职工以及为职工支付的现金	187 690	152 376
支付的各项税费	150 211	125 397
支付的其他与经营活动有关的现金	200 648	145 823
经营活动现金流出小计	2 241 162	1 961 017
经营活动产生的现金流量净额	187 832	171 557
二、投资活动产生的现金流量		
收回投资所收到的现金	2 860	0
取得投资收益所收到的现金	0	96
处置固定资产、无形资产和其他长期资产收回的现金净额	205 427	829
处置子公司及其他营业单位收到的现金净额	0	0
收到其他与投资活动有关的现金	0	0
投资活动现金流入小计	208 287	925
购建固定资产、无形资产和其他长期资产支付的现金	98 260	17 032
投资支付的现金	0	795
取得子公司及其他营业单位支付的现金净额	0	0
支付其他与投资活动有关的现金	0	22 314
投资活动现金流出小计	98 260	40 141
投资活动产生的现金流量净额	110 027	-39 216
三、筹资活动产生的现金流量		
吸收投资收到的现金	0	0
取得借款收到的现金	196 245	180 326
收到其他与筹资活动有关的现金	0	46 175
筹资活动现金流入小计	196 245	226 501
偿还债务支付的现金	321 759	135 473
分配股利、利润或支付利息所支付的现金	29 423	89 976
支付其他与筹资活动有关的现金	0	7 943
筹资活动现金流出小计	351 182	233 392

续表

项 目	2013 年度	2012 年度
筹资活动产生的现金流量净额	-154 937	-6 891
四、汇率变动对现金的影响额	0	0
五、现金及等价物净增加额	142 922	125 450
补充资料：		
净利润调整为经营活动现金流量		
净利润	124 852	40 995
加：资产减值准备	37 549	4 016
固定资产折旧、油气资产折耗、生产性生物资产折旧	66 034	78 952
无形资产摊销	1 205	1 204
长期待摊费用摊销	18 986	20 479
处置固定资产、无形资产和其他长期资产的损失（收益以“-”号填列）	0	0
固定资产报废损失（收益以“-”号填列）	185	0
公允价值变动损失（收益以“-”号填列）	0	0
财务费用（收益以“-”号填列）	60 189	85 324
投资损失（收益以“-”号填列）	-49 975	907
递延所得税资产减少（增加以“-”号填列）	0	0
递延所得税负债增加（减少以“-”号填列）	0	0
存货的减少（增加以“-”号填列）	-149 466	-69 870
经营性应收项目减少（增加以“-”号填列）	-147 520	-57 683
经营性应付项目增加（减少以“-”号填列）	225 793	67 233
其他	0	0
经营活动产生的现金流量净额	187 832	171 557
不涉及现金收支的重大投资和筹资活动：		
债务转为资本	0	0
一年内到期的可转换债券	0	0
融资租入固定资产	0	0
现金及现金等价物净额变动情况：		
现金的期末余额	468 720	325 798
减：现金的期初余额	325 798	200 348
加：现金等价物的期末余额	0	0
减：现金等价物的期初余额	0	0
现金及现金等价物净增加额	142 922	125 450

10.3.1 偿债能力分析

1）短期偿债能力分析

短期偿债能力是指企业偿还其短期债务的能力，一般通过流动资产对流动负债及时足额偿还的保证程度来衡量。它是衡量企业当前财务能力，特别是流动资产变现能力的重要标志。

短期偿债能力的衡量指标主要有流动比率、速动比率、现金比率和现金流量比率。

（1）流动比率。流动比率是流动资产与流动负债的比率，它表明企业每 1 元流动负债有多少流动资产作为偿还保证，反映企业可在短期内转变为现金的流动资产偿还到期流动负债的能力。其计算公式为：

$$流动比率=\frac{流动资产}{流动负债}$$

根据惯例，流动比率等于 2 的时候较好（下限为 1）。流动比率太低，表明企业缺乏短期偿债能力；流动比率太高，虽然说明短期偿债能力强，但也说明企业的现金、存货等流动资产有闲置或利用不足。

运用流动比率时应注意：

①流动比率高并不等于说企业已有足够的现金结算或存款用来偿债，也可能是存货积压、应收账款增多且收账期延长以及待处理财产损失增加所致，而真正可用来偿债的现金和存款却严重短缺。因此，应在分析流动比率的基础上进一步对现金流量加以考察。

②从短期债权人的角度看，流动比率越高越好；但从企业经营角度看，过高的流动比率通常意味着企业闲置现金的持有量过多，必然造成企业机会成本的增加和获利能力的降低。因此，企业应尽可能地将流动比率保持在不使货币资金闲置的水平。

③流动比率是否合理，不同的企业及同一企业不同时期的评价标准是不同的。因此，不应用统一的标准来评价各企业流动比率合理与否。

【实践应用 10-3】运用表 10-1 的数据计算 2013 年末 XYZ 公司的流动比率。

$$流动比率=\frac{流动资产}{流动负债}=\frac{2\ 572\ 251}{2\ 224\ 176}\approx 1.16$$

（2）速动比率（也叫酸性测试比率）。速动比率是企业速动资产与流动负债的比值。所谓速动资产，是指流动资产减去变现能力较差且不稳定的存货、预付账款、一年内到期的非流动资产和其他流动资产之后的余额。由于剔除了存货等变现能力弱且不稳定的资产，因此速动比率较之流动比率能够更加准确、可靠地评价企业资产的流动性及其偿还短期负债的能力。其计算公式为：

$$速动比率=\frac{速动资产}{流动负债}$$

其中：速动资产=货币资金+交易性金融资产+应收账款+应收票据+其他应收款

=流动资产-存货-预付账款-一年内到期的非流动资产-其他流动资产

速动比率的衡量标准一般为1，过低说明企业即期偿债能力不足，过高则可能说明企业为增强短期偿债能力而牺牲了收益性。

运用速动比率时应注意的问题有：

①尽管速动比率较之流动比率更能反映出流动负债偿还的安全性和稳定性，但并不能认为速动比率较低的企业的流动负债到期绝对不能偿还。

②实际上，如果企业存货流转顺畅，变现能力较强，即使速动比率较低，只要流动比率高，企业仍然有望偿还到期的债务本息。

【实践应用10-4】运用表10-1的数据计算2013年末XYZ公司的速动比率。

速动资产=货币资金+交易性金融资产+应收账款+应收票据+其他应收款

=468 720+0+390 406+16 590+967 238=1 842 954

或　速动资产=流动资产-存货-预付账款-一年内到期的非流动资产-其他流动资产

=2 572 251-541 964-179 683-0-7 650=1 842 954

$$速动比率=\frac{速动资产}{流动负债}=\frac{1\ 842\ 954}{2\ 224\ 176}\approx 0.83$$

（3）现金比率（也叫即付比率）。现金比率表明1元流动负债有多少现金资产作保障，假设现金资产是可偿债资产。其计算公式为：

$$现金比率=\frac{货币资金+交易性金融资产}{流动负债}$$

速动资产中，流动性最强、可直接用于偿债的资产称为现金资产。现金资产包括货币资金、交易性金融资产等。与其他速动资产不同，现金资产本身就是可以直接偿债的资产，而非现金资产则需要等待不确定的时间才能转换为不确定金额的现金。即付比率可以反映企业的直接支付能力，因为现金是企业偿还债务的最终手段。如果即付比率高，说明企业有较好的支付能力，对偿付债务是有保障的。但是如果这个比率过高，可能意味着企业拥有过多的获利能力和较多的现金资产，企业的资产未能得到有效的运用。

【实践应用10-5】运用表10-1的数据计算2013年末XYZ公司的现金比率。

$$现金比率=\frac{货币资金+交易性金融资产}{流动负债}=\frac{468\ 720+0}{2\ 224\ 176}\approx 0.21$$

（4）现金流量比率。现金流量比率也称现金流动负债比率，是指企业一定时期的经营现金净流量同流动负债的比率，它可以从现金流量角度来反映企业当期偿付短期负债的能力，反映本期经营活动所产生的现金流量足以抵付流动负债的倍数。其计算公式为：

$$现金流量比率=\frac{经营活动现金净流量}{流动负债}$$

其中，经营活动现金净流量属于企业现金流量表中的数据，体现着过去一个会计年度经营活动现金流入减去现金流出的净额。流动负债通常使用“资产负债表”中流动负债的年初与年末的平均数，为了简便起见，也可使用期末数。一般认为，该比率大于1时说明企业有较好的支付能力；但若过大则表明企业流动资金利用不充分，获利能力不强。

【实践应用 10-6】运用表 10-1、表 10-3 的数据计算 2013 年末 XYZ 公司的现金流量比率。

$$现金流量比率=\frac{经营活动现金净流量}{流动负债}=\frac{187\ 832}{2\ 224\ 176}\approx 0.08$$

2）长期偿债能力分析

长期偿债能力是指企业偿还长期负债的能力。企业的长期偿债能力与其获利能力、资金结构有十分密切的关系。

长期偿债能力的衡量指标主要有资产负债率、产权比率、权益乘数、已获利息倍数和或有负债比率。

（1）资产负债率。资产负债率又称负债比率，指企业负债总额对资产总额的比率。它表明企业资产总额中，债权人提供资金所占的比重，以及企业资产对债权人权益的保障程度。其计算公式为：

$$资产负债率=\frac{负债总额}{资产总额}\times 100\%$$

一般情况下，资产负债率越小，表明企业长期偿债能力越强，但是也并非表示该指标对谁都是越小越好。不同的分析者，对它的理解会有所不同：

从债权人的角度看，资产负债率越低越好，这样可以增强企业偿债的保证程度。

从企业所有者的角度看，如果该指标较大说明利用较少的自有资本形成了较多的生产经营资产，不仅扩大了生产经营规模，而且在经营状况良好的情况下还可以利用财务杠杆的原理得到较多的投资利润；如果该指标过小则表明企业对财务杠杆利用不够。但资产负债率过大则表明企业的债务负担重、企业资金实力不强，这样会使企业面临倒闭的危险。

企业财务经理的态度则既不同于债权人，也不同于股东，而是一种适度负债立场，需要进行风险（偿债能力指标）与收益（获利能力指标）的平衡。

【实践应用 10-7】运用表 10-1 的数据计算 2013 年末 XYZ 公司的资产负债率。

$$资产负债率=\frac{负债总额}{资产总额}\times 100\%=\frac{2\ 788\ 082}{3\ 566\ 190}\times 100\%\approx 0.78$$

（2）产权比率。产权比率又称为资本负债，是指负债总额与所有者权益的比率，表明每 1 元股东权益借入的债务额。该指标反映了企业所有者权益对债权人权益的保障程度，是企业财务结构稳健与否的重要标志。其计算公式为：

$$产权比率=\frac{负债总额}{所有者权益总额}=\frac{资产负债率}{1-资产负债率}$$

该比率越低，说明企业长期财务状况越好，债权人贷款的安全性越有保障，企业财务风险越小；但同时说明企业没能充分发挥负债的财务杠杆效应。

（3）权益乘数。权益乘数是资产负债率的另一种表现形式，它是资产总额与所有者权益总额的比率，表明每 1 元股东权益拥有的资产额。其计算公式为：

$$权益乘数=\frac{资产总额}{所有者权益总额}=\frac{1}{1-资产负债率}$$

不难看出，权益乘数与产权比率之间存在着以下联系：

$$权益乘数=1+产权比率$$

权益乘数的倒数即为权益比率，用公式表示为：

$$权益比率=\frac{所有者权益总额}{资产总额}=1\div权益乘数=1-资产负债率$$

为了更进一步分析股东权益对负债的保障程度，可以保守地认为无形资产不宜用来偿还债务（虽然实际上未必如此），故将其从上式的分母中扣除，这样计算出的财务比率称为有形净值债务率。其计算公式为：

$$有形净值债务率=\frac{负债总额}{所有者权益-无形资产净值}\times100\%$$

可见，有形净值债务率实际上是产权比率的延伸，它更为保守地反映了在企业清算时债权人投入的资本受到股东权益的保障程度。该比率越低，说明企业的财务风险越小。

【实践应用10-8】运用表10-1的数据计算2013年年末XYZ公司的产权比率、权益乘数。

$$产权比率=\frac{负债总额}{所有者权益总额}=\frac{2\ 788\ 082}{778\ 108}\approx3.58$$

$$权益乘数=\frac{资产总额}{所有者权益总额}=\frac{3\ 566\ 190}{778\ 108}\approx4.58$$

或　$权益乘数=1+产权比率=3.58+1=4.58$

（4）已获利息倍数。已获利息倍数也称利息保障倍数，是指企业一定时期息税前利润与利息支出的比率，反映了获利能力对债务偿付的保证程度。其计算公式为：

$$利息保障倍数=\frac{息税前利润总额}{利息}=\frac{利润总额+利息费用}{利息费用}=\frac{净利润+所得税费用+利息费用}{利息费用}$$

注意：利息费用指实际支出的借款利息、债券利息等，它既包括计入财务费用中的利息费用，也包括计入固定资产成本的资本化利息。一般而言，企业的利息保障倍数至少要大于1，否则就难以偿付债务及利息，若长此以往，势必导致企业破产倒闭。

【实践应用10-9】假设2013年XYZ公司没有计入固定资产成本的资本化利息，运用表10-2的数据计算利息保障倍数。

$$利息保障倍数=\frac{利润总额+利息费用}{利息费用}=\frac{175\ 352+60\ 189}{60\ 189}\approx3.91$$

（5）或有负债比率。或有负债比率是指企业或有负债总额对所有者权益总额的比率，反映企业所有者权益应对可能发生的或有负债的保障程度。其计算公式如下：

$$或有负债比率=\frac{或有负债余额}{所有者权益总额}\times100\%$$

$$或有负债余额=\begin{matrix}已贴现商业\\承兑汇票金额\end{matrix}+\begin{matrix}对外担\\保金额\end{matrix}+\begin{matrix}未决诉讼、未决仲裁金额\\（除贴现与担保引起的诉讼或仲裁）\end{matrix}+\begin{matrix}其他或有\\负债金额\end{matrix}$$

一般而言，或有负债比率越低，表明企业的长期偿债能力越强，所有者权益应对或有负债的保障程度越高；或有负债比率越高，表明企业承担的相关风险越大。

10.3.2 盈利能力分析

盈利能力是指企业获取利润的能力，也称为企业的资金或资本增值能力，通常表现为一定时期内企业收益数额的多少及其水平的高低。盈利能力分析包括三个方面：销售盈利能力分析、资产盈利能力分析、资本盈利能力分析。

1）销售盈利能力分析

销售盈利能力是指企业的营业收入和各项成本费用等投入获取利润的能力。

衡量盈利能力的指标主要有营业利润率、销售净利率与销售毛利率以及成本费用利润率。

（1）营业利润率

$$营业利润率=\frac{营业利润}{营业收入}\times 100\%$$

营业利润率越高，表明企业市场竞争力越强，发展潜力越大，从而盈利能力越强。

企业的利润包括营业利润、利润总额和净利润三种形式。而营业收入包括主营业务收入和其他业务收入，收入来源有销售商品收入、提供劳务收入和让渡资产使用权收入。

（2）销售净利率与销售毛利率

$$销售净利率=\frac{净利润}{营业收入}\times 100\%$$

$$销售毛利率=\frac{毛利}{营业收入}\times 100\%=\frac{营业收入-营业成本}{营业收入}\times 100\%$$

（3）成本费用利润率

$$成本费用利润率=\frac{利润总额}{成本费用总额}\times 100\%$$

其中：成本费用=营业成本+营业税金及附加+销售费用+管理费用+财务费用

成本费用利润率越高，表明企业为取得利润付出的代价越小，成本费用控制越好，获利能力越强。

同利润一样，成本费用的计算口径也可以分为不同层次，如主营业务成本、营业成本等。在评价成本费用效果时，应当注意成本费用与利润之间在计算层次和口径上的对应关系。

【实践应用 10-10】利用表 10-2 的数据，可计算出 2013 年 XYZ 公司的下列指标：

$$营业利润率=\frac{营业利润}{营业收入}\times 100\%=\frac{72\ 245}{2\ 305\ 268}\times 100\%\approx 3.13\%$$

$$销售净利率=\frac{净利润}{营业收入}\times 100\%=\frac{124\ 852}{2\ 305\ 268}\times 100\%\approx 5.42\%$$

$$销售毛利率=\frac{营业收入-营业成本}{营业收入}\times100\%=\frac{2\ 305\ 268-1\ 835\ 724}{2\ 305\ 268}\times100\%\approx20.37\%$$

$$成本费用利润率=\frac{利润总额}{成本费用总额}\times100\%=\frac{175\ 352}{1\ 835\ 724+9\ 754+86\ 592+201\ 356+60\ 189}\times100\%$$

$$=\frac{175\ 352}{2\ 193\ 615}\times100\%\approx7.99\%$$

2）资产盈利能力分析

资产盈利能力是指企业所投入的各项资产获取利润的能力。衡量资产盈利能力的指标主要包括总资产报酬率、净资产收益率（获利能力的核心指标）以及盈余现金保障倍数。

（1）总资产报酬率

$$总资产报酬率=\frac{息税前利润总额}{平均资产总额}\times100\%$$

其中：息税前利润总额=利润总额+利息支出=净利润+所得税费用+利息支出

平均资产总额=（年初资产总额+年末资产总额）÷2

总资产报酬率反映了企业全部资产的获利水平，企业所有者和债权人对该指标都非常关心。一般而言，该指标越高越好。该指标越高，表明企业的资产利用效益越好，整个企业获利能力越强，经营水平越高。还可以将该指标与市场利率相比较，如果前者较后者大，则说明企业可以利用财务杠杆，适当举债经营，以获得更多的收益。

【实践应用 10-11】利用表 10-1、表 10-2 的数据可得：

息税前利润总额=利润总额+利息支出=175 352+60 189=235 541

平均资产总额=（年初资产总额+年末资产总额）÷2=（3 182 993+3 566 190）÷2

=3 374 591.5

$$总资产报酬率=\frac{息税前利润总额}{平均资产总额}\times100\%=\frac{235\ 541}{3\ 374\ 591.5}\times100\%\approx6.98\%$$

（2）净资产收益率

$$净资产收益率=\frac{净利润}{平均净资产}\times100\%$$

其中：平均净资产=（所有者权益年初数+所有者权益年末数）÷2

净资产收益率是评价企业自有资本及其积累获取报酬水平的最具综合性与代表性的指标，反映企业资本运营的综合效益。

一般而言，该指标越高越好。该指标越高，表明企业自有资本获取收益的能力越强，运营效益越好，对企业投资人和债权人权益的保证程度越高。

【实践应用 10-12】利用表 10-1、表 10-2 的数据可得：

平均净资产=（所有者权益年初数+所有者权益年末数）÷2

=（693 887+778 108）÷2=735 997.5

$$净资产收益率=\frac{净利润}{平均净资产}\times100\%$$

$$=\frac{124\ 852}{735\ 997.5}\times100\%\approx16.96\%$$

（3）盈余现金保障倍数

$$盈余现金保障倍数=\frac{经营现金净流量}{净利润}$$

盈余现金保障倍数是从现金流入和流出的动态角度，对企业收益的质量进行评价，以收付实现制为基础来反映企业当期净利润中有多少是有现金保障的。

一般而言，当企业当期净利润大于0时，盈余现金保障倍数应大于1。该指标越大，表明企业经营活动产生的净利润对现金的贡献越大。

【实践应用10-13】利用表10-2、表10-3的数据可得：

$$盈余现金保障倍数=\frac{经营现金净流量}{净利润}=\frac{187\ 832}{124\ 852}\approx 1.50$$

3）资本盈利能力分析

资本盈利能力是指企业所有者投入资本的盈利能力。衡量资本盈利能力的指标主要包括资本保值增值率和市盈率。

（1）资本保值增值率

$$资本保值增值率=\frac{扣除客观因素后的年末所有者权益总额}{年初所有者权益总额}\times 100\%$$

资本保值增值率反映企业当年资本在企业自身努力下的实际增减变动情况。一般认为，资本保值增值率越高越好。该指标越高，表明企业的资本保全状况越好，所有者权益增长越快，债权人的债务越有保障，该指标通常应大于100%。

（2）市盈率

$$市盈率=\frac{普通股每股市价}{普通股每股收益}$$

其中：$普通股每股收益=\frac{净利润}{发行在外的普通股加权平均数}$

市盈率是反映上市公司获利能力的一个重要财务比率，它反映投资者对上市公司每股净利润愿意支付的价格，可以用来估计股票的投资报酬和风险。

一般而言，市盈率越高，说明投资者对该公司的发展前景看好，愿意出较高的价格购买该公司股票。但如果某一种股票的市盈率过高，则也意味着这种股票具有较高的投资风险。

【实践应用10-14】假设XYZ公司2013年发行在外的普通股加权平均数为249 704千股，并且没有优先股，普通股市价为1.5元/股，则利用表10-2可得：

$$普通股每股收益=\frac{净利润}{发行在外的普通股加权平均数}=\frac{124\ 852}{249\ 704}=0.5\ （元/股）$$

$$市盈率=\frac{普通股每股市价}{普通股每股收益}=\frac{1.5}{0.5}=3$$

10.3.3 营运能力分析

营运能力是指企业充分利用现有资源创造社会财富的能力，它是评价企业资产利用程度和营运活力的标志。强有力的营运能力，既是企业获利的基础，又是企业及时足额地偿付到期债务的保证。

营运能力分析主要是通过销售收入（或销售成本）与企业各项资产的比例关

系，分析各项资产的周转速度，了解各项资产对收入和财务目标的贡献程度。因此，营运能力分析也称资产管理比率分析。周转率指标可以反映企业资产管理效率的高低、销售能力的强弱、信用状况的好坏及管理者工作绩效的优劣等。周转率有两种表现形式：

一是资产在一定时期内周转的次数。其计算公式为：

周转率（周转次数）= 周转额÷资产平均余额

二是资产周转一次所需要的时间（天数）。其计算公式为：

周转期（周转天数）= 计算期天数÷周转次数 = 资产平均余额×计算期天数÷周转额

具体而言，营运能力分析又可以分为三个方面，即流动资产营运能力分析、固定资产营运能力分析和总资产营运能力分析。

1）流动资产营运能力分析

反映流动资产营运能力的指标主要有：应收账款周转率、存货周转率、流动资产周转率。

（1）应收账款周转率

$$\text{应收账款周转率（周转次数）}=\frac{\text{营业收入}}{\text{平均应收账款余额}}$$

$$\text{应收账款周转期（周转天数）}=\frac{360}{\text{周转次数}}=\frac{\text{平均应收账款余额}\times 360}{\text{营业收入}}$$

$$\text{平均应收账款余额}=\frac{\text{应收账款余额年初数}+\text{应收账款余额年末数}}{2}$$

应收账款周转率反映了企业应收账款变现速度的快慢及管理效率的高低。一般而言，应收账款周转率高的企业，其应收账款变现快、账龄短，收账费用和坏账损失较少，而资产流动性及短期偿债能力则比较强。借助应收账款周转期与信用期限的比较，还可以评价购买单位的信用程度，以及企业原定的信用条件是否适当。

计算应收账款周转率时应注意：①公式中的应收账款包括会计核算中“应收账款”和“应收票据”等全部赊销账款在内；②如果应收账款余额的波动性较大，应尽可能用更详尽的计算资料，如按每月的应收账款余额来计算其平均占用额；③分子、分母数据在时间上的对应性。

【实践应用 10-15】利用表 10-1、表 10-2 中的数据可得：

$$\text{平均应收账款余额}=\frac{\text{应收账款余额年初数}+\text{应收账款余额年末数}}{2}=\frac{286\ 344+390\ 406}{2}=338\ 375$$

$$\text{应收账款周转率（周转次数）}=\frac{\text{营业收入}}{\text{平均应收账款余额}}=\frac{2\ 305\ 268}{338\ 375}\approx 6.81\text{（次）}$$

$$\text{应收账款周转期（周转天数）}=\frac{360}{\text{周转次数}}=\frac{360}{6.81}\approx 52.86\text{（天）}$$

（2）存货周转率

$$\text{存货周转率（周转次数）}=\frac{\text{营业成本}}{\text{平均存货余额}}$$

$$\text{存货周转期（周转天数）}=\frac{360}{\text{周转次数}}=\frac{\text{平均存货余额}\times 360}{\text{营业成本}}$$

$$平均存货余额=\frac{存货余额年初数+存货余额年末数}{2}$$

存货周转率不仅反映出企业采购、储存、生产、销售各环节管理工作状况的好坏，而且对企业的偿债能力及获利能力产生决定性的影响。

一般而言，存货周转率越高越好。该指标越高，表明存货变现的速度越快，周转额越大，资产占用水平越低。

计算存货周转率时应注意：①存货计价方法对存货周转率具有较大的影响，在分析企业不同时期或不同企业的存货周转率时，应注意存货计价方法是否一致；②分子、分母数据在时间上的对应性。

【实践应用 10-16】利用表 10-1、表 10-2 中的数据可得：

$$平均存货余额=\frac{存货余额年初数+存货余额年末数}{2}=\frac{392\ 498+541\ 964}{2}=467\ 231$$

$$存货周转率（周转次数）=\frac{营业成本}{平均存货余额}=\frac{1\ 835\ 724}{467\ 231}\approx 3.93（次）$$

$$存货周转期（周转天数）=\frac{360}{周转次数}=\frac{360}{3.93}\approx 91.60（天）$$

（3）流动资产周转率

$$流动资产周转率（周转次数）=\frac{营业收入}{平均流动资产总额}$$

$$流动资产周转期（周转天数）=\frac{360}{周转次数}=\frac{平均流动资产总额\times 360}{营业收入}$$

$$平均流动资产总额=\frac{流动资产余额年初数+流动资产余额年末数}{2}$$

流动资产周转率反映企业流动资产周转速度。

一般而言，流动资产周转率越大越好。在一定时期内，流动资产周转次数越多，表明以相同的流动资产完成的周转额越多，流动资产利用效果越好；从流动资产周转天数来看，周转一次所需要的天数越少，表明流动资产在经历生产和销售各阶段时所占用的时间越短。

【实践应用 10-17】利用表 10-1、表 10-2 中的数据可得：

$$平均流动资产总额=\frac{流动资产余额年初数+流动资产余额年末数}{2}=\frac{2\ 130\ 968+2\ 572\ 251}{2}$$

$$=2\ 351\ 609.5$$

$$流动资产周转率（周转次数）=\frac{营业收入}{平均流动资产总额}=\frac{2\ 305\ 268}{2\ 351\ 609.5}\approx 0.98（次）$$

$$流动资产周转期（周转天数）=\frac{360}{周转次数}=\frac{360}{0.98}\approx 367.35（天）$$

2）固定资产营运能力分析

反映固定资产营运能力的主要指标是固定资产周转率，该指标反映企业固定资产的利用效率。

$$固定资产周转率（周转次数）=\frac{营业收入}{平均固定资产净值}$$

$$固定资产周转期（周转天数）=\frac{360}{周转次数}=\frac{平均固定资产净值\times 360}{营业收入}$$

$$平均固定资产净值=\frac{固定资产净值年初数+固定资产净值年末数}{2}$$

一般而言，固定资产周转率越高越好。该指标越高，表明企业固定资产利用充分，同时也表明企业固定资产投资得当，固定资产结构合理，能够充分发挥效率。

计算和运用固定资产周转率指标时应注意：

（1）计算该指标时要注意区分与其相关的几个概念。主要包括：①固定资产原价指固定资产的历史成本；②固定资产净值指固定资产原价扣除已计提的累计折旧后的余额；③固定资产净额是固定资产原价扣除已计提的累计折旧及已计提的减值准备后的余额。

（2）在分析时要剔除不可比因素的影响。例如：①折旧的计提使得固定资产的净值在不断地减少，因此折旧方法的不同可能会影响该指标的可比性；②固定资产的更新重置等情况也会影响该指标的可比性。

【实践应用 10-18】利用表 10-1、表 10-2 中的数据可得：

$$平均固定资产净值=\frac{固定资产净值年初数+固定资产净值年末数}{2}=\frac{528\ 610+625\ 138}{2}=576\ 874$$

$$固定资产周转率（周转次数）=\frac{营业收入}{平均固定资产净值}=\frac{2\ 305\ 268}{576\ 874}\approx 4$$

$$固定资产周转期（周转天数）=\frac{360}{周转次数}=\frac{360}{4}=90（天）$$

3）总资产营运能力分析

反映总资产营运能力的主要指标是总资产周转率，该指标反映企业全部资产的利用效率。

$$总资产周转率（周转次数）=\frac{营业收入}{平均资产总额}$$

$$总资产周转期（周转天数）=\frac{360}{周转次数}=\frac{平均资产总额\times 360}{营业收入}$$

$$平均资产总额=\frac{资产总额年初数+资产总额年末数}{2}$$

一般而言，总资产周转率越高越好。该指标越高，表明企业全部资产的使用效率越高；反之，如果该指标较低，则说明企业利用全部资产进行经营的效率较差。

【实践应用 10-19】利用表 10-1、表 10-2 中的数据可得：

$$平均资产总额=\frac{资产总额年初数+资产总额年末数}{2}=\frac{3\ 566\ 190+3\ 182\ 993}{2}=3\ 374\ 591.5$$

$$总资产周转率（周转次数）=\frac{营业收入}{平均资产总额}=\frac{2\ 305\ 268}{3\ 374\ 591.5}\approx 0.68（次）$$

$$总资产周转期（周转天数）=\frac{360}{周转次数}=\frac{360}{0.68}\approx 529.41（天）$$

10.3.4 发展能力分析

发展能力是指企业在生存的基础上，扩大规模、壮大实力的潜在能力。良好的发展能力最终决定着企业的获利能力、偿债能力。发展能力分析的比率指标主要包括营业增长率（销售增长率）、总资产增长率以及资本积累率。

1）营业增长率

营业增长率是企业本年营业收入增长额与上年营业收入总额的比率。该指标反映企业营业收入的增减变动情况，是评价企业成长状况和发展能力的重要指标。其计算公式为：

$$营业增长率=\frac{本年营业收入增长额}{上年营业收入总额}\times 100\%$$

其中：本年营业收入增长额=本年营业收入总额-上年营业收入总额

实务中也可使用销售增长率来分析企业经营业务收入的增减情况。其计算公式为：

$$销售增长率=\frac{本年主营业务收入增长额}{上年主营业务收入总额}\times 100\%$$

营业收入增长率是衡量企业经营成果和市场占有能力、预测企业经营业务拓展趋势的重要标志。该指标若大于0，表示企业本年的营业收入有所增长，指标值越高，表明增长速度越快，企业市场前景越好。该指标若小于0，则说明产品或服务不适销对路、质次价高，或是在售后服务等方面存在问题，致使市场份额萎缩。

2）总资产增长率

总资产增长率是企业本年总资产增长额同年初资产总额的比率，它反映企业本期资产规模的增长情况。其计算公式为：

$$总资产增长率=\frac{本年总资产增长额}{年初资产总额}\times 100\%$$

其中：本年总资产增长额=资产总额年末数-资产总额年初数

总资产增长率是从企业资产总量扩张方面衡量企业的发展能力，表明企业规模增长水平对企业发展后劲的影响。该指标越高，表明企业一定时期内资产经营规模扩张的速度越快。在实际分析时，应注意考虑资产规模扩张的质和量的关系以及企业的后续发展能力，避免资产盲目扩张。

3）资本积累率

资本积累率是企业本年所有者权益增长额与年初所有者权益的比率。它反映企业当年资本的积累能力，是评价企业发展潜力的重要指标。其计算公式为：

$$资本积累率=\frac{本年所有者权益增长额}{年初所有者权益}\times 100\%$$

其中：本年所有者权益增长额=所有者权益年末数-所有者权益年初数

资本积累率是企业当年所有者权益总的增长率，体现了企业资本的积累情况，是企业发展强盛的标志，展示了企业的发展潜力；它还反映了投资者投入企业资本的保全性和增长性。

该指标应该为正值，若为负值，表明企业资本受到侵蚀，所有者利益受到损害。

【实践应用 10-20】利用表 10-1、表 10-2 中的数据可得：

$$营业增长率=\frac{本年营业收入总额-上年营业收入总额}{上年营业收入总额}\times100\%$$

$$=\frac{2\ 305\ 268-1\ 802\ 365}{1\ 802\ 365}\times100\%\approx27.90\%$$

$$总资产增长率=\frac{资产总额年末数-资产总额年初数}{年初资产总额}\times100\%$$

$$=\frac{3\ 566\ 190-3\ 182\ 993}{3\ 182\ 993}\times100\%\approx12.04\%$$

$$资本积累率=\frac{所有者权益年末数-所有者权益年初数}{年初所有者权益}\times100\%$$

$$=\frac{778\ 108-693\ 887}{693\ 887}\times100\%\approx12.14\%$$

10.4 财务综合分析与评价

10.4.1 财务综合分析的含义及意义

1）财务综合分析的含义

财务综合分析是指通过对各项指标分析的综合运用，揭示它们之间的相互关系，从而全面评价企业生产经营活动过程及其结果，为全面考核企业的生产经营业绩及进一步提高企业经济效益提供依据。

2）财务综合分析的意义

前面所介绍的偿债能力分析、盈利能力分析、营运能力分析及发展能力分析等分别是从不同的角度对企业的财务报告和财务能力进行具体分析，但它们仅仅局限于对某些局部的分析，不能全面、系统地反映企业实际情况。因此，财务综合分析具有十分重大的意义，具体表现在：

(1) 综合分析有助于从整体上相互联系地全面评价企业的财务状况和经营成果。

(2) 综合分析有助于明确企业财务活动与经营活动的相互关系，进而为完善企业财务管理和经营管理提供依据。

(3) 综合分析评价可以为企业利益相关者在投资、信贷、合作等方面的决策提供参考。

10.4.2 财务综合分析方法

财务综合分析方法有许多，下面主要介绍杜邦分析法和沃尔评分法。

1）杜邦财务分析法

杜邦财务分析法是指根据各主要财务比率指标之间的内在联系，建立一套互相制约的财务分析指标体系，以此来综合分析企业的财务状况和经营成果的方法。因其最初由美国杜邦公司创立并成功运用，故又称“杜邦体系”。

(1) 杜邦体系的内容（如图 10-1 所示）。杜邦体系将销售净利率、资产周转率和权益乘数结合起来说明所有者权益报酬率的变化，可以使财务比率分析的层次更加清晰、条理更加分明，从而有利于全面、详细地了解企业的财务状况和经营成果。

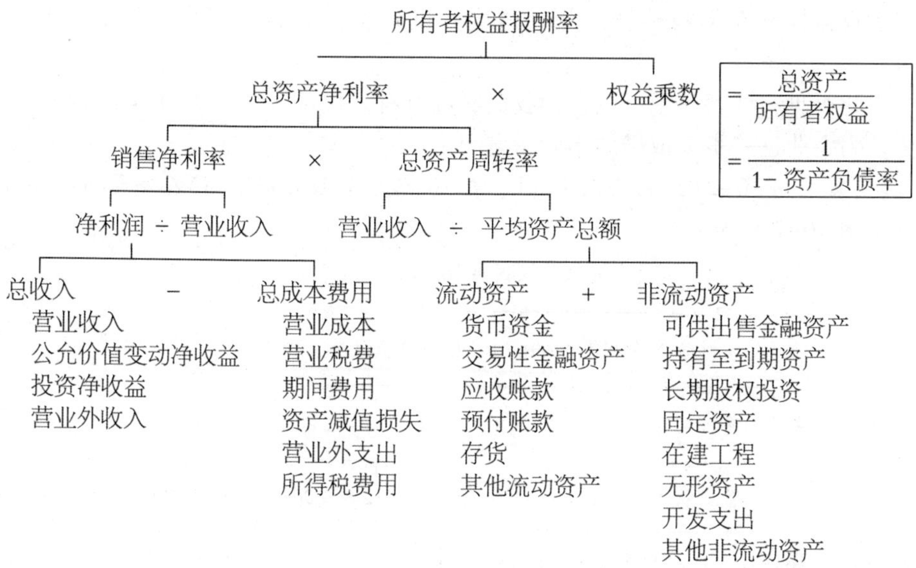

图 10-1　杜邦财务分析体系图

总资产净利率等于销售净利率乘以总资产周转率，被称为杜邦基本等式。从杜邦体系可以明确得到以下几方面的信息：

①所有者权益报酬率（也称为权益净利率或净资产收益率）是一个综合性极强、最有代表性的财务比率，它是杜邦体系的核心指标。这一指标反映了投资者的投入资本获利能力的高低，其大小等于企业总资产报酬率和权益乘数的乘积。总资产报酬率主要反映企业运用资产进行生产经营活动的效率，而权益乘数则主要反映企业的资金结构（筹资来源）。所以，所有者权益报酬率是企业经营活动效率和财务效率的综合体现。

②总资产净利率是一个反映企业盈利能力的综合性指标，其大小由销售净利率和总资产周转率的乘积决定。因此，可以从销售活动与资产管理两个方面来分析该指标。

③销售净利率揭示出企业净利润与营业收入的比率关系，反映了企业销售活动的盈利能力。提高销售净利率是提高盈利的关键，而提高这个比率有两个主要途径：一是扩大销售规模，增加营业收入；二是厉行节约，降低成本费用。

④总资产周转率揭示出企业总资产实现销售收入的综合能力，反映了企业资产管理的效率和资产盈利能力。总资产由流动资产和非流动资产组成，而各类资产的收益性大小又各不相同。因此，要联系销售收入分析资产的使用是否合理，判断流动资产和非流动资产的比例安排是否恰当，并且必须对资产的内部结构及影响资产周转率的各具体因素进行详细分析。

⑤权益乘数反映所有者权益同总资产的关系，反映了企业的融资状况。它主要

受资产负债率的影响，既是反映企业资本结构的指标，也是反映企业偿债能力的指标。资产负债率越高，权益乘数就越大，财务风险也越大。所以，权益乘数对提高所有者权益报酬率起到杠杆作用，适度开展负债经营，可以提高所有者权益报酬率。

由此可见，杜邦体系可以帮助我们明确所有者权益报酬率变动的原因和变化的趋势，为企业进一步采取措施指明了方向。

【实践应用 10-21】利用表 10-1、表 10-2 中的数据编制 XYZ 公司的杜邦分析图（如图 10-2 所示）。

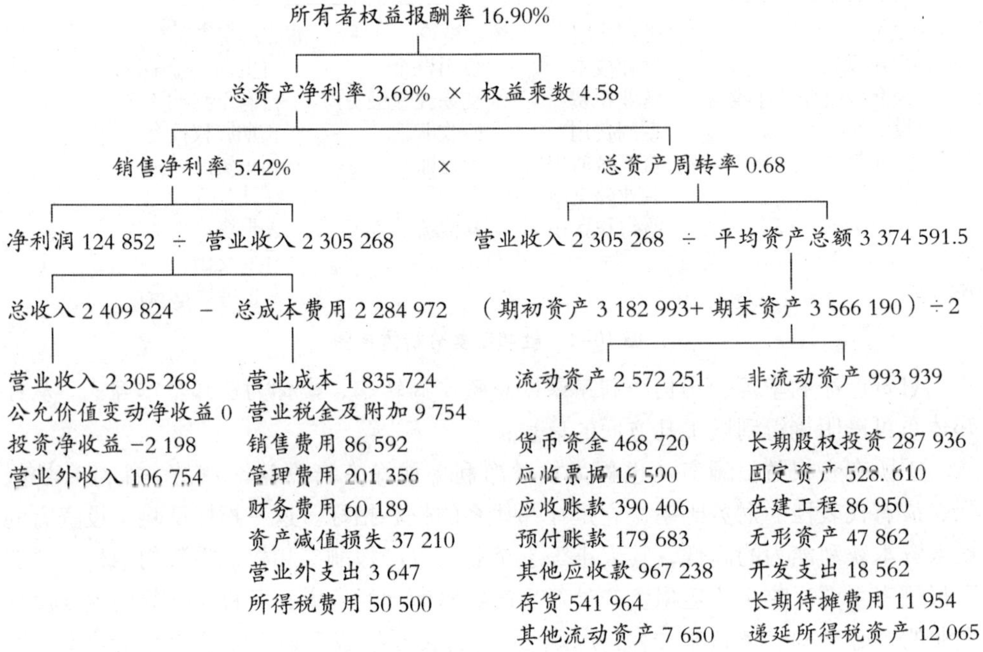

图 10-2 XYZ 公司杜邦财务分析体系图

【实践应用 10-22】W 公司 2013 年与 2012 年的财务数据见表 10-4，试运用杜邦体系并结合因素分析法说明该公司 2013 年的所有者权益报酬率为什么会比 2012 年升高 10. 03%？

表 10-4 W 公司 2013 年与 2012 年的财务数据

	2012 年	2013 年
销售净利率（%）	17. 62	18. 83
总资产周转率（次/年）	0. 80	1. 12
权益乘数	2. 37	2. 06
所有者权益报酬率	33. 41	43. 44

根据杜邦体系，所有者权益报酬率指标的因素表达式为：

所有者权益报酬率＝销售净利率×总资产周转率×权益乘数

实际指标体系＝18. 83%×1. 12×2. 06≈43. 44%

基期指标体系 = 17.62% ×0.80×2.37 ≈ 33.41%

销售净利率的影响 = （18.83% -17.62%） ×0.80×2.37 ≈ 2.29%

总资产周转率的影响 = 18.83% × （1.12-0.80） ×2.37 ≈ 14.28%

权益乘数的影响 = 18.83% ×1.12× （2.06-2.37） ≈ -6.54%

所有者权益报酬率的变化为上述三因素变化值之和 = 2.29% +14.28% -6.54% = 10.03%

检验：所有者权益报酬率的总变化 = 该指标的实际值-该指标的基期值

= 43.44% -33.41% = 10.03%

（2）杜邦体系的缺陷。杜邦体系虽然有很积极的应用价值，但仍存在一些缺陷。主要表现在：

①忽视了现金流量表中的数据。

②局限于事后分析，事中控制与事前预测的作用较弱，不利于计划、控制和决策。

③不能清晰地显示资本结构对公司盈利能力的影响。

④无法对经营风险及财务风险进行有力评价。

2）沃尔评分法

（1）沃尔评分法的含义。沃尔评分法又称财务比率综合评分法，由美国银行家亚历山大·沃尔提出，是通过选择一系列能够反映企业各方面财务状况的财务比率，并通过对这些比率打分得出综合得分，从而评价企业的综合财务状况的一种方法。

沃尔在 1928 年出版的《信用晴雨表研究》和《财务报表比率分析》中提出了信用能力指数的概念，选择了 7 个财务比率即流动比率、产权比率、固定资产比率、存货周转率、应收账款周转率、固定资产周转率和自有资金周转率，分别给定各指标的比重，然后确定标准比率（以行业平均数为基础），将实际比率与标准比率相比，得出相对比率，将此相对比率与各指标比重相乘，得出总评分。如果总评分接近 100 分，说明企业财务状况良好，符合或高于行业平均水平；如果总评分远低于 100 分，说明企业的财务状况较差。下面是运用最初的沃尔评分法对 X 公司的财务状况进行评分的过程及结果（见表 10-5）：

表 10-5　　**X 公司综合评分表（沃尔评分法）**

财务比率	比重（%）	标准比率	实际比率	相对比率	评分
	①	②	③	④ = ③÷②	⑤ = ①×④
流动比率	25	2	2.34	1.17	29.25
净资产/负债	25	1.5	0.78	0.52	13
资产/固定资产	15	2.5	3.35	1.34	20.1
销售成本/存货	10	8	12	1.5	15
销售额/应收账款	10	6	10.2	1.7	17
销售额/固定资产	10	4	2.68	0.67	6.7
销售额/净资产	5	3	1.62	0.54	2.7
合计	100	—	—	—	103.75

（2）沃尔评分法的缺陷。沃尔评分法从理论上讲有一个明显的缺陷，即未能说明为什么要选择这7个财务比率而不是别的财务比率，或者更多或更少的指标，并且未能证明每个指标所占比重的合理性。

沃尔评分法从技术上讲存在一个问题，即当某一个指标异常时，会对总评分产生不合逻辑的重大影响。这个影响是由于相对比率与其所占比重相“乘”引起的。财务比率提高一倍，其评分增加100%；而财务比率降低一半，其评分只减少50%。

（3）对沃尔评分法的改进。由于现代社会与沃尔所在的时代相比，已有很大变化，所以对沃尔评分法的适度改进有助于改进财务比率综合分析的工作效果。

首先，从不同方面选取有代表性的常用指标，并重新分配其比重。一般认为企业财务评价的内容主要在盈利能力、偿债能力和发展能力这三个方面。反映盈利能力的主要指标是资产净利率、销售净利率和所有者权益报酬率，虽然所有者权益报酬率最重要，但前两个指标已经分别使用了净资产和净利润，为减少重复影响，这3个指标可按2∶2∶1安排。反映偿债能力的指标可选取自有资本比率、流动比率、应收账款周转率、存货周转率这4个常用指标。反映发展能力的指标可选取销售增长率、净利增长率和人均净利增长率这3个常用指标。如果仍以100分为总评分，则改进后的评分标准分配见表10-6。

其次，以行业平均数为基础适当修正标准比率，并规定每个指标评分的上限和下限，以减少个别指标异常对总分造成不合理的影响。上限可定为正常评分值的1.5倍，下限定为正常评分值的1/2。此外，评分时不采用“乘”的关系，而采用“加”或“减”的关系，以克服沃尔评分法在技术上的缺陷。

表10-6　**改进后的财务比率综合评分表**

指标	评分值 ①	标准比率（%） ②	行业最高比率（%） ③	最高评分 ④	最低评分 ⑤	每分的财务比率差（%） ⑥=（③-②）÷（④-①）
盈利能力：						
总资产净利率	20	10	20	30	10	1
销售净利率	20	4	20	30	10	1.6
权益报酬率	10	16	20	15	5	0.8
偿债能力：						
自有资本比率	8	40	100	12	4	15
流动比率	8	150	450	12	4	75
应收账款周转率	8	600	1 200	12	4	150
存货周转率	8	800	1 200	12	4	100
发展能力：						
销售增长率	6	15	30	9	3	5
净利增长率	6	10	20	9	3	3.3
人均净利增长率	6	10	20	9	3	3.3
合计	100	—	—	150	50	—

根据这种方法，对 X 公司的财务状况重新进行综合评价，得到 X 公司的综合评分为 86.65 分（见表 10-7）。

表 10-7　　X 公司综合评分表（改进后的沃尔评分法）

指标	实际比率 ①	标准比率（%）②	差异（%）③=①-②	每分比率（%）④	调整分 ⑤=③÷④	标准分值 ⑥	得分 ⑦=⑤+⑥
盈利能力：							
总资产净利率	7.4	10	-2.6	1	-2.6	20	17.4
销售净利率	4.5	4	0.5	1.6	0.31	20	20.31
权益报酬率	14.9	16	-1.1	0.8	-1.38	10	8.62
偿债能力：							
自有资本比率	49	40	9	15	0.6	8	8.6
流动比率	233	150	83	75	1.11	8	9.11
应收账款周转率	1 000	600	400	150	2.67	8	10.67
存货周转率	1 200	800	400	100	4	8	12
发展能力：							
销售增长率	5	15	-10	5	-2	6	4
净利增长率	-15	10	-25	3.3	-7.58	6	-1.58
人均净利增长率	-18	10	-28	3.3	-8.48	6	-2.48
合　计	—	—	—	—	—	100	86.65

本章小结

财务分析是指以财务报表和其他有关资料为依据，运用专门的方法，系统分析和评价企业过去和现在的经营成果、财务状况及其变动，以达到了解过去、评价现在、预测未来的目的。

财务分析的基本原则是对财务分析工作实践经验的提炼与概括，是财务分析工作内在要求的集中反映，同时也是财务分析工作的指导规范。具体包括：实事求是原则、成本效益原则、可理解性原则、及时性原则。

财务分析方法是完成财务分析的方式和手段。常见的财务分析方法主要有比较分析法、比率分析法和因素分析法。在实践中通常需要将其结合起来综合运用。

比较分析法是指将实际达到的数据同特定的各种标准相比较，从数量上确定其差异，并进行差异分析或趋势分析的一种方法。有两种比较形式：绝对数比较和相对数比较。常用的比较标准有历史指标值、计划指标值以及同类企业的指标值等。

比率分析法是通过计算经济指标的比率来揭示指标关系合理性，考察、计量和评价经济活动变动程度的分析方法，是在同一会计报表的不同项目之间，或在不同会计报表的有关项目之间进行对比，以计算出的比率反映各个项目之间的相互关系，据此评价企业的财务状况和经营成果。这些比率包括：反映企业偿债能力的比率、反映企业盈利能力的比率、反映企业营运能力的比率以及反映企业发展能力的比率。

因素分析法是依据分析指标与其影响因素之间的关系，按照一定的程序和要求，从数值上测定各因素对有关经济指标差异影响程度的各种具体方法的总称。具体有两种方法：一是连环替代法；二是差额分析法。

财务综合分析是指通过对各项指标分析的综合运用，揭示它们之间的相互关系，从而全面评价企业生产经营活动过程及其结果，为全面考核企业的生产经营业绩及进一步提高企业经济效益提供依据。

最主要的财务综合分析方法有杜邦分析法和沃尔评分法。

杜邦财务分析法将销售净利率、资产周转率和权益乘数结合起来说明所有者权益报酬率的变化，有利于全面、详细地了解企业的财务状况和经营成果。

沃尔评分法（又称财务比率综合评分法）选择了 7 个财务比率，分别给定各指标的比重，然后确定标准比率，并将实际比率与标准比率相比，得出相对比率，再将此相对比率与各指标比重相乘，得出总评分。

对沃尔评分法的适度改进有助于提高财务分析工作：（1）从不同方面选取有代表性的常用指标，并重新分配其比重。（2）以行业平均数为基础适当修正标准比率，并规定每个指标评分的上限和下限，以减少个别指标异常对总分造成不合理的影响。

思考题

1. 简述财务分析的概念及意义。
2. 财务分析工作的基本原则有哪些？
3. 财务分析的常用方法有哪些？
4. 什么是绝对数比较？什么是相对数比较？
5. 常用的财务比率有哪些？简述它们各自的含义及计算公式。
6. 什么是财务综合分析？它有什么意义？
7. 简述杜邦体系。
8. 简述沃尔评分法的主要内容及其改进思路。

练习题

一、单项选择题

1. (　　)是流动资产与流动负债的比率，它表明企业每一元流动负债有多少流动资产作为偿还保证。

A. 流动比率　　B. 速动比率　　C. 产权比率　　D. 资产负债比率

2. 现金流量比率也称现金流动负债比率，是指企业一定时期的(　　)同流动负债的比率。

A. 筹资活动现金净流量　　B. 投资活动现金净流量

C. 经营活动现金净流量　　D. 经营活动现金流入量

3. 从债权人的角度看，资产负债率(　　)越好。

A. 越高　　B. 越低　　C. 不确定　　D. 变动越频繁

4. (　　)是资产负债率的另一种表现形式，它表明每一元股东权益拥有的资产额。

A. 资产负债率　　B. 产权比率　　C. 速动比率　　D. 权益乘数

5. 资产负债表不提供下列(　　)财务信息。

A. 资产结构　　B. 负债水平　　C. 资金来源状况　　D. 经营成果

6. (　　)是反映上市公司获利能力的一个重要财务比率，它反映投资者对上市公司每股净利润愿意支付的价格，可以用来估计股票的投资报酬和风险。

A. 资产报酬率　　B. 净资产报酬率　　C. 市盈率　　D. 资本保值增值率

7. 现金流量表中的现金不包括(　　)。

A. 存在银行的外币存款　　B. 银行汇票存款

C. 期限为 3 个月的国债　　D. 长期债券投资

8. 下列财务比率中反映企业营运能力的是(　　)。

A. 资产负债率　　B. 流动比率　　C. 存货周转率　　D. 资产报酬率

9. 下列各项经济业务中不会影响流动比率的是(　　)。

A. 赊购原材料　　B. 用现金购买短期债券

C. 用存货对外进行长期投资　　D. 向银行借款

10. 下列各项经济业务中会影响到企业资产负债率的是(　　)。

A. 以固定资产的账面价值对外进行长期投资

B. 收回应收账款

C. 接受所有者以固定资产进行的投资

D. 用现金购买股票

二、多项选择题

1. 常见的财务分析方法主要有(　　)。

A. 静态分析法　　B. 比较分析法　　C. 比率分析法　　D. 因素分析法

2. 反映短期偿债能力的比率主要有(　　)。

A. 流动比率　　B. 速动比率　　C. 资产负债率　　D. 产权比率

3. 因素分析法具体有两种，即(　　)。

A. 相对数分析法　　B. 连环替代法　　C. 差额分析法　　D. 绝对数分析法

4. 企业利润的三种形式包括(　　)。

A. 毛利润　　B. 营业利润　　C. 利润总额　　D. 净利润

5. 下列经济业务中影响企业存货周转率的有(　　)。

A. 收回应收账款　　B. 销售产成品　　C. 期末购买存货　　D. 偿还应付账款

三、计算分析题

1. A 企业 2014 年有关财务资料如下：年末流动比率为 2.1，年末速动比率为 1.2，存货周转率为 5 次。年末资产总额为 800 万元（年初 800 万元），年末流动负债为 70 万元，年末长期负债为 210 万元，年初存货成本为 75 万元。2014 年销售收入为 640 万元，管理费用为 45 万元，利息费用为 50 万元。所得税税率为 25%。

要求：（1）计算该企业 2014 年年末流动资产总额、年末资产负债率、权益乘数和总资产周转率；（2）计算该企业 2014 年年末存货成本、销售成本、净利润、销售净利润率和净资产收益率。

2. 某企业 2014 年销售收入为 20 万元，毛利率为 40%，赊销比例为 80%，销售净利润率为 16%，存货周转率为 5 次，期初存货余额为 2 万元。期初应收账款余额为 4.8 万元，期末应收账款余额为 1.6 万元，速动比率为 1.6，流动比率为 2，流动资产占资产总额的 28%，该企业期初资产总额为 30 万元。该公司期末无待摊费用和待处理流动资产损失。

要求计算：（1）应收账款周转率；（2）总资产周转率；（3）总资产净利率。

现值、终值表

附表 1　　**复利终值系数表**　　$(F/P,\ i,\ n)=(1+i)^n$

i \ n	1	2	3	4	5	6	7	8	9	10	11	12	13	14	n / i
1%	1.01000	1.02010	1.03030	1.04060	1.05101	1.06152	1.07214	1.08286	1.09369	1.10462	1.11567	1.12683	1.13809	1.14947	1%
2%	1.02000	1.04040	1.06121	1.08243	1.10408	1.12616	1.14869	1.17166	1.19509	1.21899	1.24337	1.26824	1.29361	1.31948	2%
3%	1.03000	1.06090	1.09273	1.12551	1.15927	1.19405	1.2297	1.26677	1.30477	1.34392	1.38423	1.42576	1.46853	1.51259	3%
4%	1.04000	1.08160	1.12486	1.16986	1.21665	1.26532	1.31593	1.36857	1.42331	1.48024	1.53945	1.60103	1.66507	1.73168	4%
5%	1.05000	1.10250	1.15763	1.21551	1.27628	1.34010	1.40710	1.47746	1.55133	1.62889	1.71034	1.79586	1.88565	1.97993	5%
6%	1.06000	1.12360	1.19102	1.26248	1.33823	1.41852	1.50363	1.59385	1.68948	1.79085	1.89830	2.01220	2.13293	2.26090	6%
7%	1.07000	1.14490	1.22504	1.31080	1.40255	1.50073	1.60578	1.71819	1.83846	1.96715	2.10485	2.25219	2.40985	2.57853	7%
8%	1.08000	1.16640	1.25971	1.36049	1.46933	1.58687	1.71382	1.85093	1.99900	2.15892	2.33164	2.51817	2.71962	2.93719	8%
9%	1.09000	1.18810	1.29503	1.41158	1.53862	1.67710	1.82804	1.99256	2.17189	2.36736	2.58043	2.81266	3.06580	3.34173	9%
10%	1.10000	1.21000	1.33100	1.46410	1.61051	1.77156	1.94872	2.14359	2.35795	2.59374	2.85312	3.13843	3.45227	3.79750	10%
12%	1.12000	1.25440	1.40493	1.57352	1.76234	1.97382	2.21068	2.47596	2.77308	3.10585	3.47855	3.89598	4.36349	4.88711	12%
14%	1.14000	1.29960	1.48154	1.68896	1.92541	2.19497	2.50227	2.85259	3.25195	3.70722	4.22623	4.81790	5.49241	6.26135	14%
16%	1.16000	1.34560	1.56090	1.81064	2.10034	2.43640	2.82622	3.27841	3.80296	4.41144	5.11726	5.93603	6.88579	7.98752	16%
18%	1.18000	1.39240	1.64303	1.93878	2.28776	2.69955	3.18547	3.75886	4.43545	5.23384	6.17593	7.28759	8.59936	10.1472	18%
20%	1.20000	1.44000	1.72800	2.07360	2.48832	2.98598	3.58318	4.29982	5.15978	6.19174	7.43008	8.91610	10.6993	12.8392	20%
24%	1.24000	1.53760	1.90662	2.36421	2.93163	3.63522	4.50767	5.58951	6.93099	8.59443	10.6571	13.2148	16.3863	20.3191	24%
28%	1.28000	1.63840	2.09715	2.68435	3.43597	4.39805	5.62950	7.20576	9.22337	11.8059	15.1116	19.3428	24.7588	31.6913	28%
32%	1.32000	1.74240	2.29997	3.03596	4.00746	5.28985	6.98261	9.21704	12.1665	16.0598	21.1989	27.9825	36.9370	48.7568	32%
36%	1.36000	1.84960	2.51546	3.42102	4.65259	6.32752	8.60543	11.7034	15.9166	21.6466	29.4393	40.0375	54.4510	74.0534	36%
40%	1.40000	1.96000	2.74400	3.84160	5.37824	7.52954	10.5414	14.7579	20.6610	28.9255	40.4957	56.6939	79.3715	111.120	40%
50%	1.50000	2.25000	3.37500	5.06250	7.59375	11.3906	17.0859	25.6289	38.4434	57.6650	86.4976	129.746	194.620	291.929	50%

续表

n / i	15	16	17	18	19	20	21	22	23	24	25	26	27	28	n / i
1%	1. 16097	1. 17258	1. 18430	1. 19615	1. 20811	1. 22019	1. 23239	1. 24472	1. 25716	1. 26973	1. 28243	1. 29526	1. 30821	1. 32129	1%
2%	1. 34587	1. 37279	1. 40024	1. 42825	1. 45681	1. 48595	1. 51567	1. 54598	1. 57690	1. 60844	1. 64061	1. 67342	1. 70689	1. 74102	2%
3%	1. 55797	1. 60471	1. 65285	1. 70243	1. 75351	1. 80611	1. 86029	1. 91610	1. 97359	2. 03279	2. 09378	2. 15659	2. 22129	2. 28793	3%
4%	1. 80094	1. 87298	1. 94790	2. 02582	2. 10685	2. 19112	2. 27877	2. 36992	2. 46472	2. 56330	2. 66584	2. 77247	2. 88337	2. 99870	4%
5%	2. 07893	2. 18287	2. 29202	2. 40662	2. 52695	2. 65330	2. 78596	2. 92526	3. 07152	3. 22510	3. 38635	3. 55567	3. 73346	3. 92013	5%
6%	2. 39656	2. 54035	2. 69277	2. 85434	3. 02560	3. 20714	3. 39956	3. 60354	3. 81975	4. 04893	4. 29187	4. 54938	4. 82235	5. 11169	6%
7%	2. 75903	2. 95216	3. 15882	3. 37993	3. 61653	3. 86968	4. 14056	4. 43040	4. 74053	5. 07237	5. 42743	5. 80735	6. 21387	6. 64884	7%
8%	3. 17217	3. 42594	3. 70002	3. 99602	4. 31570	4. 66096	5. 03383	5. 43654	5. 87146	6. 34118	6. 84848	7. 39635	7. 98806	8. 62711	8%
9%	3. 64248	3. 97031	4. 32763	4. 71712	5. 14166	5. 60441	6. 10881	6. 65860	7. 25787	7. 91108	8. 62308	9. 39916	10. 2451	11. 1671	9%
10%	4. 17725	4. 59497	5. 05447	5. 55992	6. 11591	6. 72750	7. 4025	8. 14027	8. 95430	9. 84973	10. 8347	11. 9182	13. 1100	14. 4210	10%
12%	5. 47357	6. 13039	6. 86604	7. 68997	8. 61276	9. 64629	10. 8038	12. 1003	13. 5523	15. 1786	17. 0001	19. 0401	21. 3249	23. 8839	12%
14%	7. 13794	8. 13725	9. 27646	10. 5752	12. 0557	13. 7435	15. 6676	17. 8610	20. 3616	23. 2122	26. 4619	30. 1666	34. 3899	39. 2045	14%
16%	9. 26552	10. 7480	12. 4677	14. 4625	16. 7765	19. 4608	22. 5745	26. 1864	30. 3762	35. 2364	40. 8742	47. 4141	55. 0004	63. 8004	16%
18%	11. 9737	14. 1290	16. 6722	19. 6733	23. 2144	27. 3930	32. 3238	38. 1421	45. 0076	53. 1090	62. 6686	73. 9490	87. 2598	102. 967	18%
20%	15. 4070	18. 4884	22. 1861	26. 6233	31. 9480	38. 3376	46. 0051	55. 2061	66. 2474	79. 4968	95. 3962	114. 475	137. 371	164. 845	20%
24%	25. 1956	31. 2426	38. 7408	48. 0386	59. 5679	73. 8641	91. 5915	113. 574	140. 831	174. 631	216. 542	268. 512	332. 955	412. 864	24%
28%	40. 5648	51. 9230	66. 4614	86. 0706	108. 890	139. 380	178. 406	228. 360	292. 300	374. 144	478. 905	612. 998	784. 638	1 004. 34	28%
32%	64. 3590	84. 9538	112. 139	148. 024	195. 391	257. 916	340. 449	449. 393	593. 199	783. 023	1 033. 59	1 364. 34	1 800. 93	2 377. 22	32%
36%	100. 713	136. 969	186. 278	253. 338	344. 540	468. 574	637. 261	866. 674	1 178. 68	1 603. 00	2 180. 08	2 964. 91	4 032. 28	5 483. 90	36%
40%	155. 568	217. 795	304. 913	426. 879	597. 630	836. 683	1 171. 36	1 639. 90	2 295. 86	3 214. 20	4 499. 88	6 299. 83	8 819. 76	12 347. 7	40%
50%	437. 894	656. 841	985. 261	1 477. 89	2 216. 84	3 325. 26	4 987. 89	7 481. 83	11 222. 7	16 834. 1	25 251. 2	37 876. 8	56 815. 1	85 222. 7	50%

附表 2　　　　**复利现值系数表**　　　　$(P/F, i, n) = (1+i)^{-n}$

i \ n	1	2	3	4	5	6	7	8	9	10	11	12	13	14	n / i
1%	0.99010	0.98030	0.97059	0.96098	0.95147	0.94205	0.93272	0.92348	0.91434	0.90529	0.89632	0.88745	0.87866	0.86996	1%
2%	0.98039	0.96117	0.94232	0.92385	0.90573	0.88797	0.87056	0.85349	0.83676	0.82035	0.80426	0.78849	0.77303	0.75788	2%
3%	0.97087	0.94260	0.91514	0.88849	0.86261	0.83748	0.81309	0.78941	0.76642	0.74409	0.72242	0.70138	0.68095	0.66112	3%
4%	0.96154	0.92456	0.88900	0.85480	0.82193	0.79031	0.75992	0.73069	0.70259	0.67556	0.64958	0.62460	0.60057	0.57748	4%
5%	0.95238	0.90703	0.86384	0.82270	0.78353	0.74622	0.71068	0.67684	0.64461	0.61391	0.58468	0.55684	0.53032	0.50507	5%
6%	0.94340	0.89000	0.83962	0.79209	0.74726	0.70496	0.66506	0.62741	0.59190	0.55839	0.52679	0.49697	0.46884	0.44230	6%
7%	0.93458	0.87344	0.81630	0.76290	0.71299	0.66634	0.62275	0.58201	0.54393	0.50835	0.47509	0.44401	0.41496	0.38782	7%
8%	0.92593	0.85734	0.79383	0.73503	0.68058	0.63017	0.58349	0.54027	0.50025	0.46319	0.42888	0.39711	0.36770	0.34046	8%
9%	0.91743	0.84168	0.77218	0.70843	0.64993	0.59627	0.54703	0.50187	0.46043	0.42241	0.38753	0.35553	0.32618	0.29925	9%
10%	0.90909	0.82645	0.75131	0.68301	0.62092	0.56447	0.51316	0.46651	0.42410	0.38554	0.35049	0.31863	0.28966	0.26333	10%
12%	0.89286	0.79719	0.71178	0.63552	0.56743	0.50663	0.45235	0.40388	0.36061	0.32197	0.28748	0.25668	0.22917	0.20462	12%
14%	0.87719	0.76947	0.67497	0.59208	0.51937	0.45559	0.39964	0.35056	0.30751	0.26974	0.23662	0.20756	0.18207	0.15971	14%
16%	0.86207	0.74316	0.64066	0.55229	0.47611	0.41044	0.35383	0.30503	0.26295	0.22668	0.19542	0.16846	0.14523	0.12520	16%
18%	0.84746	0.71818	0.60863	0.51579	0.43711	0.37043	0.31393	0.26604	0.22546	0.19106	0.16192	0.13722	0.11629	0.09855	18%
20%	0.83333	0.69444	0.57870	0.48225	0.40188	0.33490	0.27908	0.23257	0.19381	0.16151	0.13459	0.11216	0.09346	0.07789	20%
22%	0.81967	0.67186	0.55071	0.45140	0.37000	0.30328	0.24859	0.20376	0.16702	0.13690	0.11221	0.09198	0.07539	0.06180	22%
24%	0.80645	0.65036	0.52449	0.42297	0.34111	0.27509	0.22184	0.17891	0.14428	0.11635	0.09383	0.07567	0.06103	0.04921	24%
26%	0.79365	0.62988	0.49991	0.39675	0.31488	0.24991	0.19834	0.15741	0.12493	0.09915	0.07869	0.06245	0.04957	0.03934	26%
28%	0.78125	0.61035	0.47684	0.37253	0.29104	0.22737	0.17764	0.13878	0.10842	0.08470	0.06617	0.05170	0.04039	0.03155	28%
30%	0.76923	0.59172	0.45517	0.35013	0.26933	0.20718	0.15937	0.1259	0.09430	0.07254	0.05580	0.04292	0.03302	0.02540	30%
35%	0.74074	0.54870	0.40644	0.30107	0.22301	0.16520	0.12237	0.09064	0.06714	0.04974	0.03684	0.02729	0.02021	0.01497	35%

续表

n / i	15	16	17	18	19	20	21	22	23	24	25	26	27	28	n / i
1%	0.86135	0.85282	0.84438	0.83602	0.82774	0.81954	0.81143	0.80340	0.79544	0.78757	0.77977	0.77205	0.76440	0.75684	1%
2%	0.74301	0.72845	0.71416	0.70016	0.68643	0.67297	0.65978	0.64684	0.63416	0.62172	0.6095	0.59758	0.58586	0.57437	2%
3%	0.64186	0.62317	0.60502	0.58739	0.57029	0.55368	0.53755	0.52189	0.50669	0.49193	0.47761	0.46369	0.45019	0.43708	3%
4%	0.55526	0.53391	0.51337	0.49363	0.47464	0.45639	0.43883	0.42196	0.40573	0.39012	0.37512	0.36069	0.34682	0.33348	4%
5%	0.48102	0.45811	0.43630	0.41552	0.39573	0.37689	0.35894	0.34185	0.32557	0.31007	0.29530	0.28124	0.26785	0.25509	5%
6%	0.41727	0.39365	0.37136	0.35034	0.33051	0.31180	0.29416	0.27751	0.26180	0.24698	0.23300	0.21981	0.20737	0.19563	6%
7%	0.36245	0.33873	0.31657	0.29586	0.27651	0.25842	0.24151	0.22571	0.21095	0.19715	0.18425	0.17220	0.16093	0.15040	7%
8%	0.31524	0.29189	0.27027	0.25025	0.23171	0.21455	0.19866	0.18394	0.17032	0.15770	0.14602	0.13520	0.12519	0.11591	8%
9%	0.27454	0.25187	0.23107	0.21199	0.19449	0.17843	0.16370	0.15018	0.13778	0.12640	0.11597	0.10639	0.09761	0.08955	9%
10%	0.23939	0.21763	0.19784	0.17986	0.16351	0.14864	0.13513	0.12285	0.11168	0.10153	0.09230	0.08391	0.07628	0.06934	10%
12%	0.18270	0.16312	0.14564	0.13004	0.11611	0.10367	0.09256	0.08264	0.07379	0.06588	0.05882	0.05252	0.04689	0.04187	12%
14%	0.14010	0.12289	0.10780	0.09456	0.08295	0.07276	0.06383	0.05599	0.04911	0.04308	0.03779	0.03315	0.02908	0.02551	14%
16%	0.10793	0.09304	0.08021	0.06914	0.05961	0.05139	0.04430	0.03819	0.03292	0.02838	0.02447	0.02109	0.01818	0.01567	16%
18%	0.08352	0.07078	0.05998	0.05083	0.04308	0.03651	0.03094	0.02622	0.02222	0.01883	0.01596	0.01352	0.01146	0.00971	18%
20%	0.06491	0.05409	0.04507	0.03756	0.03130	0.02608	0.02174	0.01811	0.01509	0.01258	0.01048	0.00874	0.00728	0.00607	20%
22%	0.05065	0.04152	0.03403	0.02789	0.02286	0.01874	0.01536	0.01259	0.01032	0.00846	0.00693	0.00568	0.00466	0.00382	22%
24%	0.03969	0.03201	0.02581	0.02082	0.01679	0.01354	0.01092	0.00880	0.00710	0.00573	0.00462	0.00372	0.00300	0.00242	24%
26%	0.03122	0.02478	0.01967	0.01561	0.01239	0.00983	0.00780	0.00619	0.00491	0.00390	0.00310	0.00246	0.00195	0.00155	26%
28%	0.02465	0.01926	0.01505	0.01175	0.00918	0.00717	0.00561	0.00438	0.00342	0.00267	0.00209	0.00163	0.00127	0.00100	28%
30%	0.01954	0.01503	0.01156	0.00889	0.00684	0.00526	0.00405	0.00311	0.00239	0.00184	0.00142	0.00109	0.00084	0.00065	30%
35%	0.01109	0.00822	0.00609	0.00451	0.00334	0.00247	0.00183	0.00136	0.00101	0.00074	0.00055	0.00041	0.00030	0.00022	35%

附表 3　　　　**年金终值系数表**　　　　$(F/A, i, n) = [(1+i)^n-1]/i$

n / i	1	2	3	4	5	6	7	8	9	10	11	12	13	14	n / i
1%	1.00000	2.01000	3.03010	4.06040	5.10101	6.15202	7.21354	8.28567	9.36853	10.4622	11.5668	12.6825	13.8093	14.9474	1%
2%	1.00000	2.02000	3.06040	4.12161	5.20404	6.30812	7.43428	8.58297	9.75463	10.9497	12.1687	13.4121	14.6803	15.9739	2%
3%	1.00000	2.03000	3.09090	4.18363	5.30914	6.46841	7.66246	8.59234	10.1591	11.4639	12.8078	14.1920	15.6178	17.0863	3%
4%	1.00000	2.04000	3.12160	4.24646	5.41632	6.63298	7.89829	9.21423	10.5828	12.0061	13.4864	15.0258	16.6268	18.2919	4%
5%	1.00000	2.05000	3.15250	4.31012	5.52563	6.80191	8.14201	9.54911	11.0266	12.5779	14.2068	15.9171	17.7130	19.5986	5%
6%	1.00000	2.06000	3.18360	4.37462	5.63709	6.97532	8.39384	9.89747	11.4913	13.1808	14.9716	16.8699	18.8821	21.0151	6%
7%	1.00000	2.07000	3.21490	4.43994	5.75074	7.15329	8.65402	10.2598	11.9780	13.8164	15.7836	17.8885	20.1406	22.5505	7%
8%	1.00000	2.08000	3.24640	4.50611	5.86660	7.33593	8.92280	10.6366	12.4876	14.4866	16.6455	18.9771	21.4953	24.2149	8%
9%	1.00000	2.09000	3.27810	4.57313	5.98471	7.52333	9.20043	11.0285	13.0210	15.1929	17.5603	20.1407	22.9534	26.0192	9%
10%	1.00000	2.10000	3.31000	4.64100	6.10510	7.71561	9.48717	11.4359	13.5795	15.9374	18.5312	21.3843	24.5227	27.9750	10%
12%	1.00000	2.12000	3.37440	4.77933	6.35285	8.11519	10.0890	12.2997	14.7757	17.5487	20.6546	24.1331	28.0291	32.3926	12%
14%	1.00000	2.14000	3.43960	4.92114	6.61010	8.53552	10.7305	13.2328	16.0853	19.3373	23.0445	27.2707	32.0887	37.5811	14%
16%	1.00000	2.16000	3.50560	5.06650	6.87714	8.97748	11.4139	14.2401	17.5185	21.3215	25.7329	30.8502	36.7862	43.6720	16%
18%	1.00000	2.18000	3.57240	5.21543	7.15421	9.44197	12.1415	15.3270	19.0859	23.5213	28.7551	34.9311	42.2187	50.8180	18%
20%	1.00000	2.20000	3.64000	5.36800	7.44160	9.92992	12.9159	16.4991	20.7989	25.9587	32.1504	39.5805	48.4966	59.1959	20%
22%	1.00000	2.22000	3.70840	5.52425	7.73958	10.4423	13.7396	17.7623	22.6700	28.6574	35.9620	44.8737	55.7459	69.0100	22%
24%	1.00000	2.24000	3.77760	5.68422	8.04844	10.9801	14.6153	19.1229	24.7125	31.6434	40.2379	50.8950	64.1097	80.4961	24%
26%	1.00000	2.26000	3.84760	5.84798	8.36845	11.5442	15.5458	20.5876	26.9404	34.9449	45.0306	57.7386	73.7506	93.9258	26%
28%	1.00000	2.28000	3.94840	6.01555	8.69991	12.1359	16.5339	22.1634	29.3692	38.5926	50.3985	65.5100	84.8529	109.612	28%
30%	1.00000	2.30000	3.99000	6.18700	9.04310	12.7560	17.5828	23.8577	32.0150	42.6195	56.4053	74.3270	97.6250	127.913	30%
35%	1.00000	2.35000	4.17250	6.63288	9.95438	14.4384	0.4919	28.6640	39.6964	4.5902	74.6967	101.841	138.485	187.954	35%

续表

n / i	15	16	17	18	19	20	21	22	23	24	25	26	27	28	n / i
1%	16.0969	17.2579	18.4304	19.6147	20.8109	22.0190	23.2392	24.4716	25.7163	26.9735	28.2432	29.5256	30.8209	32.1291	1%
2%	17.2934	18.6393	20.0121	21.4123	22.8406	24.2974	25.7833	27.2990	28.8450	30.4219	32.0303	33.6709	35.3443	37.0512	2%
3%	18.5989	20.1569	21.7616	23.4144	25.1169	26.8704	28.6765	30.5368	32.4529	34.4265	36.4593	38.5530	40.7096	42.9309	3%
4%	20.0236	21.8245	23.6975	25.6454	27.6712	29.7781	31.9692	34.2480	36.6179	39.0826	41.6459	44.3117	47.0842	49.9676	4%
5%	21.5786	23.6755	25.8404	28.1324	30.5390	33.0660	35.7193	38.5052	41.4305	44.5020	47.7271	51.1135	54.6691	58.4026	5%
6%	23.2760	25.6725	28.2129	30.9057	33.7600	36.7856	39.9927	43.3923	46.9958	50.8156	54.8645	59.1564	63.7058	68.5281	6%
7%	25.1290	27.8880	30.8402	33.9990	37.3790	40.9955	44.8652	49.0057	53.4361	58.1767	63.2490	68.6765	74.4838	80.6977	7%
8%	27.1521	30.3243	33.7502	37.4502	41.4463	45.7620	50.4229	55.4568	60.8933	66.7648	73.1059	79.9544	87.3508	95.3388	8%
9%	29.3609	33.0034	36.9737	41.3013	46.0185	51.1601	56.7645	62.8733	69.5319	76.7898	84.7009	93.3240	102.723	112.968	9%
10%	31.7725	35.9497	40.5447	45.5992	51.1591	57.2750	64.0025	71.4027	79.5430	88.4973	98.3471	109.182	121.100	134.210	10%
12%	37.2797	42.7533	48.8837	55.7497	63.4397	72.0524	81.6987	92.5026	104.603	118.155	133.334	150.334	169.374	190.699	12%
14%	43.8424	50.9804	59.1176	68.3941	78.9692	91.0249	104.768	120.436	138.297	158.659	181.871	208.333	238.499	272.889	14%
16%	51.6595	60.9250	71.6730	84.1407	98.6032	115.380	134.841	157.415	183.601	213.978	249.214	290.088	337.502	392.503	16%
18%	60.6953	72.9390	87.0680	103.740	123.414	146.628	174.021	206.345	244.487	289.494	342.603	405.272	479.221	566.481	18%
20%	72.0351	87.4421	105.931	128.117	154.740	186.688	225.026	271.031	326.237	392.484	471.981	567.377	681.853	819.223	20%
22%	85.1922	104.935	129.020	158.405	194.254	237.989	291.347	356.443	435.861	532.750	650.955	795.165	971.102	1 185.74	22%
24%	100.815	126.011	157.253	195.994	244.033	303.601	377.465	469.056	582.630	723.461	898.092	1 114.63	1 383.15	1 716.10	24%
26%	119.347	151.377	191.735	242.585	306.658	387.389	489.110	617.278	778.771	982.251	1 238.64	1 561.68	1 968.72	2 481.59	26%
28%	141.303	181.868	233.791	300.252	385.323	494.213	633.593	811.999	1 040.36	1 332.66	1 706.80	2 185.71	2 798.71	3 583.34	28%
30%	167.286	218.472	285.014	371.518	483.973	630.165	820.215	1 067.28	1 388.46	1 806.00	2 348.80	3 054.44	3 971.78	5 164.31	30%
35%	254.738	344.897	466.611	630.925	852.748	1 152.21	1 556.48	2 102.25	2 839.04	3 833.71	5 176.50	6 989.28	9 436.53	12 740.3	35%

附表 4　　**年金现值系数表**　　$(P/A, i, n) = [1-(1+i)^{-n}]/i$

i \ n	1	2	3	4	5	6	7	8	9	10	11	12	13	14	n / i
1%	0.99010	1.97040	2.94099	3.90197	4.85343	5.79548	6.72819	7.65168	8.56602	9.47130	10.3676	11.2551	12.1337	13.0037	1%
2%	0.98039	1.94156	2.88388	3.80773	4.71346	5.60143	6.47199	7.32548	8.16224	8.98259	9.78685	10.5753	11.3484	12.1062	2%
3%	0.97087	1.91347	2.82861	3.71710	4.57971	5.41719	6.23028	7.01969	7.78611	8.53020	9.25262	9.95400	10.6350	11.2961	3%
4%	0.96154	1.88610	2.77509	3.62990	4.45182	5.24214	6.00206	6.73275	7.43533	8.11090	8.76048	9.38507	9.98565	10.5631	4%
5%	0.95238	1.85941	2.72325	3.54595	4.32948	5.07569	5.78637	6.46321	7.10782	7.72173	8.30641	8.86325	9.39357	9.89864	5%
6%	0.94340	1.83339	2.67301	3.46511	4.21236	4.91732	5.58238	6.20979	6.80169	7.36009	7.88687	8.38384	8.85268	9.29498	6%
7%	0.93458	1.80802	2.62432	3.38721	4.10020	4.76654	5.38929	5.97130	6.51523	7.02358	7.49867	7.94269	8.35765	8.74547	7%
8%	0.92593	1.78326	2.57710	3.31213	3.99271	4.62288	5.20637	5.74664	6.24689	6.71008	7.13896	7.53608	7.90378	8.24424	8%
9%	0.91743	1.75911	2.53130	3.23972	3.88965	4.48592	5.03295	5.53482	5.99525	6.41766	6.80519	7.16073	7.48690	7.78615	9%
10%	0.90909	1.73554	2.48685	3.16987	3.79079	4.35526	4.86842	5.33493	5.75902	6.14457	6.49506	6.81369	7.10336	7.36669	10%
12%	0.89286	1.69005	2.40183	3.03735	3.60478	4.11141	4.56376	4.96764	5.32825	5.65022	5.93770	6.19437	6.42355	6.62817	12%
14%	0.87719	1.64666	2.32163	2.91371	3.43308	3.88867	4.28830	4.63886	4.94637	5.21612	5.45273	5.66029	5.84236	6.00207	14%
16%	0.86207	1.60523	2.24589	2.79818	3.27429	3.68474	4.03857	4.34359	4.60654	4.83323	5.02864	5.19711	5.34233	5.46753	16%
18%	0.84746	1.56564	2.17427	2.69006	3.12717	3.49760	3.81153	4.07757	4.30302	4.49409	4.65601	4.79322	4.90951	5.00806	18%
20%	0.83333	1.52778	2.10648	2.58873	2.99061	3.32551	3.60459	3.83716	4.03097	4.19247	4.32706	4.43922	4.53268	4.61057	20%
22%	0.81967	1.49154	2.04224	2.49364	2.86364	3.16692	3.41551	3.61927	3.78628	3.92318	4.03540	4.12737	4.20277	4.26456	22%
24%	0.80645	1.45682	1.98130	2.40428	2.74538	3.02047	3.24232	3.42122	3.56550	3.68186	3.77569	3.85136	3.91239	3.96160	24%
26%	0.79365	1.42353	1.92344	2.32019	2.63507	2.88498	3.08331	3.24073	3.36566	3.46481	3.54350	3.60595	3.65552	3.69485	26%
28%	0.78125	1.39160	1.86844	2.24097	2.53201	2.75938	2.93702	3.07579	3.18421	3.26892	3.33509	3.38679	3.42718	3.45873	28%
30%	0.76923	1.36095	1.81611	2.16624	2.43557	2.64275	2.80211	2.92470	3.01900	3.09154	3.14734	3.19026	3.22328	3.24867	30%
35%	0.74074	1.28944	1.69588	1.99695	2.21996	2.38516	2.50752	2.59817	2.66531	2.71504	2.75188	2.77947	2.79939	2.81436	35%

续表

n / i	15	16	17	18	19	20	21	22	23	24	25	26	27	28	n / i
1%	13.8651	14.7179	15.5623	16.3983	17.2260	18.0456	18.8570	19.6604	20.4558	21.2434	22.0232	22.7952	23.5596	24.3164	1%
2%	12.8493	13.5778	14.2919	14.9920	15.6785	16.3514	17.0112	17.6580	18.2922	18.9139	19.5235	20.1210	20.7069	21.2813	2%
3%	11.9379	12.5611	13.1661	13.7535	14.3238	14.8775	15.4150	15.9369	16.4436	16.9355	17.4131	17.8768	18.3270	18.7641	3%
4%	11.1184	11.6523	12.1657	12.6593	13.1339	13.5903	14.0292	14.4511	14.8568	15.2420	15.6221	15.9828	16.3296	16.6631	4%
5%	10.3797	10.8378	11.2741	11.6896	12.0853	12.4622	12.8212	13.1630	13.4886	13.7986	14.0939	14.3752	14.6430	14.8981	5%
6%	9.71225	10.1059	10.4773	10.8276	11.1581	11.4699	11.7641	12.0416	12.3034	12.5504	12.7834	13.0032	13.2105	13.4062	6%
7%	9.10791	9.44665	9.76322	10.0591	10.3356	10.5940	10.8355	11.0612	11.2722	11.4693	11.6536	11.8258	11.9867	12.1371	7%
8%	8.55948	8.85137	9.12164	9.37189	9.60360	9.81815	10.0168	10.2007	10.3711	10.5288	10.6748	10.8100	10.9352	11.0511	8%
9%	8.06069	8.31256	8.54363	8.75563	8.95011	9.12855	9.29224	9.44243	9.58021	9.70661	9.82258	9.92897	10.0266	10.1161	9%
10%	7.60608	7.82371	8.02155	8.20141	8.36492	8.51356	8.64869	8.77154	8.88322	8.98474	9.07704	9.16095	9.23722	9.30657	10%
12%	6.81086	6.97399	7.11963	7.24967	7.36578	7.46944	7.56200	7.64465	7.71843	7.78432	7.84314	7.89566	7.94255	7.98442	12%
14%	6.14217	6.26506	6.37286	6.46742	6.55037	6.62313	6.68696	6.74294	6.79206	6.83514	6.87293	6.90608	6.93515	6.96066	14%
16%	5.57546	5.66850	5.74870	5.81785	5.87746	5.92884	5.97314	6.01133	6.04425	6.07263	6.09709	6.11818	6.13636	6.15204	16%
18%	5.09158	5.16235	5.22233	5.27316	5.31624	5.35275	5.38368	5.40990	5.43212	5.45095	5.46691	5.48043	5.49189	5.50160	18%
20%	4.67547	4.72956	4.77463	4.81219	4.84350	4.86958	4.89132	4.90943	4.92453	4.93710	4.94759	4.95632	4.96360	4.96967	20%
22%	4.31552	4.35673	4.39077	4.41866	4.44152	4.46027	4.47563	4.48822	4.49854	4.50700	4.51393	4.51962	4.52428	4.52810	22%
24%	4.00129	4.03330	4.05911	4.07993	4.09672	4.11026	4.12117	4.12998	4.13708	4.14281	4.14743	4.15115	4.15415	4.15657	24%
26%	3.72607	3.75085	3.77052	3.78613	3.79851	3.80834	3.81615	3.82234	3.82725	3.83115	3.83425	3.83670	3.83865	3.84020	26%
28%	3.48339	3.50265	3.51769	3.52945	3.53863	3.54580	3.55141	3.55579	3.55921	3.56188	3.56397	3.56560	3.56688	3.56787	28%
30%	3.26821	3.28324	3.29480	3.30369	3.31053	3.31579	3.31984	3.32296	3.32535	3.32719	3.32861	3.32970	3.33054	3.33118	30%
35%	2.82545	2.83367	2.83975	2.84426	2.84760	2.85008	2.85191	2.85326	2.85427	2.85502	2.85557	2.85598	2.85628	2.85650	35%

主要参考文献

［1］财政部会计资格评价中心．财务管理［M］．北京：中国财政经济出版社，2014.

［2］闫华红．财务管理学［M］.2 版．北京：首都经济贸易大学出版社，2012.

［3］汪霞，徐刚．财务管理［M］．天津：天津大学出版社，2012.

［4］彭海颖，罗美娟，叶继英．财务管理学：教程与案例［M］．杭州：浙江大学出版社，2011.

［5］刘杉．企业财务分析［M］．上海：立信会计出版社，2011.

［6］王茜．财务报表分析［M］．杭州：浙江大学出版社，2009.

［7］杜炜，祝建军．财务管理［M］．北京：经济科学出版社，2008.

［8］姚晓民．财务管理学［M］．上海：上海财经大学出版社，2007.